総説
カウンセリング心理学

福島脩美 著

金子書房

はじめに

　カウンセリングは20世紀初頭のアメリカ合衆国における産業構造と生活スタイルが大きく変動するなかで誕生し，社会の変化とともにそのあり方の重心を変えてきました。100年後の今，情報化による社会の急激な変動のなかでカウンセリングへの新たな期待と要求が生まれています。

　日本のカウンセリングは，近年，さまざまな生活領域において，その必要性の高まりに呼応して着実に機能性を高める課題に迫られています。子育てや夫婦関係など家庭生活における悩みや近隣生活での葛藤の相談，子どもの発達と教育の問題から学校適応についての相談，また学生相談からキャリア発達や職場適応についての相談など，家庭，学校，職場にいたるまで，カウンセリングの領域は広がっています。さらに疾病と死の受容の問題など広い範囲に及ぶ諸問題の理解と解決に向けて，また短期間のものから長期のものまで，健常な人の心の迷いから重い心身障害や人格上の問題の理解まで，相談という言葉で表現される心理的援助がいろいろな生活領域で求められ，相談的援助の試みが広く展開されるようになりました。

　産業界においてもカウンセラーへの期待が大きくなっています。学校から巣立って職場の中で先輩をモデルとして社会人として成長していくという旧来の職業的発達の様相は著しく変化し，自分の個性を活かすべく仕事を変えていく人が多くなっています。そのさい自己理解と自己成長のためにカウンセラーに援助を求める人が多くなっています。

　こうしたカウンセリング・ニーズの高まりと広がりに，現今のカウンセリングはどれだけ対応できているのでしょうか。高く評価されている面もありますが，十分な成果をあげられずに終わるカウンセリング実践も少なくないように思えます。どうしたらクライエントの幅広いニーズに適切に対応することによって，今日の社会的要請にさらに十分に応えることができるのでしょうか。本書を企画することとした背景にはこのような現状認識と課題意識があります。

そのため本書は，カウンセリングのはじめから終わりまでのいろいろな局面における主題に目を向け，また理論・技法についてもできるだけ幅広く取り上げて，読者の関心と必要性に応えることを意図しました。

　本書は，できる限りやさしい表現でわかりやすく，またできる限りカウンセリングの実践に役立つようにと考えて執筆しました。しかし本書は単なる入門書ではありません。わかりやすい専門書として企画し執筆しました。大学や大学院でカウンセリング心理学を学ぶ学生にとっては総合的な専門書となるよう，またカウンセリング的機能を兼務する多くの職域の人々にもカウンセリングの考え方と実際の方法を具体的に理解してそれぞれの立場で役立てていただけるよう，さらにまたすでにさまざまな相談活動に従事しながら実践力を高めようとしている人々にとっては総合的な学び直しの機会となって日々のカウンセリング実践の糧となるよう，そういう願いから本書を企画し執筆しました。

　本書の書名の「総説」という表現は，カウンセリングの歴史と現在の課題を展望した上で，カウンセリングと心理療法の主要な理論・技法を総合的に取り上げ，さらに実践的な観点でカウンセリングの開始から終結に至るまでを概観し，カウンセリングの理解と実践に活用できる総合的専門書を目指して採用したものです。

　カウンセリング心理学と臨床心理学との関係についてもいろいろな考え方と立場がありますが，本書はカウンセリング心理学の独自性を第一に重視しながらも，臨床心理学の諸理論・技法を柔軟にカウンセリング実践に取り込むことを志向しています。また臨床心理学の側ではカウンセリング心理学の理念とともに，面接技法の展開と組み立てについて具体的な手がかりとなるでしょう。

　　2008年5月

　　　　　　　　　　　　　　　　　　　　　　　　　　　　　福島脩美

目　次

はじめに　i

========== I　カウンセリングとは何か ==========

1章　現代社会とカウンセリング……………………………2
1. 人はどういうとき，心理的援助を必要とするのか　2
2. どういう相談が，今，日本で行われているのか　8
3. 今，人と社会に応えるカウンセリング　16
4. 適切なカウンセリングによって，どうなっていくのか　20

2章　カウンセリングの定義，歴史，社会的背景……………23
1. カウンセリングとは　23
2. カウンセリングの歴史　28
3. カウンセリングの社会的機能　34
4. カウンセリングの関連領域と社会的展開　37

========== II　カウンセリングの構造と機能 ==========

3章　カウンセリングの構造……………………………46
1. 構造の意義と考え方　46
2. 基 本 構 造　48
3. インフォームド・コンセントと取り決め（契約）　57

4章　カウンセリングのはじめから終わりまで……………61
1. スタート点——どういう状態で何を求めているか　61
2. カウンセリングの到達点　65
3. カウンセラーの役割とクライエントの役割　66
4. カウンセリング関係におけるカウンセラーの基本機能　74

5章　カウンセリングの基本的態度と技法 …………………………… 78
──アイビー，イーガン，カーカフ

1. 基本的態度──ロジャーズの定義をめぐって　78
2. 基本的技法　81
3. アイビーによる技法の階層　83
4. イーガンの9ステップ援助モデル　91
5. カーカフの3段階相互作用モデル　100
6. カウンセリングプロセスと基本技法の共通性　105

6章　心理アセスメント（心理査定）と個性の理解 ……………… 109

1. 心理アセスメントの意義　109
2. 心理アセスメントの3つの方法　111
3. 心理アセスメントの機会と場と留意点　114
4. 個性の基本的傾向　118
5. 発達の視点　121

7章　カウンセリングの生成プロセス ……………………………… 129

1. 鏡に映す自己理解　129
2. 繰り返される原型への旅　135
3. 感情と認知への取り組み　138
4. 相互作用過程の理解と関係改善への定位　144
5. 日本におけるプロセスと技法の扱い　148

Ⅲ　洞察と気づきへの手がかりを求めて

8章　無意識過程への視線 …………………………………………… 154

1. フロイトの精神分析　154
2. アドラーの個人心理学　160
3. ユングの分析心理学　163
4. 交流分析　166

9章　関係性と気づきへの視線 …………………………………… 170
1. 人間中心理論　170
2. フォーカシング指向カウンセリング　178
3. ゲシュタルト療法　179

10章　日本で生まれた心理療法――森田療法，内観法 …………… 183
1. 森　田　療　法　183
2. 内　　観　　法　187

Ⅳ　働きかけの手がかりを求めて

11章　身体への定位と注意集中 …………………………………… 196
1. 催　　眠　　法　196
2. 自 律 訓 練 法　199
3. 動　　作　　法　201
4. マインドフルネス・ストレス低減法　204

12章　行動論的アプローチ ………………………………………… 206
1. 行動論的アプローチの基本的立場　206
2. 認知行動療法　210
3. 新たな展開（EMDR，ACT）　213

13章　カウンセリングの多面的アプローチ――ラザルス ………… 221
1. より柔軟に対応する傾向　221
2. 折衷と統合への胎動　222
3. 多モードの概念化　224
4. 多面的アプローチの導入　228
5. 多面的アプローチの諸技法　232

Ⅴ　カウンセリングを学ぶ

14章　専門家として学ぶということ ……………………………… 244

1. カウンセリング実践から学ぶ　244
2. スーパービジョン　250
3. 事例検討・事例研究　259

あとがき　270
人名索引　272
事項索引　275
欧文項目索引　286

Ⅰ カウンセリングとは何か

　生活の中で人々が経験するさまざまな現象のうち，困ったことや迷うことがカウンセリングの立脚点です。努力したのに望みがかなわなかったとか，思わぬ出来事が起こってどうしたらよいか困惑しているというような，本人にとってマイナスの出来事，あるいは課題状況に遭遇して，それをどう受け止めどう対処したらよいかわからないようなとき，カウンセラーの存在が念頭に浮かぶでしょう。その反対に，望みがかなったときやすべてが順調に運んでいるようなときは，カウンセラーを訪ねるよりも仲間と愉快な時間を過ごすことでしょう。
　カウンセリングとは何か，どういう役に立つのか，それはどのような社会的状況において誕生し，発展してきたのか，どのような援助の形態か，どのような社会的機能を担っているのかなどについて，すこしていねいにみていくことから本書をスタートしたいと思います。カウンセリングは人々の生活の中に生きている援助の営みですから。

1章　現代社会とカウンセリング

1. 人はどういうとき，心理的援助を必要とするのか

　私たちは，日常の生活の中で，いろいろなことで他の人に援助を求めます。出かけた先で道がわからなくなったときは交番に援助を求めるでしょう。また，急にお金が必要になった学生は，少額なら友だちに高額なら親に相談するでしょう。これは経済的援助の相談です。また離婚のときの資産の分け方について法律家に話を聞きに行く人もいるでしょう。これらは直接的には心理的援助ではありません。

　しかし，経済的援助や地理案内の援助を求める人に対して，持ちかけられた側から「どうしたの？　顔色がよくないけど」とか「あなたが困っているわけを話してください」などと背景の事情を話すよう求め，援助を求める側が「実は云々」と事情を説明することになれば，心理的側面が語られるでしょう。心理的側面は，取り上げようによっては，人間生活のことならどんな相談にもついて回りますから，副次的に心理的相談が含まれることになります。

　どんな相談でも人間の求める相談事であれば心理的側面はついて回ります。法律相談では離婚を考えるにいたった経緯や心理状態が大きな比重を占めることがあります。また育児相談では，育児方法の知識を伝えることよりも育児に疲れた若い夫婦の悩みを聞くことがとくに重要になるでしょう。むしろ，法律や育児での情報を求めることは入り口で，心理面の相談が中心になることも多いのです。そうした生活上のいろいろな相談の入り口から心理相談に入っていくケースも決して少なくないといえます。

　この頃は，育児技術や法律知識の情報を求めて，それにことよせた心の状態について相談するという間接の心理相談に加えて，むしろ直に心理的援助を求める人々が多くなっています。

　では，どんなとき人は心理的援助を求めているのでしょうか？　カウンセリングの入り口となる心の状態について，重複する面もありますが，考えてみま

しょう。

1.1 心が弱くなったとき

　カウンセリング心理学を受講した学生に「どんなときカウンセリングを求めるか」尋ねたところ，「心が弱くなったとき」という答えが最多でした。心理的援助を必要とする場合のもっとも基本的状態像がこの表現によって表されているのではないでしょうか。そのようなとき，つまり心理的援助が真に必要なときに，誰もが気軽に人に相談するとは限りません。むしろ，そういう状態を他者に知られまいとするかもしれません。他人に弱みを知られたくないという気持ちが働くでしょう。

　心が弱くなっているときは，人とのかかわりを避けることが多いものです。また人に弱みに触れられてさらに傷つくことを恐れるのでしょう。心が弱くなったときはもっとも心理的援助が必要な状態であるにもかかわらず，むしろそれゆえにこそ援助を求めることができない状態にあると考えられます。そんなとき，「どうしたの？」と声をかけてくれる人が身近にいたらどんなに救われるでしょう。しかし今の社会は他人事にかかわりあっていられない状況に人々を追い込んでいるように思えます。

　心が弱くなって心を閉ざしがちな状態の人にもっとも必要なことは，誰かが可能なかかわりを構築しつつ温かい言葉がけをすることでしょう。そして親しい信頼関係を構築して，その人の傷つきやすい敏感な心に共感し，時間をかけて，その人の個性が活かせるような，希望の光を探し求めることに手助けすることができたらよいと思います。それはカウンセラーの基本的かかわり方に通じます。

1.2 心が傷ついたとき

　身体に傷を負ったとき，その傷口からの出血を食い止め，傷口に細菌が進入しないように消毒するなどの応急手当をした上で，傷ついた組織の自己治癒力が十分に機能するような条件を整えて待つことが肝心といわれます。心に傷を負ったときにも，同様なことがいえます。

　突然の事故，親しい者との死別，仕事上の思わぬ失敗，仲間の裏切り，友人

との対立など，日々の生活にはいろいろなストレス刺激が潜在しています。そこで，そのような不幸な出来事の衝撃を受け止め，後悔，悲しみ，怒り，不安，抑うつなどの否定的感情が長く副次的な障害となることを防ぎ，自己治癒力が機能して苦しみを乗り越える過程が大切になります。その過程を側面から支援する心理的援助が必要になるのです。

1.3 不平不満がたまったとき

　言いたいことを言わずに溜め込んでいると，思わぬときに抑制が外れ，不都合な形で思いがあふれ出て現実場面での不都合が起こりかねません。そこで人々は，不平不満で胸いっぱいなとき，親しい友人に電話し酒場で憂さを晴らします。いわば不平不満を表出することによって，幾分かでも不満感を緩和しようとします。しかし，話す相手を間違えると，自分の内心があちこちにリークされ，いっそう事態が悪いほうに向かうことがないとはいいきれません。そこで，安心できる関係の下で言いたいことを自由に言う機会が心理的援助の方策として位置づけられます。そのようなとき，カウンセラーは信頼できる相談相手となるでしょう。

1.4 迷い，悩むとき

　迷い悩む経験は社会生活を営む限り避けることのできないことといえるでしょう。昼飯はカレーにしようかスパゲッティにしようか，駅には歩いて行こうか自転車にしようかなど，この程度の迷いはそれによって大きな支障が生じることがないという気楽さがあります。ところが，こうした迷いごとを思いつきや気分や事の成り行き任せで決定することが習慣になると，就職や進路の選択，結婚相手の決定，子を産むか先に伸ばすか，別れるか仲直りするかなど，いざ重要なことを決める必要が生じた場合に，適切な自己決定のための情報収集や手順を省くことで問題が起こりがちです。そして大切な選択と決定を成り行き任せにして，大きな後悔を残すことにもなりかねません。

　上意下達の機構の中にどっぷりつかって受け身的に生きてきた人の中には主体的に自己の意思を決めて道を切り開くことが苦手な人がいるようです。そうした人にとってカウンセリングによる自己発見と自己理解は有意義な経験とな

ることでしょう。意思決定の援助はカウンセリングの大切な主題となります。

　迷い悩むことは解決への動機づけが高まっている状態といえます。迷いの事態をじっくり見極めるなら，より好ましい状況を作り出すことができるでしょう。ところが，迷いと悩みの事態をよく理解する機会をあいまいにやり過ごして自己の心に向き合うことなく流されていくと，ますます大きな問題となっていきます。たとえば夫婦の間の溝は大きくなり，子どもとの関係は相互不信を強めていくことさえあります。早い段階で適切なカウンセリングを受けることによって，迷い悩む気持ちをよく見極め，積極的に問題を解決することができるでしょう。

1.5　回避の蟻地獄に陥ったとき

　「苦しいこと辛いことは，今は，なるべく避けたい」「自分のこととして受け止めるのは気が重いから，自分の責任でなく誰かのせいにしたい」「なんとかしなくてはならないが，問題を考えたくない」など，辛いこと苦しいことを避けておきたい気持ち，困難回避，苦痛回避の欲求は，誰にも多かれ少なかれあるものです。

　しかし，回避を続けているうちに突然好都合なことが起こって，すべてうまくいくというような虫のいい結果はめったに起こるものではなく，回避を続けていると，ますます苦しい事態が重なり，苦しさがつのり，だからますます回避するという悪循環に陥ることのほうがはるかに多いことです。多くのカウンセラーは，「辛いから学校は嫌い，でも行かないと行きにくくなって，いつになったら登校できるか，不安」「自分の本当の気持ちを素直に伝えられたらどんなにいいだろう，でも，もし断られたら辛いから気持ちを隠し続ける」といった，蟻地獄のような回避の悪循環によってしだいに追い込まれていくクライエントの姿に出会い，その迷いと悩みの姿をカウンセラーの心の鏡に映してクライエントに提示します。

　クライエントに，現実の姿を直視する勇気がわいてくるように，消極的姿勢を抜け出して積極的に問題に向き合うきっかけがつかめるように，いつもの回避のパターンを抜け出せるように，カウンセラーはそう願って援助していくのです。

1.6 忘れたい，整理したい過去を抱えて

忘却は，ある意味では，救いです。「思い起こせば他人に辛い思いをさせてしまった」「幼いときにひどい目にあった」「誰にもいえない過去の罪」，こうした過去を半ば意図的に，半ば無意識的に忘れて，私たちは今を生きています。多くの場合，私たちは忘却によって過去から解放されて今の生活に多くのエネルギーを振り向けることができます。過去にとらわれずに今の現実に向き合うことは適応の姿といえます。

しかし，忘れようとして忘れられず，その記憶によって今の生活が侵害されているとしたなら，苦しい記憶を呼び起こして，点検整理してみる必要があるでしょう。さらには，忘れたように思ってきた記憶を掘り起こして，新しい角度から見直して新しい枠組みによって経験をとらえなおすことが望まれるでしょう。カウンセリングによってクライエントは自分の思い出話をカウンセラーに聴かせ，カウンセラーの心にどのように自分の経験の物語が受け止められるかを知るという相互のコミュニケーションによって自分の過去を再構成することができるでしょう。他者の温かい視線に照らされたとき，過去は受け入れ可能なものに変容して，今の生活と考えを今までよりも健康なものにする力にもできるのです。

1.7 今の生活を見直したい，よりよく生きるために

人々は今のままの自分をこれでよいと認め，今のままでいたいという願いをもっているように思われます。と同時に，今の自分を見直して，今よりもよい自分になりたいという願いをもっているようにも思われます。このような人間の基本的要求あるいは傾向については，カウンセリングと心理療法，パーソナリティ心理学の多くの理論家によっていろいろな形で議論されていますから，本書の後の章でも取り上げることにしています。

日常生活の面でいえば，人々はたとえば「タバコをやめたい」「もっと勉強に集中したい」「過食の習慣を変えてスマートな身体になりたい」など，今の生活を見直して，よりよく生きたいという願いを実現しようとします。

カウンセリングにおいては，そうした自己成長の願いにかかわる具体的生活改善についてもいろいろな手立てによって支援することができます。家族，夫

婦，親子，子育てにかかわる相談，職場の人間関係の改善，友人との折り合いなど，生活上の相談にカウンセラーの力が求められています。

1.8 発達上の課題に取り組むとき

人は，比較的未熟な状態で生まれ，長い時間をかけて高い能力を身につけていく存在ですから，その段階その時期における発達の課題によって，必要とする心理的援助の内容と方法は異なるものとなります。

乳幼児期には，身辺生活の自立の発達課題をめぐって養育者との関係のあり方が基本的不安や社会性の基礎づくりに影響します。また，この時期の子どもは，言葉による自己表現が未発達であるため，身体や情緒によって問題を表します。そのため，子どもの状態への養育者の理解と対応の仕方が育児相談や発達相談の主要なテーマとなります。

児童期には，身体能力と知的能力の発達が著しく，学校を中心とする地域社会が主な生活圏となるため，学校において勉強についていけるかどうか，親しい友だちができたかどうか，先生と信頼関係が結べているかどうかなどが，主要な心理的援助のテーマとなります。

青年期には，身体の急速な伸びと性的成熟，そして抽象的な思考能力の高まりが顕著となり，もう子どもではないという大人意識と，しかしまだ大人として認められていない不満と不安があって，社会的価値基準に抵抗する気持ちや自分という存在が周囲からどう評価されているかに敏感になり，自尊感情が動揺しがちなため，それにともなって生じるいろいろな問題行動が心理的援助の対象となります。

成人期は，心理的にも社会的にも自立して，仕事をもって，家族を育てるという，長い社会生活を生きる時代ですから，職場の人間関係，職業的自己価値，社会的責任と役割などにかかわるカウンセリングを求めることが多くなります。

高齢期は，体力，記憶力，状況把握力など，いろいろな面で自分の能力の衰えを認識するとともに，社会的責任と役割が後から来る人々によってとって代わられる現実についてもいろいろな機会に体験することになります。さらには病気通院の度合いも増え，周囲の同年輩の者の死の知らせを受けることが多くなり，自分の死を現実のこととして感じ，孤独と無常を深く感じることも多く

なるでしょう。この時期の心理的援助は，人生の回想と意義づけ，死の受容，人類・社会・子孫の幸福への祈り，などが主なテーマになるようです。

1.9 自分を振り返るとき

自分を振り返るとき，人々はカウンセリングの入り口に立っているといえるでしょう。過去に自分がしてきたことを省みる作業は反省と懺悔の要素を含みますが，同時に過去の過ちを現在の生活に活かすことができます。つまり，自分を振り返ることの効果として自己理解の促進を期待することができます。

また，今まで生きてきた自分の歩みを振り返る作業として回想の作業があります。回想は，高齢者の元気回復のためだけでなく，若い学生にも肯定的感情を促進し，否定的感情を緩和する効果をもたらすことが報告（福島ほか，2008）されています。このことは回想に癒しと自己理解の効果が期待されることを意味します。

1.10 自分らしさを活かす生き方を考えるとき

人々は，自分の真の願いとは別の，状況にしたがってやむをえず，この道を進んできたという部分を感じているかもしれません。人生行路の選択と決定は必ずしも自分の夢に描いたとおりではないという面があるように思えます。そして，今からでも，もっと自分らしさを活かす生き方を考えたいと思うことがあるかもしれません。そういうときこそ，カウンセリングによって自分を振り返り，自分の個性を探し出して，自覚的に生き方を考え自己決定することができるでしょう。

2. どういう相談が，今，日本で行われているのか

日常の生活の中で心理的援助が必要になったとき，人々はどこで誰にどういう相談をするのでしょうか。そして，どういう心理的効果を引き出すことができるのでしょうか。援助は満足できるのでしょうか。どんな点で問題が残るのでしょうか。マイナスの影響はないのでしょうか。こうした点についてカウンセリング心理学の視点から考えていくことにします。

2.1 身近な関係者

　心理的援助を求めるさいの相談の相手として，人々が第一に頼るのは，身近な関係者のようです。なかでも家族はもっとも身近な相談相手となることができます。とくに，夫婦の間で夫にとっては妻が，妻にとっては夫が，身近な存在であり気軽に話せることから，職場の人間関係の愚痴をこぼす相手として選ばれることが多いようです。好都合なことにそれぞれの職場の事情については，普段から，ある程度は知っていて，しかし実際に職場に入り込んで何か言うという心配はないと思えることです。ここに相談相手の1つの条件，親身になって聴いてくれるが，実際に介入はしないという条件がみえてきます。この条件には，話し手が自分に都合よく話を作る部分が多少はあってもすんなり聴いてくれるという面もあるようです。

　では夫婦の愚痴は誰に話して聴いてもらっているかというと，妻は息子や娘に話すことが多いようですが，多くの夫たちは子どもたちには聞いてもらえないようです。子どもは母親の味方になりがちだという傾向からでしょうか。ここにカウンセリングの重要な条件，話し手の側に近づいて聴くという条件，少なくとも冷淡な批判的聴き手ではないという条件がみえてきます。それゆえ夫婦の愚痴を子どもに語りにくい夫は，職場の飲み仲間に妻の愚痴をこぼすことが多くなります。どうして飲み仲間かというと，家族のこと，夫婦のことは職場という公式的社会関係の中には持ち出しにくいということに加えて，妻との個人的なことを愚痴る後ろめたさを，飲みながら語ることによって緩和できるということがあるようです。もう1つ，お互いが夫として父親として男としてという，立場の共通性と類似性の特徴から話しやすさと聴きやすさが増すように思えます。カウンセラーの場合は類似性ではなく，共感的傾聴に努めて，これに近い性質を作り出すことによってクライエントに話しやすい雰囲気を伝えているように思えます。身近な関係者にはカウンセリングにおけるカウンセラーの条件に部分的ながら類似した条件があるといえるでしょう。

　友人は，身近な相談相手として，もっとも選ばれることの多い対象です。そのわけは，個人的かかわりのもつ自発性と関係の自在性と継続性にあるように思われます。職場の仲間は，たとえ親しい間でも，友人としてよりも職場という関係で結ばれているのに対して，友人は基本的に個人的つながりであって，

その上，ずっと以前から，たとえば学生時代から友人であったとか，これからも長くかかわり続けるという継続性の条件があるといえます。

ところで，身近な関係者に話す場合の不安と危険性についても相談の条件になるでしょう。職場の仲間は数年で異動することが暗黙の前提になっていますから，あまり個人的な情報の開示には抵抗感（弱みを見せられない）があり，表面的な話にとどまる場合が多いようです。

2.2 占いや人生相談，あるいは聞き屋

繁華街の片隅には，占いや人生相談のスタンドがいくつか並び，夜遅くまでクライエント（顧客）が立ち寄ります。自分の運命を知りたい，恋人の運勢をみてもらいたい，今の彼氏とは別れる運命にあるのだろうか，どの株が儲かるかなど，顧客は自分の人生を知る手がかりを求めて，結構な金額を支払っているようです。テレビの報道によると，最近は聞き屋という新手のスタンドが新宿，渋谷に出現するようになったそうです。街に出現するカウンセラー的存在とみてよいかもしれません。

街角の相談は，聴き手が現実の社会的つながりから分離しているゆえの安心と気楽さがあり，話して聴いてもらって気が晴れたり，ヒントにしたりする効果があるでしょう。また，星占いや筮竹に古来の神秘性が感じられ，カードの並び方やガラス玉の輝きに心の奥を見出すような投影性があり，話を聴いて指摘してくれることにもっともらしさを感じることができるようです。

都会の片隅でひっそり開いた人生占いが繁盛する社会はどういう社会なのでしょうか。情報が一瞬のうちに世界を駆け巡る今日の社会にあって，人と人が豊かな日常のかかわりを避け合って生きる姿が垣間見えるように思えます。夫も妻もそれぞれの仕事に専念し，子は塾通いにスケジュールを占有され，食事を共にする余裕もなく，家族の団欒のないことに馴れていく，玄関から自室への直行というホテル家族。そして職場においても人と人が個性的存在として向かい合い語り合うことのなくなったコンピュータ中心の会社業務。こつこつ努力してその苦労をねぎらい，成果を喜び合うよりも，偶然の出会いを利己的に利用して運を期待する社会。一人がわずらわしくない，さびしさに馴れていく，孤独な人間の集団。そうした社会状況において運勢占いが存在意義を強めてい

るように思えます。

　こうした商売は，真の自己開示よりは多少の作り話を語る話し手とそれを承知で聞く聴き手，双方ともそれでよしとしている面があり，街では結構な繁盛をみせていますが，ともすると一時凌ぎと暗示にのみ頼る傾向に問題があるように思われます。こうした事情を考慮して，田上（2006）は，カウンセリング学会によるカウンセリングの定義を紹介しつつ，科学としてのカウンセリング心理学に裏打ちされたカウンセリング実践こそ，今の社会に求められていると指摘します。

2.3　カウンセリング研修者によるボランティア相談

　まだ一部ですが，地域のよろず相談，あるいは子育て支援相談や教育支援，福祉相談として，カウンセリング活動がボランティア的に行われています。占いや人生相談の場合は有料の活動の一部にカウンセリング的機能が含まれるのに対して，ボランティア相談の場合はカウンセリングそのものを目標にして，カウンセリングの研修を受けた，セミプロのカウンセラーによってカウンセリング活動が無料であるいはごく安い謝金によって行われていることが特徴といえるでしょう。

　この制度は，地域行政によって制度として推進され，バックアップされています。いくつかの形態があります。1つは，県や市町村の行政がカウンセリング研修の企画と内容が定め，研修費用を負担して参加者を募集し，修了者に地域の相談員としてボランティア的相談を委任する方式です。もう1つは，行政は一定の資格基準を設け，大学や民間のカウンセラー養成機関などで研修を受けて基準を満たした者にボランティア的相談を委嘱し，一定の謝礼を支給する方式があります。この方式は大学など養成する側では，学生の実地研修の機会として，また参加する学生の側では学びを活かす心理援助の実際に接する格好の機会として位置づけられ，希望者が多くなっています。

　行政によるボランティア相談の推進は，地域社会がカウンセリングの機能を必要としていることの認識にもとづくもので，カウンセリングの専門家はボランティア相談員の養成とその質の保証に大きな責任を負っているといえるでしょう。このような地域の相談ニーズに適合する独自な方法の開発を目標として，

福島ほか（2007）は井戸端会議方式と呼ぶ，話し手一人に複数の聴き手が取り組む方式を提案して，その効果をデータを示し確かめています。

2.4　各種相談機関におけるカウンセリング機能

わが国の相談機関は，行政の生活相談や一般相談窓口，学校と教育センターなど教育と発達支援にかかわる機関，児童相談所や児童自立支援施設などの児童福祉にかかわる機関，家庭裁判所などの司法関係機関，それに保健医療機関など，それぞれに独自な対象と方法によって分かれています。それらがすべてカウンセリングを目的とするということではなく，一部にあるいは相当部分にカウンセリングの機能を含む施設といえます。

行政の一般相談や生活相談窓口においては，市民生活にかかわるいろいろな相談に応じるなかで，心理的援助としてのカウンセリングが含まれ，必要に応じて関係機関に連絡するなどの対応が行われます。

教育関係では，いじめや不登校などの問題に対処するために担任教師，教育相談室，保健室，スクールカウンセラーらが連携して相談にあたり，友だちの力を活かすためにピア・カウンセリングを推進し，また必要に応じて教育センターなどの心理相談に紹介したりします。また教師や職業指導担当者によるキャリア・カウンセリングへの期待が高まっています。

教師が行うカウンセリングには自ずと特徴と限界があることを明確にすることも必要なことでしょう。吉田（1977）は，教師はあくまでも教師であるという前提に立って教育相談の技術を述べています。

企業・公的機関においては，人事課や職員課の主導による採用と研修，適所配置，人間関係相談などによってカウンセリングが活用されています。しかし上司や先輩によるライン・カウンセリングについては評価が下がる心配から自分のよい面だけを見せることが多く，本当の気持ちや家族の悩みは話せないという声が聞かれます。

このように，各施設や機関に相談機能が多かれ少なかれ含まれることに言及し，平木（2006）は専門の心理カウンセラーの仕事を補う，多くのパラカウンセラー（para-counselor）の存在に注目し，その意義について指摘しています。パラカウンセラーとは，教育や福祉や医療などの領域において副次的にカウン

セリングを活用する人々，いわば専門の心理カウンセラーに協力してカウンセラー機能を補完する役割を担ってくれる人々を指して用いられます。そこで，専門の心理カウンセラーがボランティア相談員や各種のパラカウンセラーに助言し，実践の中で効果を確かなものにするように，協力，指導と連携の関係を構築することが重要になります。

2.5 専門の心理カウンセラー

専門の心理カウンセラーとはどういう人か，どういうふうに仕事をするのかというと，大概はどこかの心理専門相談機関に所属して，そこの機関に申し込んでくるクライエントと出会うことになります。しかし，まだ日本では少ないのですが，個人あるいは数人で事務所を借りて開業する人もいます。こうした個人カウンセラーの組織化もこれからの課題です。

電話やメールで申し込みを受けると，受理面接（受け入れ）によって，相談者の期待と関心を聞き取り，受け入れる場合は時間や費用の取り決めをします。また性格や生育史，問題の特徴などを把握するケース査定（アセスメント）面接や心理検査を行うこともあります。

相談者の問題の特徴によって受け入れが適当でないと判断して，適切な機関を紹介することもあります。受け入れた場合には担当者との相談面接が継続されることになります。

方法としては，そのクライエントの問題の解決援助にカウンセラーがどのような理論と技法を用いるかによって広いバリエーションをみせます。一般に精神分析学派の理論に依拠する場合，人間学派といわれるグループの場合，行動療法か認知行動療法を適用する場合，集団の力を活用する場合，その他いろいろな理論・技法がよりどころになります。カウンセラーが働いている主な機関・組織や職名などは次のとおりです。

(1) 大学カウンセラー

日本のカウンセリングは1945年以降の大学学生相談活動を中心に開発，展開されたといってよいでしょう。時代によりいろいろな変遷を辿りましたが，大学でのカウンセリングは，最近では入学時の適応支援や学科の選択と転学転科の相談，授業科目の選択，ゼミ教員との折り合い，卒業論文の作成，友人関係

の改善，アルバイト先のトラブルなどの学生生活上の問題に加えて，心身症や神経症など精神衛生相談も行われます。学生相談室が大学保健センターと同じ機構の一部に含められる場合があります。

(2) **教育相談カウンセラー**

教育相談カウンセラーは，地方自治体の教育委員会の管理下に，小中学生とその前後の年齢の子どもの教育上の問題を主訴として，子どもの生活と学習面の適応の改善をはかります。学校教育は児童生徒に勤勉・努力・友情・正直など，あるべき姿を提示して目標に向かって努力することを求める傾向が強く，子どもが嫌いな面や苦手な面を克服することを要求する傾向がありますが，心理カウンセラーは子どもの現状を受容し，好きなところ得意なところを伸ばして個性的に生きることを尊重する傾向があり，教師機能とカウンセラー機能は，しばしば対立する傾向もみられます。小谷（1993）は，「教育・指導とカウンセリングとの葛藤を解決する，両者の中間領域を受け持つ仕事がガイダンスである」として有機的統合の重要性を指摘しましたが，この問題は今もなお大きな課題といえるでしょう。

(3) **適応指導教室**

不登校児童生徒を主とする学校不適応の改善を主な目標として，心理カウンセラーと教師経験者が学校外におかれた施設（集団学習室，個別面接室，遊びや運動のできる活動室，スタッフ室などから構成される）で，学習や交友活動や面接を行って，漸次的に学校への復帰を目指して援助します。なお，児童生徒の学籍は通常の学校・学級（親学級）におかれ，適応指導室への出席が学校の出席とみなされるようになっています。

(4) **発達相談**

知的障害，学習障害，コミュニケーション障害，広汎性発達障害，注意欠損および破壊的行動障害などの発達上の障害のある子どもへの適切な指導と援助，その保護者や教育担当者に対する助言と連携にあたる心理職の役割が増しています。基本的には発達と障害にかかわるガイダンスとカウンセリングが中心となり，対応する経験と資格をもつ人材が求められ，最近ではカウンセラー，臨床発達心理士，学校カウンセラー，臨床心理士などの活躍が期待されています。

(5) **スクールカウンセラー**

学校にカウンセラーを配置する施策として，臨床心理士（日本臨床心理士認定協会）派遣事業が文部科学省によってはじめられた後，地方自治体に引き継がれて，臨床心理士やカウンセリング経験者が非常勤として学校に週に半日から1日程度派遣され，親のカウンセリングと子どもの活動，教師への助言などが行われるようになりました。目下の課題として学校教師との役割分担と連携が模索されています。なお，臨床心理士は大きな都会に偏在し地方ではきわめて少ないことから，臨床心理士以外のカウンセリングの力のある者の養成と活用が教育委員会などで実施されるようになりました。

(6) **生活福祉相談**

福祉の立場から生活上のさまざまな問題について相談に乗る窓口が行政に開かれています。これまでは行政上の支援として，個別に事情に耳を傾けて事情に応じて相談に乗り，必要な助言と手続きをすることが基本でしたが，苦しい状況にある人の立場に寄り添うカウンセリングの素養が求められるようになりました。

(7) **臨床相談室**

地域の人々の心の問題の理解と対応を目的として心理相談活動を行うとともに，その臨床に大学院生を参加させ，実習や研修の場とするために，大学や研究機関に設置された機関に，主に臨床相談室という名称が使われています。有料で実施され，多くの場合医療機関との連携も行われています。

(8) **病院など医療機関**

欧米では，心の専門家としての心理職（カウンセラー，臨床心理士の名称）の活動は，精神科，神経科，心療内科，小児科，産婦人科，歯科，老人医療などで行われ，広く評価されています。しかし，日本では，医療分野における心理職の働きはますます重要になっていますが，未だ十分な理解を得られず，担当者は苦しい状況で仕事をしているのが現状のようです。

(9) **産　業**

情報化と国際化の大きな流れに乗って，この10年の雇用環境の変化は著しいものがあり，個人の職業人としての姿勢も大きく変化してきたことが指摘（渡辺，2007）されています。企業と人との関係や企業内人間関係が昔のような密

な関係と育てる姿勢を弱めつつあることから，産業カウンセラーへの期待が高まっています。著者は，百年前の米国で職業ガイダンス運動が必要となったような若い労働力の安定した就業を援助する必要性に加えて，生涯における生活と労働に関する考え方の多様化にともない，新しいニーズによるカウンセリング運動の必要性が社会の動向にみられると観測しています。

3. 今，人と社会に応えるカウンセリング

今の日本の人と社会にとって，必要とされるカウンセリングはどのようなものでしょうか。以下に項目をあげて吟味してみましょう。

3.1 カウンセリング心理学とカウンセリング実践

カウンセリングの実践は，担当するクライエントの個性や問題に応じて，また一人ひとりのカウンセラーの考え方や技法によって，多様な相違をみせますが，基本的にはカウンセリング心理学という社会科学によって支えられています。

学問は固有の対象と方法によって成立します。カウンセリング心理学とそれを下支えする心理学は，人間の認知，行動，感情などの心の働きを対象として，検証可能な方法によって確かな知識を蓄積しようとします。そうすることによって，この問題にはこのような方法を用いればこうした成果があがるということを繰り返し確証することを目指します。しかし，カウンセリング実践においては，クライエントの生育歴，家族の心理的関係，性格，その社会的環境状況などの特徴によって，さらにまた担当するカウンセラーの個性，得意とする技法，カウンセリングの場の状況などによって，千変万化であって，どれ1つとして同一ではありません。そのため，研究の成果をあげるためには，多様なクライエントの条件に振り回されないよう，条件を単純化して技法の一部について取り上げ，できるだけ多くのデータを収集します。あるいは，ある理論に準拠して，その理論に都合のよい対象と方法を模索することで，いわゆるよい結果を導くことが研究業績をあげるための最短の道となります。しかし，そうした共通的な知識は現実のクライエントに直接に当てはめることは困難です。科学が共通性を追求するとき，カウンセリングの実践は具体性，個別性を追求し

ます。研究と実践とのこの乖離はカウンセリング心理学の重い課題であるように思われます。

　そこで，カウンセリングにおいては事例研究が重視されます。しかし，事例研究のあり方については，技法と対象の適合性，プロセスの記述と考察など，共通の知見を集積するための膨大な努力を必要としています。

　カウンセリング心理学の現実化，実践化を志向する上で，1つの問題点として，特定の理論・技法への傾倒の傾向を指摘したいと思います。ある理論のみが正しく他はすべて顧慮に値しないという固い信念がカウンセリングの実践を歪めてきたように思われます。理論は正しいか誤りかではなく，ものの見方であり，仮説を生み出すための母体です。したがってカウンセリングの理論は，それによって人間生活の現象を説明するとともに，その理論によってカウンセリング実践を導く仮説的な方法と手続きを生み出すことができるかどうかがその理論の価値を決定づけることになります。カウンセリング実践を導く仮説なり視点によって新たな実践研究を生み出すことがほとんどなくなって，単なる流派の好みとしてとどまっている理論は，やがて他の理論にとって代わられることになるでしょう。理論は生き物ですから。

　学問はその分野における巨人と呼ばれる特定の人物が牽引車となり，他の研究者による丹念な実証研究の追跡によって発展してきました。そういう傾向はどの学問にもありますが，カウンセリングと臨床心理学の分野では，明確な実証が困難な傾向にあるために，いわゆるオーソリティへの忠誠によって研究と実践が評価される傾向がこれまでは強く認められたように思えます。

　カウンセリング実践を導くいろいろな理論と技法について，本書の後半の各章で紹介した上で，折衷と統合への提案を取り上げることにします。

3.2　ヒューマンサービスの効率化

　最近は，学校や行政などサービス機関への厳しい要求と批判の声が聞かれますが，ヒューマンサービスへの厳しい視線はカウンセリングにも向けられてます。クライエントがカウンセラーに対して大きな期待とともに厳しい評価の視線を向けるようになりました。カウンセラーが温かく話を聴いてやさしく理解してくれれば，以前のクライエントはそれで満足して，後は自分で決心して自

分づくりをしていこうという人が少なくなかった面がありますが，この頃は具体的な成果を求めて，カウンセラーを代えるクライエントもいます。このような近頃の動向は，カウンセラーには大きな試練となります。信頼関係の構築にも，さらに介入技法の実施にも困難が大きくなり，以前のようなやさしさの魔法に逃げることはできなくなりました。むしろ，カウンセラーはこうしたクライエントの傾向に対応することによってカウンセリングの力をつけ，期待される成果の実現に援助することができるでしょう。

3.3　カウンセラーの社会的認知

これまでのところ，カウンセリングは十分な社会的認知を受けているとはいえません。多くの機会にカウンセリングという言葉を耳にし，文字を目にすることが多くなりましたが，それがどういうものであるかは十分に的確に理解を得ないままに，言葉だけが氾濫しているように思えます。確かに，カウンセリングという言葉は意味の広がりが大きく，人間生活のすべての活動の中に遍在するもので，それゆえ，本当に中心となる意味があいまいになっている面があります。

本書の1章はそうした理解を得られるようにと考えて，誰にもわかる具体的な説明を試みたつもりです。筆者のこうした志向には，平易な言葉でカウンセリングの本質を伝えようとするもので，武田（1992）の『カウンセリングの進め方』から刺激を受けています。

日本カウンセリング学会（2006）は，日本におけるもっとも長い歴史をもつ学会の1つとして，最初に認定制度を創設し，資格の高度化と普及に努めてきました。カウンセリングに関連する多くの学会が連携して，カウンセラー資格を明確化し，普及していくことが望まれています。

3.4　資格の高度化・共通化とスーパービジョン制度

カウンセリングの仕事が以前よりもはるかに難しいものになってきていますから，カウンセラーに求められる資格に，高度化と一般化（あるいは共通化）が必要です。これまでの資格は，各学会や協会によって学会会員に対する研修歴や試験による認定（たとえば，日本カウンセリング学会，2006）が行われて

きましたが，資格基準がまちまちで，専門性が十分でない資格もあり，安易に過ぎる部分があります。これからは全体により高い統一資格基準を定める必要があります。また，いったん認定されると一定期間（7年とか5年）資格を保持できることになりますが，カウンセリングの分野は日進月歩の時代ですから，更新には一定の条件がつけられています。更新基準についてもさらなる高度化が求められるでしょう。

これに加えて，スーパービジョン制度の確立が必要になります。これは，カウンセラーが自分の担当する相談ケースについて，熟練カウンセラーから選ばれたスーパーバイザー（監督，助言者）に報告し，クライエント理解や面接の進め方などについて指導と助言を受ける仕組みです。日本ではスーパーバイザーの養成とスーパービジョン制度の普及が遅れていますが，日本カウンセリング学会などがこの制度の充実に手がけています。カウンセリングの充実には不可欠な仕組みですから，各学会においても急ぎ検討すべき課題となるでしょう。

3.5 準カウンセラーとパラカウンセラーへの支援

カウンセリングの必要性が広く認識されるようになって，地方自治体や教育委員会は子育て支援や教育支援における人材活用に，保健医療機関は患者の社会的活動への補助的業務に，心理学やカウンセリングを専攻する大学院生や学部学生や一定のカウンセリング研修を受けた者に，ボランティア相談員や心理作業補助者などの名称で補助的業務を委嘱することが多くなりました。

この動きは，大学など養成機関の側からも，また参加する学生の側からも，臨地研修や実習の場として歓迎されています。本書ではこのような補助的・実習的性質をもつカウンセリングの補助的担当者の職を準カウンセラーと呼ぶことにします。

問題点あるいは課題の1つとして，資格の問題があります。補助的業務であるとしても，カウンセリングの基礎的教養が十分でない者が採用されれば，機能できない場合やマイナスの影響を招く恐れも案じられます。資格基準について広く協議し，公式的な基準を設ける必要があるでしょう。

もう1つの課題は，研修中に専門家の指導が必要で，ボランティア相談員の側としても実習の場としての十分に実りある体験となることが望まれます。

次に，教育，看護，福祉などの職にあって，副次的にカウンセリングの機能をあわせて受け持つ人々の場合は，その機能からパラカウンセラーとして位置づけられると思いますが，その場合の基礎的素養の条件や一定の研修基準や資格基準が設けられることも必要でしょう。また，専門性の高いカウンセリング関係者による助言と支援が必要になります。
　なお，カウンセリングの基本は一対一の面接によるクライエント支援にありますが，教育や福祉や産業など多くの領域で，グループ・カウンセリングやエンカウンターグループのような集団的方法を取り入れたり，描画（田中，2001）や身体運動遊び（田上，2003）のような言語以外のコミュニケーション様式を導入したりすることによって，それぞれの領域の特徴との調和を図ることも有効でしょう。そのような工夫の1つとして，福島ほか（2007）はコミュニティの井戸端会議方式を提案しています。これは一人の話し手に数人が聴き手となることによって，バランスのとれた傾聴を可能にしてカウンセリング効果を高めるとともに，カウンセラー訓練と相互支援力の促進を同時に目標とするものです。

4. 適切なカウンセリングによって，どうなっていくのか

　もしもクライエントによくマッチしたカウンセリングが適切に継続されたなら，どんな効果が期待できるのでしょうか。カウンセリングによって期待される効果を以下に列挙してみましょう。

(1) **感情安定，期待と信頼**
　クライエントが自分の悩みや気がかりを話して，親身になって聞いてもらうことで，気持ちが安定し，理解してもらえる喜びを感じ，カウンセラーに期待と信頼感を強めていきます。この初期段階はで，カウンセラーの雰囲気から感じられる温かさのような人柄の印象と最初の出会いが重要になります。

(2) **関係の振り返り**
　自分に寄り添うように共感的に理解する他人（カウンセラー）との関係を経験するなかで，これまでの恨みつらみを語ってわかってもらおうとし，また自分と他人との関係を振り返ります。

(3) 自己定位

生活の中で身のまわりの大切な人から受け入れてもらえず，しだいに自信を失い，臆病になっていた人にとって，カウンセラーから温かく受容され理解を伝えられる経験は自分に向き合う勇気を与えてくれます。そして自分の経験と心のありように率直に目を向け（自己定位），自分に厳しくしてきた人はやさしく，周囲を非難して自分を隠していた人は自分に厳しくなっていくでしょう。

(4) 自己理解と自己受容

自分の経験と心のありように目を向け，自分のいろいろな見方や行動を新しい視点から見直していき，カウンセラーとのコミュニケーションが持続的に展開し，感情が自由に表現されて自分の一部として，温かい目で自分を包み，自分に希望がわき，肯定的な自己理解と自己受容が進んでいくことでしょう。そして現状を変えるべく行動を点検する作業が始まることでしょう。

(5) 行動改善，関係改善

クライエントは，これまでの回避と防衛の姿勢が不要で，むしろマイナスであることに気づき，主体的な生き方によって周囲との関係を積極的に改善しようと積極的な取り組みを始めるでしょう。

(6) 自分らしさの積極的展開

自己の個性を受容し，主体的に周囲との関係を生きる経験を通して，これまでの周囲にあわせて生きる自己抑制的な生き方を窮屈なものと感じ，自分らしさを積極的に表現し，自分の個性を伸ばしていく試みを展開するようになるでしょう。

(7) 自己成長

自己へのとらわれを克服して他の人と社会に目を向けるようになり，それまでの社会を回避し社会から身を隠すような生き方や，社会を無視して身勝手に生きる姿勢から脱皮して，社会に自分を活かす道を探って，より社会的存在として生きていくことができるようになることが期待されます。

【引用・参考文献】

福島脩美・土田恭史・森美保子・松本千恵・鈴木明美　2007　カウンセリング研修プログラムにおける個別方式，集団方式，および想定書簡法の効果．目白大学心理学研究，第

3号, 63-75.
福島脩美・田中勝博・角山富雄・張替裕子・松田　修・森美保子・豊島舞子　2008　過去と最近の出来事の回想におけるツールとしての書記，描画，対話の感情効果. 目白大学心理学研究. 第4号, 1-10.
平木典子　2006　カウンセラーのさまざまな立場と活動. 日本カウンセリング学会編　認定カウンセラーの資格と仕事. 金子書房.
小谷英文編著　1993　ガイダンスとカウンセリング——指導から自己実現への共同作業. 北樹出版.
日本カウンセリング学会編　2006　認定カウンセラーの資格と仕事. 金子書房.
田上不二夫　2003　対人関係ゲームによる仲間づくり——学級担任にできるカウンセリング　金子書房.
田上不二夫　2006　認定カウンセラーの役割. 日本カウンセリング学会編　認定カウンセラーの資格と仕事. 金子書房.
武田　建　1992　カウンセリングの進め方. 誠信書房.
田中勝博　2001　思春期ジェンダー障害のアートセラピー——描画が描く narrative の意義について. 目白大学人間社会学部紀要, 創刊号, 85-104.
渡辺三枝子　2007　日本カウンセリング学会沖縄大会研修会記録.
吉田圭吾　1977　教師のための教育相談の技術. 金子書房.

2章 カウンセリングの定義,歴史,社会的背景

1. カウンセリングとは

前章では,カウンセリングの実際の姿について,誰にでもわかる日常の表現による記述を心がけました。ここからはカウンセリング心理学の全容を専門用語を通してみていくことにしましょう。この章ではカウンセリングの全体像を概観します。

1.1 日常用語としてのカウンセリング

カウンセリングへの関心が社会的に広がるようになった結果,カウンセリングという言葉は,いまや日常用語となっていますから,カウンセリング心理学の専門用語として定義することが必要になります。

日常用語としてのカウンセリングには,面談,個別相談,助言というほどの意味が与えられているようです。ビューティ・カウンセリングとかカウンセリング販売という使い方には,面談し,個人の事情をよく聞いて,もっとも適切な商品とその使用を助言するというほどの意味があると思われます。そしてこのような意味が心理学的援助過程としてのカウンセリング(クライエントの自己理解,自己調整と自己成長への援助)からの借用であるように思われます。したがって,日常用語としてのカウンセリングには心理学専門用語としてのカウンセリングの内容的意味がおおよそは含まれているといえるでしょう。

1.2 一般の相談とカウンセリングとの相違点

カウンセリング(counseling)は,心理的援助を求める人,クライエント(client)と,その人の話を聴いてその人の問題解決を支援する人,カウンセラー(counselor)との出会いから始まることが原則です。この二人の出会いの仕方について,一般の相談とカウンセリングとの間には次の3点で明確な相違が現れます。

(1) 関係の純粋性（独立性）

　一般に使われるカウンセリングという語は，専門用語としてのカウンセリングから取り入れたものですから，語の意味内容としては共通性がありますが，一般の相談と専門の心理カウンセリングとの相違はクライエントとカウンセラーとの関係性においては明確になります。

　一般の相談の場合は，教師と生徒，親と子，上司と部下といった日常の関係の中で，相談する側と相談にのる側が決められてしまいます。ところが専門の心理カウンセリングの場合は，カウンセリングの関係は日常の社会的関係から独立して新たに設定されます。専門の心理カウンセリングは，母親が子どものカウンセリングをするような二重の関係性をもたないことを原則とします。教師として生徒に教え励ますとともにカウンセラーとして傾聴するような関係も，関係の非日常性という点で困難を抱えることになるでしょう。つまり，関係の非日常性とは関係の純粋性といってもよいでしょう。あるいは社会的関係から独立しているともいえます。

　関係の純粋性（独立性）のゆえに，クライエントは世間的な気遣いなしに自分の本当の気持ちを語ることができ，カウンセラーは十分に深い傾聴によってそれを受け止めることができるのです。

　現実には関係の純粋性（独立性）が十分に保たれない場合も起こりますが，クライエントもカウンセラーもできる限り日常の関係から切り離し，純粋にカウンセリング関係を保持するよう努力することが必要になります。

(2) 目的の純粋性

　一般の相談においては，カウンセリングが別の目的の手段となることがあります。たとえば，担任としてクラスをまとめるためという目的で，その手段として生徒の話を聴くことがあります。また職場の人間関係を生産性向上に連結する目的をもって部下の相談にのることがあるでしょう。

　ところが，専門の心理カウンセリングにおいてはカウンセリングだけを目的として関係が設定され，他の目的のためにカウンセリングを手段として活用することをしません。そうであるからこそ，クライエントとカウンセラーは，雑念なく純粋に向き合い，心の交流に専心することができるのです。そうでないと，率直な心の開示が両者とも困難になって，雑念や野心による気配りが真の

カウンセリングを疎外することが案じられます。

そういう基本ではあっても，雑念が両者の頭に浮かぶことがないとはいえません。クライエントはカウンセラーの家族関係や社会的地位を連想したり，カウンセラーはクライエントの変化が成功する見込みがあるから自分の職業履歴にプラスになるだろうと考えたり，クライエントの容姿に魅力を感じて問題を冷静に見極めることが困難になったりするかもしれません。そういうときは自分の心理に目を向け，基本に立ち返り，本来の純粋性（独立性）を取り戻すことに努めなければなりません。そうでないと個人的事情が頭をもたげることになるでしょう。

(3) 構造の明確化

一般の相談では，「いつでも，どこでも」という即時性の利点がありますが，それは関係と目的の純粋性を犠牲にした上で生まれる利点といえるでしょう。いつでもどこでもカウンセリングは，いわば枠のないカウンセリングといえます。ところが，専門のカウンセリングにおいては，枠を作ることが重視されます。カウンセラーはクライエントとの関係の時間と場と役割をはっきり決めてから相談に入ります。また約束の時間を守れなかった場合の扱いや両者の連絡の方法についてもきちんと取り決めをします。いわばルールを決めて，そのルールを守った上で，温かい率直な相互作用を展開することになります。

いろいろな事情の変化から，最初の取り決めを守れなくなることもあります。そういう時は，両者が話し合って，あらためて取り決めをすることになります。

1.3 本書におけるカウンセリングの定義

カウンセリングの定義は，内外の専門書や辞典において必ず見出すことができます。それらを一覧すると，援助の人間関係，援助の目標と方法について基本的な共通性が認められます。本書では，一冊の書籍としての一貫性を保つために，『新版学校教育辞典』に記述した福島（2003）の定義をもとに，一部の表記を修正して，カウンセリングを次のとおり定義することにします。

「カウンセリングは，何らかの個人的問題で援助を求める人（クライエント：cl）が，専門的訓練を積んだ人（カウンセラー：co）との言語的・非言語的相互作用を通して，自己理解を深め，人生において遭遇する困難を克服

して，個性を生きることができるように，側面から支援する援助活動である」（福島, 2003）。

ここで「個人的問題で援助を求める人」という記述は，「自分のことで相談に来る人」という意味であり，問題が「個人的問題」であるという限定は，時事問題や政治経済のあり方のような論議の場ではないという意味ですが，その場合でもカウンセラーが「そういう話題があなたにとっては今関心が強いということですか？」と問うことによって，クライエントが個人的なかかわりに目を向けるなら，カウンセリングの主題につながる可能性があります。

また「援助を求める人」という記述は，「援助を求めて相談に来る人」という意味であって，字義どおりにとれば「自主的来談者」ということになりますが，心の中では何とかしたいと願っていても，何かの誘いやきっかけがない限り相談しないという場合もあり，この点では幅のある解釈がよいようです。

「専門的訓練を積んだ人」というのは，日本のカウンセリング活動の現状では，訓練の専門性の程度にかなり大きな幅があります。専門的カウンセラーとしては何をどの程度の知識をもち，演習や実習についてはどの程度どのような訓練が必要かなど，学会や協会によって，一定の基準が設けられています。これからは学会連合や国レベルでの共通基準が必要になります。また教師や看護師などがカウンセリングの副次的機能を担う場合については，それぞれの特徴による訓練方法と基準が求められるでしょう。

「言語的・非言語的相互作用を通して」とは，クライエントが動作や言葉で経験を表現し，カウンセラーがその経験を理解し，理解を言語化してクライエントに伝える努力をする，その言語的・非言語的コミュニケーションの経過を通じてカウンセリングが展開することを指しています。

「自己理解を深める」とは，クライエントがカウンセラーとの相互作用を通して自分の経験を見直し，新しい視点から自分の経験をとらえなおすことを意味します。それにともなって周囲の環境についての自分の見方とかかわり方が変化することになります。そして「個性を生きることができる」とは，自分らしく生きていくこと，つまり個性の実現がカウンセリングの成果として期待されます。

1.4 学会における定義

次の定義は，日本カウンセリング学会が委員会を設けて検討した定義であり，注意深くよく吟味された定義です。

〈日本カウンセリング学会の定義〉

「カウンセリングとは，カウンセリング心理学等の科学に基づき，クライエント（来談者）が尊重され，意思と感情が自由で豊かに交流する人間関係を基盤として，クライエントが人間的に成長し，自律した人間として充実した社会生活を営むのを援助するとともに，生涯において遭遇する心理的，発達的，健康的，職業的，対人的，対組織的，対社会的問題の予防または解決を援助する。すなわちクライエントの個性や生き方を尊重し，クライエントが自己資源を活用して，自己理解，環境理解，意思決定および行動の自己コントロールなどの環境への適応と対処等の諸能力を向上させることを支援する専門的援助活動である。

また豊かな社会生活は人の主体的生き方を保証する条件であり，人の福祉に貢献する条件でもある。つまりカウンセリングは社会的環境と密接に関係しており，カウンセラーは，調和のとれた人間関係，集団，組織および社会の維持や改善など，社会環境の整備に貢献する」（日本カウンセリング学会定義委員会，2004年9月6日）。

この定義の重要部分について点検しましょう。「カウンセリング心理学等の科学に基づき」という表現は，カウンセリング実践がカウンセリング心理学その他の科学に立脚することを明示します。科学という語を実証科学，客観科学という意味で受け取るなら，カウンセリング実践はそういえるかと疑問もあるでしょう。クライエントの語る経験はクライエントが主観的に構成した物語であり，それ自体では客観性と実証性を満たすものではない，しかし，その主観の語りにかかわっていく過程を一定の観点と手続きによって整理することができます。そうすることによって，多くのカウンセリング実践を通して検証可能な仮説を引き出し，それを実証することは可能でしょう。社会構成主義の立場を取り入れた見解（森・福島，2007）は，客観（論理実証主義）と主観（構成主義）のバランスの上にカウンセリングの実践と研究は実りあるものとなると考えます。

「クライエント（来談者）が尊重され，意思と感情が自由で豊かに交流する人間関係を基盤とし」は，カウンセラーとクライエントとの自由と尊敬の相互関係を指すもので，カウンセリングの基本に通じる表現でしょう。

「クライエントが人間的に成長し，自律した人間として充実した社会生活を営むのを援助する」という表現は，カウンセリングがクライエントの健康な成長を支援するという側面を明示し，それとともに「生涯において遭遇する心理的，発達的，健康的，職業的，対人的，対組織的，対社会的問題の予防または解決を援助する」という表現は，心理療法的支援をも行うことを明示したものといえるでしょう。

「クライエントの個性や生き方を尊重し，クライエントが自己資源を活用して，自己理解，環境理解，意思決定および行動の自己コントロールなどの環境への適応と対処等の諸能力を向上させることを支援」という表現は，カウンセリングの目標とするところがクライエントの自己実現への支援であることを明確に示す表現といえます。そして「専門的援助活動である」と専門性を宣言しています。

2．カウンセリングの歴史

カウンセリングに期待されている機能の原型は，おそらく人類の歴史とともに古くからある星占いや加持祈禱の類であるかもしれません。人々は迷いや願いを星に求め，祈禱に頼って意思決定の手がかりにしたように思えます。同じことが臨床心理学の原型でもあるように思われます。

そして長い間，人々の心の迷いと悩みに耳を傾け心の健康と救いの役を担ってきたのは，仏教，キリスト教，イスラム教などの諸宗教であったと考えられます。

今日における専門的援助活動としてのカウンセリングの起源は，1908～1950年の3つの社会運動，すなわちガイダンス運動，心理測定運動，精神衛生運動にあるといわれます。そして，その基盤の上に，今日のカウンセリングにいたる発展の歴史が重ねられてきたことになります。

2.1 職業,進路ガイダンス運動——科学的な職業選択モデル

20世紀初頭1900年頃のアメリカ合衆国では産業の急速な発展によって,産業と労働の仕組みが大きく変化し,人々の生き方が変化を余儀なくされた時代であったといわれています。その影響は村の農業従事者や家内労働者から都市に出て工場労働者として働くことになった若者にとくに大きく適応上の困難を招来したと考えられます。社会機構の急速な変化は価値観や家族の関係にも影響し,親や先輩などの伝統的な相談機能も低下したと考えられます。経済的発展の裏側に生じた貧困,犯罪,無知を克服しようとする社会運動が興り,福祉と教育の活動を展開する社会運動家が現れました。その一人のパーソンズ(Parsons, F.)は恵まれない青少年を援助するための職業カウンセリングを始め,1908年に職業相談所を開き,科学的な職業選択モデルとカウンセラーの働き方について,著書 "Choosing a vocation(職業選択)" を執筆し,死後1909年に出版されました。このことからパーソンズはカウンセリングの創始者と呼ばれます。このようなガイダンス運動に呼応して,学校でも生徒の学業と進路相談を行う教師も現れました。

パーソンズのカウンセリングは,職業をよく知って,自分をよく知って,職を選ぶようにする,いわゆるマッチング・モデルでした。つまり,自己分析と職業理解による科学的選択が説かれたわけです。なお,渡辺(1996)によれば vocation には語源に「神から与えられた道,思し召し」の意味があり,「個人が持っている資質を生かす道」という重い意味があるようです。同じく職業を意味する occupation は生計を立てる職という意味になります。

人には自分の興味,適性,能力,希望志望,限界とその原因について明確に理解する能力があるとみる,パーソンズの自己分析の考え方は,今日のカウンセリングの自己決定重視の視点に通じるものといえます。

2.2 心理測定運動——個性理解のために

20世紀初頭に心理検査の起源となる2つの出来事がありました。1つは,ビネーとシモン(Binet, A. & Simon, T.)による知能尺度で,言葉の理解や記憶,数の理解などの問題について生活年齢による正解者の割合を調べ,約70％の正答率の問題の達成によって,精神年齢を推定し,その結果によって小学校入学

を延期することを提案したことです。もう1つは，アメリカ心理学の開拓者の一人であったキャッテル（Cattell, J. M.）がコロンビア大学でソーンダイク（Thorndike, E. L.）やウッドワース（Woodworth, R. S.）とともに，メンタルテストとして個人差の測定を行って，心理測定運動に大きな影響を与えたことです。このことから，ガイダンスにおいて心理検査が実施されるようになりました。また第一次世界大戦とその後の産業発展において，知能検査，適性検査，興味検査，性格検査など各種の心理検査が利用されるようになりました。

2.3 精神衛生運動──不況と心理的問題の増大の中で

精神疾患に陥って精神病院に入退院を繰り返した人物，ビアーズ（Beers, C. W.）が自己の悲惨な体験を書いた本『わが魂にあうまで』(1908)が，著名な精神医学者マイヤー（Meyer, A.）やアメリカ心理学の大御所的存在のジェームズ（James, W.）の推薦を受け，ベストセラーになったことが，後の精神衛生運動の端緒といわれます。

1930年代に精神衛生運動が高まりをみせましたが，背景には，経済大恐慌による社会的混乱の中で人々の心の問題が増大したこと，心の問題の早期発見と治療への関心が高まったこと，ヨーロッパから多くの心理学者が移住し，パーソナリティ心理学，臨床心理学，発達心理学などの学問がアメリカで飛躍的に発展したことが指摘されています。またフロイト（Freud, S.）の精神分析学の影響がアメリカにおいて顕著になりました。このため，カウンセリングは臨床カウンセリング，適応援助のカウンセリングの色合いを濃くしていきました。

2.4 大学カウンセリング

ガイダンス運動，心理測定運動，精神衛生運動という3つの社会運動によって発展した後，カウンセリングはウイリアムソン（Williamson, E. G.）やカウリー（Cowley, W. H.）らによって学生の進路選択を援助する方法として研究・実践されました。また第二次世界大戦によって心身に痛手を負った者への心理的ケアに関する社会的関心が高まるなかで，国は復員兵の社会復帰と自立を促進するために大学進学と職業斡旋に多くの予算を振り向けました。そのため，各地の大学や復員局にカウンセリング・サービスを提供する機構が急速に設け

られ，カウンセリングの研究と実践の重要な場として定着することなり，専門家としてのカウンセラーの需要が高まっていったようです。

2.5 ロジャーズの影響

ロジャーズ（Rogers, C. R.）の名著『カウンセリングと心理療法』（1942）が出版された頃のカウンセリングは，テスト結果と職業情報のマッチングとしての援助であったと思われます。クライエントの心理特性についてカウンセラーが判断するための情報をクライエントから得て，職業情報と照らし合わせて合理的論理的結論を下すことが科学的方法と考えられていたようです。そのため，専門家としてカウンセラーが権威をもって行う助言にクライエントは受動的参加者としての役割を受け持つこととなり，カウンセラー優位，カウンセラー中心となり，自ずと指示的方法に頼ることになったようです。こうしたカウンセラーの態度や行動は，医者のやり方とよく似ていることから，ウッディほか（Woody et al., 1989）によって，医学モデルと呼ばれました。医学モデルは，医学的知識や技法の適用という意味ではなく，権威をもってクライエントに診断と処方を与える基本的考え方を指すもので，精神分析も医学モデルといわれ，対立するものとして非医学的，あるいは心理学モデルという概念（福島・松村，1982参照）が使用されるようになりました。

ロジャーズは，10年余の経験を通して，どういうことで迷い，どうなりたいのか，深く傷ついているのはどういう経験によるのかを知っているのはクライエントであると認識するようになり，問題解決の責任のありかをカウンセラーからクライエントに移すアプローチを提唱しました。この発想の転換によってロジャーズのカウンセリングは，職業相談の枠を越えて，認知，感情，行動，過去，未来，全パーソナリティと経験に広がり，経験に対するクライエントの知覚のありように耳を傾け，クライエントとカウンセラーとの関係性の中でクライエントの気づきが起こる過程に同伴するものとなっていきます。

ロジャーズは従来のカウンセリングを指示的カウンセリングと呼び，自分の方法を非指示的カウンセリングと呼びましたが，後にクライエント中心，人間中心と言い換えます。ロジャーズのカウンセリングは，クライエントの内面的な心の動きとパーソナリティに深くかかわるため，心理療法との区別がしにく

くなりました。また当時のアメリカで精神医学は医師の領域でしたが，カウンセリングと呼ぶことで医師免許がなくても心理療法を行っていた面もあるようです。

2.6　学校カウンセラーの養成と配置

アメリカ合衆国はカウンセリングの先進国ですが，その発展に大きく影響した要因の1つに学校カウンセラーの養成と配置が国家事業として展開されたことにあります。ソヴィエトによる人工衛星スプートニックの打ち上げ（1957年）は，その地球を回る光が市民に肉眼で観測できる事態になり，衝撃を受けたアメリカは，優秀な人材を発掘するための国家防衛教育法（1958年）を制定し，中学校に，少し遅れて小学校にカウンセラーを配置することとし，そのため大学院修士課程にカウンセラー養成コースの設置が進められ，全米にカウンセリングが普及することになりました。この動向はさらにキャリア発達と生活様式改善を志向する統合的ライフプランニング（Hansen, 1997）へと発展していきます。なお，1990年代後半におけるアメリカのスクールカウンセリングプログラムの国家基準が『スクールカウンセリングスタンダード』として邦訳（中野, 2000）されています。

2.7　臨床心理学の諸理論の取り込み

カウンセリングの目標は，よりよい適応と健康な発達を援助することであり，問題行動の治療や改善を眼目とすることではなかったのですが，ロジャーズの著書と研究を1つの契機としてカウンセリングと心理療法の壁が低くなり，さまざまな心理療法の考え方と技法がカウンセリング実践に活用されるようになりました。そして精神分析的カウンセリング，行動論的カウンセリング，実存的カウンセリングなどとカウンセリングに心理療法の理論・技法の名称をかぶせる使われ方が広まりました。

その結果，一部にはカウンセリングは軽いクライエントを対象とし，心理療法は重篤な患者を治療するという，対象と問題の重篤度による区別が試みられるようになりました。心理療法はカウンセリングと結ぶことで対象の入り口を広げ，カウンセリングは心理療法と結ぶことで，方法と対象の幅を広げること

になりました。しかし、そのことでカウンセリングの本来の理念と特徴があいまいになった面が出てきたように思われます。

2.8　日本におけるカウンセリングの歴史

日本は、同一民族で地域定着型の農耕社会の長い歴史をもつため、家族や地域の強い連帯性の上に、学校教師や神道、仏教関係者などの地域の知識人が相談を受けることによって、カウンセリングの機能が実質的に担われてきたと考えられます。そのため日本における専門的なカウンセリングは、敗戦後にアメリカなど西洋文化圏からの刺激によって急速に開花することになり、外国の情報に明るい大学や一部の産業界からカウンセリングが普及し始めました。そして、日本の人と社会も急速な変化の渦の中で、カウンセリングの必要性が強まり、今日にいたったと考えることができます。

日本におけるカウンセリングは、戦後の教育改革において1951～52年にロイド（Lloyd, W. P.）を団長とするアメリカからの派遣講師団による東京大学、京都大学、九州大学での3か月研修が行われ、多数の大学の教職員が参加したことを契機として、発展してきました。1953年には東京大学に最初の学生相談室が開かれ、数年後には各地の大学に相談室がおかれることとなり、その推進のための厚生補導職員内地研修（3か月間）が1961年から九州大学で毎年開かれ、全国の大学から学生相談にかかわる教職員が学生補導とカウンセリングの理論と実際について研修に参加しました。著者もその一人です。また、日本学生相談研究会の主催による全国学生相談研究会が1962年から年1回開催されて、全国国公私立大学・短大から学生相談関係者が参加しています。このように日本のカウンセリングは大学における学生厚生補導（student personnel service）の展開によって先導されたと考えられます。

学会としては、1967年にはカウンセリングの研究者と実践家を会員とする日本相談学会が設置され、日本カウンセリング学会に改称（1987年）されて今日にいたっています。また産業分野では日本産業カウンセラー協会が1960年に設立され、後に日本産業カウンセリング学会（1996年）が誕生しました。

3. カウンセリングの社会的機能

　伝統的日本社会は地域社会と家族の中に相談機能を十分に備えていたため，カウンセラーのような日常の社会的関係の外にいる者が話を聴いて自己理解と自己決定の過程に援助するということは必要性が低く，あったとしてもめったになかったと考えられます。個人は家と地域の集団の力によって助けられるとともに，その力によって個性を抑制されていた面もあったでしょう。

　しかし，日常生活のしがらみがなく，関係から切れているからこそ打ち明けられることもあるはずです。それは事情を知らない者の前でこそ順を追って詳しく話すことが動機づけられ，また幾分かの誇張や省略や偽りを許容される自由性によって，経験を物語ることができ，その過程で話し手に気づきが生まれることがある，というものでしょう。

　今日の社会にあっては，家族も地域社会も職場も，個人の育ちを援助し，穏やかな安堵の感情を喚起し，不安や苛立ちのような負の感情を緩和する力，個人をあるがままに受け入れ，許容し包み込む力，そして教え諭す力を急速にかつ大きく失いつつあるように思えます。そして人々は，一個人として，自己の責任で選択と決定を行い，孤独な自分づくりの道程を歩んでいるように思えます。いわば自由と孤独のジレンマ，ハリネズミの寓話（寄ると痛いし離れると寒い）のようなジレンマを生きている時代であるともいえるでしょう。そして，それゆえにこそ，個人の心の世界に関心を寄せて耳を傾ける役割，そして心と心を結ぶ役割がカウンセラーに求められているといえるでしょう。かつて，「人間のいるところどこでもカウンセラーの職場となる」と述べたスーパー（Super, 1951）の言葉は，今の日本の社会にこそ適合するように思えます。

　今日の社会から求められるカウンセリングの機能は次のように多様性のあるものとなっています。

(1) **心理アセスメント**

　カウンセリングは個に応じて個性の実現を援助する仕事ですから，誰にでも同じという援助はありません。もちろん関係性や応答技法などの基本は変わりがないのですが，人それぞれにある個性とテーマに応じることがもう1つの基本です。それには，アセスメントが適切なカウンセリングの必須の行為となる

でしょう。

アセスメント（assessment）とは，主訴に関連した経験の経過や主な生育歴，行動の傾向としてのパーソナリティ，関連して感情や気分の全般的特徴，興味・適性・動機づけ・知的能力の特徴，援助の手がかりとなる諸側面などに関する評価で，面接による聞き取り，行動の観察，心理検査などによって行われます。

(2) **相談援助**

クライエントの経験している困難や迷いを中心として，クライエントとカウンセラーの主に言葉による相互作用を通して，クライエントは経験を柔軟な視点や肯定的視点からとらえなおし，情緒的に安定して，自己と周囲の人との関係を調整するようになります。その形態としては，個人カウンセリングが主なものですが，集団カウンセリングも採用されます。また，必要に応じて，心理療法の諸技法を取り入れることもできます。

(3) **専門コンサルテーション**

コンサルテーションを日本語に直訳すると「相談」で，カウンセリングも「相談」ですから，識別できなくなります。そこでカタカナで表現されます。カプラン（Caplan, 1970）によれば，人間援助におけるコンサルテーションは「自分の職務上の問題が他の専門家の領域に関係すると考えて援助を求めるコンサルティ（相談者）」が，「他の分野の専門家であるコンサルタントに援助を求めて行われる」，「援助専門家の間の相互作用のプロセスである」と定義されます。そして援助の内容としては，教育の分野では教師や教育担当者が児童生徒の心の状態と対応について，産業の分野では人事担当者がカウンセリング心理学者に心の問題の予防と予後について助言を求めることなどがあります。

今日では，単に別の領域の参考意見の交換だけでなく，協働的コンサルテーションとして継続的に関係を築くこともありますが，仕事上の問題の間接的介入であることが基本です。

(4) **プログラム開発**

カウンセラーはその働く職域において，専門家としてプログラム開発を中心となって担当し，また開発に参加して意見をいうことも重要な仕事になります。学校では，いじめ防止プログラム，友だちづくりワークショップ，学習の遅

れへの対応プログラム，進路指導などに従事します。大学では，新入生オリエンテーションプログラムへの参加，友人づくり計画，退学・休学予防対策，学習意欲開発，就職ガイダンスなどに参加します。また，産業領域では，企業における職員支援プログラム，たとえば新規採用職員研修，キャリア・デベロップメント，退職準備支援計画，再就職支援，心の健康促進企画などを担当します。

(5) 連携（リエゾン）と調整（コーディネーション）

リエゾン（liaison）はフランス語で語と語を接続して発音すること，あるいはつなぎ，連携の意味です。専門的意見を聴くコンサルテーションに比べて，リエゾンは，手を取り合って問題解決を図ることを特徴とします。たとえば，学校では担任教師と発達支援担当教員とスクールカウンセラーが連携して，ある児童の学校適応の促進を図ります。そのつなぎ手の機能が教育相談室に求められます。

機関の連携を円滑に持続するには役割と関係を調整する働き，つまりコーディネーション（coordination）が必要になります。それには問題状況と援助チームの状態を的確に把握する能力と意欲が大切になるでしょう。こうした機能を担うためにはカウンセラーには人と人を結ぶ社会的技能が必要になります。石隈（1999, 2006）は，「やわらかく生きる」とう言葉で，チーム援助における互いの助け助けられる心がけについて概括しています。

(6) 専門知識・技法支援

地域のカウンセリングの関係者や自発的相談グループに対して専門的立場から援助すること，あるいは行政による地域相談機構と関係を結び協力することなどがカウンセリングの広がりを図る上で大切な役割になります。

(7) ピア・サポートの指導援助

生徒は一番の相談相手として友だちをあげます。友だちの人的資源を活かして，耳を傾け思いやりの心で支援することを育て指導する実践（Cole, 1999）が日本ピア・サポート学会によって推進されています。

(8) 社会への提言と社会参加

カウンセリングは人々の生活の広く多様な面にかかわりますから，子育て支援対策，児童福祉対策，不登校児童生徒対策，非行防止，犯罪被害者支援，飲

酒と喫煙，薬物依存問題，災害対策，労働環境整備，福祉施設従事者の心の健康管理，高齢者の元気支援など，いろいろな社会問題に対して専門の立場から提言し参加していくことが望まれます。また行政にもカウンセリングの知識と技法をもった者がスタッフとして採用され活躍することが求められています。

4. カウンセリングの関連領域と社会的展開

今日の社会においては，広くヒューマンサービスにかかわる機能の重要性が高まり，人間生活のいろいろな分野と領域におけるヒューマンサービスの職域が増大しました。そのため，カウンセリング心理学にかかわる機能が効果的に発揮されるためには，カウンセリングに関連するいろいろな領域と分野において，関連する専門家と協働することが必要な時代になりました。それには相互の相違点と共通点をよく理解しあうことが大切になるでしょう。

4.1 ガイダンスとカウンセリング

カウンセリングは，ガイダンス運動から生まれ，カウンセリングとして機能性を拡張し，ガイダンスを取り込むことになったという歴史的関係からも，両者は不可分の関係にあります。その概念規定においても基本的共通性があります。

ガイダンスに関する坂本（2003）の定義は次のようになります。

「ガイダンスは，教育指導，生徒指導などと訳され，個人的な幸福および社会的な有用性に向かって，自分自身の努力によって，一人ひとりの可能性を発見し，発達させるように個人を援助する過程をいう」（坂本, 2003）。

カウンセリングからガイダンスの面を小さく限定し，さらには切り捨てるならば，カウンセリングは大きな痛手を被るでしょう。カウンセラーが人々の人生行路の独自な歩みを同伴する心のパートナーとなろうとする姿勢を失うなら，カウンセラーを求める人々はいなくなるかもしれません。またガイダンスからカウンセリングの要素を取り去ったならば，個人の認知能力や興味の査定と職務や進路先の条件とのマッチングを指示する営みに逆戻りして，クライエントの自己成長の醸成される過程への尊敬を失うことになるでしょう。

とくに教育の分野では，教授学習過程とカウンセリング過程はとかく対立関

係に陥りがちですが，ガイダンス機能を間に挟むことによって，安定した協力関係を保つことになります。このことは教示・指示の左端から自由空間の右端を結ぶ連続線上のスペクトルとして，左からガイダンス，カウンセリング，精神療法，精神分析を位置づけた小谷（1993）の提言とも一致することになるでしょう。

4.2 臨床心理・心理治療とカウンセリング

　臨床心理学とカウンセリング心理学は異なる歴史をもって独自に発展してきましたが，ロジャーズによる非指示的・クライエント中心的心理療法の提唱以来，カウンセリングと心理療法の相違をきわめて小さくとらえる関係者が少なくありません。ともに人の生活と心のありようにかかわることでは共通性が高いことに加えて，どちらも他方から利益を受けている面があって，そうした見解が広がったと思われます。心理療法はカウンセリングという言葉を使うことによって穏和なニュアンスを醸成して患者に敷居を低くする効果とともに精神医学からの独立性を確保し，カウンセリングは臨床心理学の技法を取り込むことで対象と方法を拡張するとともに臨床を謳うことで心の問題の専門家であることを印象づける効果を，それぞれ意図的かどうかは別として利用してきた面があるのではないでしょうか。しかし，そのことが両者の本質の理解と展開を妨げてきた面についても十分な省察が求められるところです。

　私見を披露すれば，心理療法は対象と方法を明確にして疾患の理解と治療に専心し，その効果を高めて社会の期待に応えることが肝心でしょう。カウンセリングの名の下に抵抗感を緩和して領域拡大と顧客増に走ることは本来の特徴を失うことになるように思えます。またカウンセリングは何々療法をするという限定を謳うことによって専門性を高めることにのみ偏ってよいのでしょうか。専門店化も一部にあってよいとしても，そういう部分は主に臨床心理学に任せて，ガイダンスからカウンセリングへの展開の歴史を思い起こして，人の生き方の自己決定に焦点化することによって幅の広い社会的ニーズに柔軟に対応することこそがカウンセラーが大切にしたいことです。

　対象の重篤度によって臨床心理とカウンセリングを区別することには無理があります。渡辺（1996）は，アメリカ心理学会の「心理学的援助活動実践のた

めの指針」を紹介し，「カウンセリングの目標は，問題行動の除去や治療ではなく，よりよい適応と成長，および個人の発達を支援することである」と明確に規定しています。一部に，無意識の動機を見極める深さが臨床心理学で，浅い日常の悩みにつきあうのがカウンセリングという無知な説があるようですが，臨床は専門家の仕事，カウンセリングは素人の仕事でもすむというような物言いにも通じ，カウンセリングの深い人間理解と大きな貢献をいやしめるものといえます。カウンセリングはカウンセリング心理学という独自の学を背景として，人の迷いや悩みに耳を傾け，尊敬と愛情の心でかかわり，クライエントの自己理解と自己決定と自己成長を側面から支援するという大きな仕事をしているのです。そして，これからもそうしていくことが求められているといえましょう。

4.3 福祉とカウンセリング心理学

　福祉関係の職域は，児童相談所，知的障害者更生相談所，児童自立支援施設，心身障害児者施設，老人総合センターなどで，社会的支援が必要な人々に対して，一人ひとりの可能な能力や適性を評価して，いかに生きるかという生活モデルによって，職業支援，生活技術指導などを行います。

　したがって福祉関係の職域では医療や心理との密接な連携が不可欠であり，カウンセリング機能を欠くことはできません。

　児童相談所は，児童福祉法によって，18歳未満の児童のいろいろな問題に関する相談を受けて，その児童の傾向や周囲の状況を的確に把握し，適切な処遇指針を立て，児童の幸福をはかっていく行政機関として，相談，一時保護，措置という3つの機能を担っています。相談の機能には，養護相談（保護者の失踪，離婚などの理由で養育困難になっている場合や放任や虐待への対応などの相談），非行相談（触法行為があったと警察から通報があった児童や反社会的行動の相談），心身障害相談（各種障害を抱える児童に関する相談，特別児童扶養手当や療育手当てなどに関する判定），育成相談（不登校やしつけに関する相談）が含まれます。

　児童自立支援施設においては，不良行為関連の他，家庭環境などの環境上の理由により生活指導等を要する児童を対象として，生活全般をみる指導員と児

童の心理的問題を扱う心理職との連携による業務が行われています。また知的障害者更生相談所，心身障害児者施設などにおいては，障害の的確な判定とそれにもとづく支援が基本になります。

最近は施設統合の流れによって，児童相談所，療育センター，情緒障害児短期治療施設，知的障害者更生相談所，発達障害者支援センターの複合機関として，新たに児童福祉センターが設けられています。そこでは児童精神科医などの職種とともに心理職や福祉職のスタッフが働いています。

老人総合センターにおいては，老齢化にともなう身体の衰え，記憶の障害，抑うつへの傾斜など，さまざまな問題を的確に理解し，受け止め，支えていく援助がますます必要性を増すことでしょう。高齢者カウンセリングの課題は大きいといえます。

福祉領域の心理援助はこれまでアセスメント面に力点がおかれ，一人の面接に十分な時間をとって継続的に面接できる状況になく，判定し，指示することでケースを収めてきた面が大きかったように思えます。スタッフに比してケースが多いことも原因の1つでしょうか。もしも1ケースに十分な時間をかけてカウンセリングを継続するなら，クライエントの内的対話を賦活することができ，自己理解と成長を支援することができるのではないかと思われます。そのためにはスタッフに十分なカウンセリング研修の機会が必要になるでしょう。福祉援助は幸せへの援助です。劣悪な家庭環境にあって，あるいは障害のゆえに，希望を失いがちな人々に希望をもって積極的に自己の個性を生きていくように援助すること，すなわち，カウンセリングの充実が今後に期待されるところです。

さらにまた，スクールソーシャルワーカーの予算化の道（平成20年度文部科学省）が開かれようとしています。地域社会の資源を活用する大きな手がかりとなり，これとカウンセリングが連携することの意義はきわめて大きいといえます。

4.4　司法・矯正の職域とカウンセリング

家庭裁判所，少年鑑別所，少年院，保護観察所，警察関係機関に働く公務員には大学等で心理学や教育学，社会学などを学び，非行少年や犯罪者の矯正に

かかわる援助を任務とする人たちがいます。また多くの人がその職にあって研修を積んでいます。

　法に触れる行為を犯した者や触れる心配のある少年にはどんな援助が本当に必要なのでしょうか？　その多くの人たちは，1章でみたように，どう生きるか，自分を変えていくにはどうしたらよいかを真剣に考える課題を背負っている，つまり真にカウンセリングを必要としているのではないでしょうか。その役割を支えるのは第一にカウンセリング心理学であり，関連して人間関係心理学，教育心理学，発達心理学，臨床心理学などであって，それに社会学や精神医学などが加わるということになろうかと思われます。

4.5　医療とカウンセリング

　医療の領域において心理的援助が活用される機会が多いのは，これまでは精神科，心療内科，小児科，精神保健センターなどが主たる領域とされてきました。そこでの心理的援助の中心は臨床心理学と障害心理学でした。精神科や診療内科では臨床心理学の開発したテストや心理療法の技法が活用され，小児科では発達障害の診断と指導の知見が主に活用されています。

　しかし，医療の諸領域において社会生活の影響が重視されるようになるにつれ，内科における患者の生活習慣の問題や終末期医療における人間の尊厳と生活の質の問題，整形外科，皮膚科，歯科矯正などにおける患者の自尊心のかかわり，手術などへの恐れの緩和と治療への患者の主体的取り組みの重要性などが注目され，十分な配慮が求められるようになりました。こうした医療をめぐる今日的課題にもっとも大きくかかわるのは，人間の主体的尊厳的生き方にかかわる学としてのカウンセリング心理学であり，それにもとづくカウンセリングの実践であるといえるでしょう。

　医療は自然科学であるとともに社会科学であり人間科学であるという視点の広がりは，心の問題を脳神経系の物質的過程としてのみ取り扱う傾向に社会的視野を開くものとなっています。今やコメディカルとしてのカウンセリングの重要性が認識されつつあります。

4.6 危機対応支援とカウンセリング

　台風や竜巻による被害や各地で起こる地震の被害，夏の水難，冬の雪害などは自然界の出来事として起こった災害という意味で自然災害といわれます。また交通事故や犯罪による災害は人的災害と呼ばれます。災害は不意に人々を襲います。こうした災害被害者の悲哀と苦悶，怒り，嘆き，不安への当座の心理的援助に加えて，事後のストレス障害に取り組み，困難を克服して前向きに生きていけるように手助けする心理学的援助が，さまざまな組織と人によって行われています。

　人間の通常の問題対処の方略が崩壊してしまった状態は危機（crisis）的状況と呼ばれ，個人の身体的・心理的安全を脅かす事態で，とくに生命と安全を脅かす恐怖体験を外傷（トラウマ）体験と呼び，この外傷体験による心身の変調はトラウマ反応と呼ばれます。

　自然災害や人的災害によって心身の障害を被った場合，その障害の受容と改善や心理的立ち直りへのリハビリテーション・カウンセリングの充実策が強く望まれるところです。

　国は，海外の災害被災者支援策として文部科学省から専門家を派遣する施策を長く実施してきました。その専門カウンセラーとしての活躍をまとめた小澤（2004）の報告によれば，応急的な心理的援助とともにその生活の場における安心感と主導性の回復が基本的に重要とされています。

　多様な災害への備えとして，地方自治体には災害を予防するとともに，万一の場合の被害者救済の施策として，被災者の心の安定を支えるための予防と対応の体制づくりが望まれます。それには被害を受けた個人とその家族への個別的取り組みにとどめるのでなく，危機対応の組織と制度づくりといった社会的な支援体制づくりが必要になっているように思えます。そのための主導的役割を担うことのできる人材として，カウンセリング心理学などの知識と技術を備えた人材を，地域行政のスタッフとして養成する研修や新規に採用するなどの施策が求められているように思えます。

4.7　カウンセリングの社会的展開

　これまでカウンセリングは個人への援助を旨として，少しずつ社会的視野を

広げてきました。ある個人を対象とする援助の効果をあげるためにはその個人の所属する学級や家庭にまで介入する必要性を認識し，そうすることによって，効果を確かなものにし，かつカウンセリングの貢献範囲を広げてきました。ある学級で起こったいじめの被害者の救済はその生徒の不安と恐怖の除去を目的とする治療的働きかけも必要なことの1つですが，それよりも，その学級への働きかけによって社会的変化を援助するほうが合理的であるといえるでしょう。いわゆるグループ・アプローチや家族カウンセリングはそうした努力の1つといえます。また田上（2003）の対人関係ゲーム・プログラムも最近の独自的な試みとして期待が大きいものです。これは体を動かし相手の心に触れ合う「遊び」で子ども集団を生き生きさせる活動で，学級自体の変化を起こすことによって個人の成長を環境とともに促進するものといえます。

カウンセリングの社会的展開を大胆に志向するものに，井上（2006, 2007）のマクロ・カウンセリングがあります。彼女は，「社会の問題が個人に現われても，個人それ自身の問題として扱われてきた不幸な歴史」を止揚し，多分野にわたる援助的な活動をマクロ・カウンセリングと呼び，発達的，社会文化的，直接間接の個人援助と社会介入の視点を取り入れ，個人カウンセリング，心理療法，グループワーク，ケースワーク，危機介入，心理教育などの多様な心理的支援を総合的に活用することを提案しています。

【引用・参考文献】

Beers, C. W. 1908 *A mind that found itself.*（江畑啓介訳 1980 わが魂にあうまで．星和書店．）

Campbell, C. & Dahir, C. 1997 *The national standards for school counseling programs.* Alexandria, VA : The American School Counseling Association.（中野良顕訳 2000 スクールカウンセリングスタンダード──アメリカのスクールカウンセリングプログラムの国家基準．図書文化．）

Caplan, G. 1970 *The theory and practice of mental health consultation.* New York : Basic Books.

Cole, T. 1999 *Kids helping kids : A peer helping and peer mediation training manual for elementary and middle school teacher and counselors.* 2nd ed. Peer Resources, Canada.（バーンズ亀山静子・矢部 文訳 森川澄男解説 2002 ピア・サポート実践マニュアル．川島書店．）

福島脩美 2003 カウンセリング．今野喜清ほか編 新版学校教育辞典．教育出版．

福島脩美・松村茂治 1982 子どもの臨床指導．金子書房．

Hansen, L. S. 1997 *Integrative life planning : Critical tasks for career development and changing life patterns.* San Francisco : Jossey-Bass Publishers.
井上孝代編著 2006 マクロ・カウンセリング実践シリーズ3 コミュニティ支援のカウンセリング——社会的心理援助の基礎．川島書店．
井上孝代編著 2007 マクロ・カウンセリング実践シリーズ4 つなぎ育てるカウンセリング——多文化教育臨床の基礎．川島書店．
石隈利紀 1999 学校心理学——教師・スクールカウンセラー・保護者のチームによる心理教育的援助サービス．誠信書房．
石隈利紀 2006 寅さんとハマちゃんに学ぶ助け方・助けられ方の心理学．誠信書房．
小谷英文編著 1993 ガイダンスとカウンセリング——指導から自己実現への共同作業．北樹出版．
久野 徹・末武康弘・保坂 亨・諸富祥彦 2006 改訂ロジャーズを読む 岩崎学術出版社．
森美保子・福島脩美 2007 心理臨床におけるナラティヴと自己に関する研究の動向．目白大学心理学研究，第3号，147-167．
小澤康司 2004 海外日本人学校への被災者支援活動．臨床心理学研究，24，743-747．
Rogers, C. R. 1942 *Counseling and psychotherapy : Newer concepts in practice.* Boston : Houghton Mifflin Company.（末武康弘・保坂 亨・諸富祥彦訳 2005 ロジャーズ主要著作集1 カウンセリングと心理療法——実践のための新しい概念．岩崎学術出版社．）
坂本昇一 2003 ガイダンス．今野喜清ほか編 新版学校教育辞典．教育出版．
Super, D. E. 1951 Transition : From vocational guidance to counseling psychology. *Journal of Counseling Psychology,* 2, 5.
田上不二夫 2003 対人関係ゲームによる仲間づくり——学級担任にできるカウンセリング．金子書房．
渡辺三枝子 1996 カウンセリング心理学．ナカニシヤ出版．
Woody, R. H., Hansen, J. C., & Rossberg, R. H. 1989 *Counseling psychology : Strategies and services.* Belmont, CA : Thomson Brooks/Cole Publishing Co.

II カウンセリングの構造と機能

　カウンセリング心理学の全体像を以下の3章から7章で詳しく吟味します。まず，カウンセリングの構造（3章）について，時間と場の設定，責任の制限など安定した構造を構築する上の留意点があげられます。次に，カウンセリングのはじめから終わりまで（4章）の経過について説明します。その経過の中でのカウンセラーの役割とクライエントの役割，カウンセラーの基本機能などが解説されます。さらに，カウンセラーの基本的態度についていろいろな視点から検討した上で，カウンセリングの基本技法について，代表的なものとしてアイビー，イーガン，カーカフの技法モデルが紹介されます（5章）。

　経験豊かなカウンセラーはアセスメントを重視します。心理アセスメント（心理査定）の意義，方法，機会について解説が行われます（6章）。次に，カウンセリングの過程の中で生起していることが何かについて，鏡に映す自己理解，繰り返される経験の想起，感情と認知への取り組み，人間関係の理解と改善について，カウンセリングの生成プロセスとして多面的に吟味されます。そしてカウンセリングのプロセスと技法が日本のカウンセリング学者によって，どのように扱われるかを紹介します（7章）。

3章　カウンセリングの構造

1. 構造の意義と考え方

　前章にみたように，一般社会で用いられているカウンセリングの語の意味はカウンセリング心理学にもとづくカウンセリングの学術的定義と比べて大きく異なるものではありません。その理由として，カウンセリングが人々の日常生活の中で幅広い人間援助機能と深く結びついていることに加えて，最近におけるカウンセリングの普及による影響，さらに摂食障害やいじめ事件や自殺などの事件が報じられるたびにカウンセラーや臨床心理士が映像メディアなどに登場して解説するのを聞いていることによる一般の人の関心の高まりなどが指摘できるでしょう。

　専門的なカウンセリングの意義内容と日常の使われ方が類似したものであることはカウンセリングの真の理解にとって両刃の剣となります。一方では多くの人々におおよその理解を得られるという利点もありますが，その反面として，専門カウンセリングの活動が一般の援助活動と混同され，間違った印象を与え，あるいは専門性が不当に低くみられるという短所にもなります。しかし，カウンセリングについてのおおよその理解が広く普及していることはよいことです。背景にはカウンセリングに対する現代社会の期待と関心の高まりがあると考えられるからです。

　専門のカウンセリングの明確な特徴づけは，カウンセリングの構造という点において明らかになります。結論を先にいえば，一般の相談は構造があいまいで変動性が大きいことが特徴で，専門のカウンセリングはクライエントとカウンセラーとの役割関係性や時間などの構造を明確にすることによって，守りを固め，効果を高めているのです。ここで守りを固めるという意味は，援助を求める人と援助の役割を受け持つ人との間には，誤解や感情のもつれなどが起こる危険性があるからです。そしてきちんとした関係づくりの上でカウンセリングの効果は高められるのです。

また専門的なカウンセリングの中でも，一対一のカウンセリングの場合と家族カウンセリングのような集団機能を活かしたカウンセリングの場合で，構造は異なるものになります。いろいろなカウンセリングが行われていますが，それらの特徴がカウンセリングの構造をみることによってかなりはっきりします。

構造という言葉は，いくつかの材料（パーツ）を組み立てて作製された機械を連想すれば明らかなように，全体を構成する部分とその組み立てを表します。テレビジョンでいえば，地上波を受信する部分，映像を構成する部分，電源部分その他いろいろな部分がまとまって作動することになります。それと同様に組織にも構造があります。会社でいえば，総務部，営業部，経理部など，内閣でいえば法務，外務，文部科学，厚生労働などの省と内閣官房など，が構造となるでしょう。

カウンセリングの構造には，クライエントとカウンセラーが不可欠な構造部分で，両者が受け持つ役割と責任の関係も構造化されることが基本です。また，どこでいつというカウンセリングの時間と場所も重要な構造部分です。あるときは喫茶店に立ち寄って，次のときは駅のベンチでという面接構造では落ち着いて話し―聴くという関係になれません。

カウンセリングがどのような社会的構造の下で行われるかということも重要です。産業領域であれば企業の中に設けられた相談室で行われるのか，企業の外の委嘱された相談機構であるかによって，カウンセリングの内実は大きく異なることになるでしょう。また，教育相談関係でいえば，学校内の相談室か学校の出先機関としておかれた適応指導教室か，それとも地区の教育センターなどで行うかによっても異なるカウンセリングになることでしょう。このように，構造をどのように設定するかによってカウンセリングの内容と過程と効果が大きく影響されることになります。

学校教師が生徒のカウンセリングを行う場合は，専門カウンセリングの場合と異なり，学校の組織や授業などのカウンセリング以外の構造がカウンセリング本来の構造とどのように関連するかについて考えて，カウンセリングの関係や場について柔軟かつ慎重な配慮が求められます。

専門相談機関の構造だけがよいカウンセリングを生むということではなく，それぞれの特徴のもとでの努力は大いに望まれることですが，それぞれの事情

がカウンセリンの構造にどう関係しているかを明確に意識し，構造のあり方をよく考慮することが必要です。

2. 基本構造

基本となる構造からみていきます。カウンセリングを家にたとえれば，クライエントとカウンセラーは基本の柱に相当するでしょう。そして両者をつなぐ梁に相当するのが役割と契約とみてよいでしょう。さらに壁と窓は社会との区切りとして外の風を防ぎ，かつ必要に応じて外との調整の窓ともなるでしょう。そして外には前庭や中庭という，環境構造があります。病院とか学校とか企業などがこれに相当します。

2.1 クライエント

カウンセリングを求めてカウンセラーを訪ねる人をクライエント（client）と呼びます。クライエントは一般に，依頼人，顧客という意味で広くいろいろな領域で使われ，必要なときにその道の専門家から支援を受ける人という意味になります。そしてカウンセリングにおいては，カタカナでクライエントあるいは相談に来るという意味で来談者という言葉が使われます。カウンセリングにおいては患者とか障害者とか問題少年という表現は使いません。

カウンセリングにおけるクライエントは，自分が解決したい問題をもっていることの自覚，その問題を解決したいという自己動機づけ，そして問題の解決あるいは克服に向けての主体的取り組みの3点で，いろいろな水準にあります。この3点はクライエント側からカウンセラーへと手を差し伸べる継ぎ手に相当しますから，カウンセリング関係が成立するための条件になりますが，この3点を最初から十分に満たすクライエントは，むしろ少ないのが現状です。このことについて，平木（2004）は値引き（ディスカウント）という言葉で説明しています。

- 問題そのものの値引き：問題を無視する，問題から目を逸らす
- 問題の意味の値引き：問題が大したことでないとみる
- 問題解決可能性の値引き：解決の可能性を低くみる
- 問題解決能力の値引き：自分や他人に解決する力がないとみる

これらはカウンセリング関係に入ることへのクライエントの抵抗とみることができます。こうした抵抗に対してカウンセラーの側から手を差し伸べる工夫をすることで，クライエントが問題の存在を自覚し，解決の可能性を探って，意欲をもって主体的に取り組むことができるようになることが必要条件になるでしょう。

　ロジャーズ（Rogers, C. R.）は「その人のことを最もよく知りえるのはその人である」（久野・末武・保坂・諸富, 2006参照），という有名な言葉によって，カウンセリング関係の主役はクライエントであり，カウンセラーはクライエントの自己理解・自己成長の潜在力を引き出し，クライエントを問題解決の主人公として位置づけることを重視します。

2.2　カウンセラー

　カウンセリングを求めて訪ねてくるクライエントを迎えて，クライエントの自己理解と問題解決を支援する人がカウンセラー（counselor）です。クライエントが自分の問題を自覚し，解決に向けて主体的に取り組む過程を支え援助するヘルパーでもあります。カウンセラーの仕事は，舞台でいえば主役のクライエントが舞台の中央に立って自分の経験を物語るとき，カウンセラーはときに脇役として，黒子として，ときに観客席に移って拍手を送る人になります。またカウンセラーは，カウンセリングの舞台回しであり，クライエントの自己理解と問題解決の舞台にスポットライトを当てる照明係であるといってもよいでしょう。

　カウンセラーの仕事は，カウンセリング関係のマネージャーであるともいえます。まずカウンセリング関係をどう確立するかということが主題となります。カウンセリング関係の重要性に特別な注目をしたロジャーズ（Rogers, 1942, 末武ほか訳, 2005, p.22）は次のように述べています。

　　「カウンセリングが効果的に成立するために必要なのは，ある明確に形作られた許容的な関係であり，その関係の中で，クライエントは，自分自身に気付くようになり，新たな方向をめざして，人生を前向きに進んでいけるようになる」。

　カウンセラーはクライエントの話に傾聴し，どう理解したか，何をもっと知

りたいかを伝え，それを受けてクライエントは話を展開していきます。このような相互作用において，カウンセラーは心の専門家として，知識・技術・態度を十分に身につけ，そのことを認められる資格を備えていることが必要になります。

カウンセリングを不適切な方向に導きやすい危険性の芽が現れる場合があります。初心者はカウンセラーとしての役割を受け持つ緊張と不安で，また聴こう聴こうと身構えることで，そのときどきの自由で自然な相互作用ができなくなる傾向がみられます。またクライエントの怒りや悲しみに戸惑いや嫌悪感情が芽生えたり，あるいは自分の個人的経験をクライエントに投影して巻き込まれたりします。こうした事態に気づいて，安定を保持するためのカウンセラー自身の安定性が求められます。

2.3 関係と場の制約

カウンセラーが温かく，信頼でき，本心から共感し，理解しようとしていることにクライエントが気づくとき，カウンセリング関係が動き出します。

しかし，制約があることも大切です。いつでもどこでも思いついたらいつでも話を聴いてくれるという無制限の関係の下では，クライエントの主体的取り組みは阻害されることが起こりえます。現実には，カウンセラーは他のクライエントにも，個人としても多くの時間を割いているわけですから，一人のクライエントにだけいつもかかわっていることはできないからです。すると，裏切られたように感じるクライエントはいっそう欲求を強めたり不満を蓄積したりすることになって，カウンセラーの側でも負担と不安が高まり，結局は関係は途切れてしまうでしょう。

一定の制限を明確に理解しあう手続きを踏むことによってクライエントもカウンセラーも守られ，そしてカウンセリングの成果を高めることができます。

以下のような明確な制限を設けることが，カウンセリングの成果をあげるために大切な要因となります。

(1) **責任の制限**

カウンセラーはカウンセラーとしての自分の責任と役割について明確に自覚し，クライエントに対してそれを明確に示すことが必要です。

クライエントは自分の困った事情について話し終わった後で，さて，どうしたらよいか教えてくださいという受け身の態度になることがあります。私のこれまでのカウンセリングとスーパービジョン（カウンセラーへの助言）の経験では，クライエントがこうした態度になるにはいくつかの背景が考えられます。

1つは説明不足からくる誤解です。クライエントは，事情を説明するのが自分の役で，その問題を解決するのがカウンセラーであるという大きな誤解をしている場合が多いので，最初に，あるいは少なくともできるだけ早い段階で，カウンセラーの責任の枠，つまりはクライエントの責任について説明し，納得を得ることが必要です。

もう1つは，クライエントの依存欲求による受け身の態度です。この場合は，自分が引き受けたくない気持ちをクライエント自身が気づくことが大切です。それにはカウンセラーがクライエントの心の動きを映し出して示し，共感的に理解を伝えること，つまりカウンセリングの基本的応答による相互作用が適切になされていたかどうかが問われることになるでしょう。

第三は，クライエントがカウンセラーの力量を知りたいがために試している場合や取り引きに使っている場合です。カウンセラーがどこまで引き受ける気があるか，また能力があるかを知るために，クライエントはしばしば「で，どうしたらよいでしょう」を口にするようです。問題解決の責任がクライエント自身にかかっていること，カウンセラーはその一端を受け持つ協働者であるということを了解し合うことが大切です。

(2) **場と時間の制限**

必要ならいつでも電話で相談できる，どこでも話を聴いてもらえるという無制限な関係はしばしばカウンセリング関係の破綻を招きます。もしもそのようなルーズな関係でスターとしたならば，クライエントはやがて依存と不満を強め，カウンセラーは逃げ腰になるという結果に陥る危険性があります。人間関係には自ずと制限があるものです。制限のないことは決してよいことではありません。一定の制限があってこそ，安定した関係を維持できると考えてよいと思います。カウンセリングにおいても，できるだけ同じ場所同じ時間帯を決めることによって，面接関係を安定させる効果があります。

(3) 攻撃行動の制限

　自殺や他者への危害が予測された場合にはその抑止を第一に考えなければなりません。危害防止は守秘義務よりも優先されます。態度としてきっちり伝えるとともに，必要なら防止の手立てを講じる必要もあります。また子どもがプレイルームの中でガラスを割るような乱暴や担当者を蹴るなどの暴力を示した場合は，はっきりとそれを禁じることが必要です。感情的に反応したり叱るという態度ではなく，それがルールであるとして，きっぱりと明確に禁止をします。

(4) 愛情の制限

　クライエントがカウンセラーにカウンセリング関係以上のかかわりを求めることははっきりと禁止されなければなりません。贈り物をもってくる場合も同様です。「それはカウンセリング関係では禁止事項ですから」と，当然の決まりという淡々とした態度で，ルールを伝えることが肝要です。そのさい，クライエントの気持ちを傷つけないように配慮して，しかしはっきりと断ることが肝要でしょう。

　カウンセラーがクライエントに愛情をもつことも禁止事項です。たとえカウンセリングを終結した後であっても，個人的関係は倫理規準に反することとみなされます。

　ていねいな記述のあるカウンセリングの書物には，クライエントに対するカウンセラーの態度として，親しみをこめた温かい態度が言葉でも視線や物腰でもクライエントに伝わっていくことを重視して説明がなされています。その背後には，ロジャーズ（Rogers, 1957）の3つの基本的態度概念の1つとして知られる unconditional positive regard があります。この概念については多くの著者が苦労して説明を試みて，無条件の積極的尊重，無条件の配慮あるいは顧慮，無条件的受容などの日本語が与えられてきました。ロジャーズの説明による「非所有の愛（non-possessive love）」を受けて，筆者はこれを無条件的敬愛として表現しています。クライエントを一人のかけがえのない個性として受け入れ，愛情の眼差しを向け続けること，広くいえば隣人愛，人間愛の表現ともいえるでしょう。もしも非所有でなく所有の愛であれば男女間の愛憎のもつれになりますから，カウンセラーとして，クライエントとしても，厳しく制限

されなければなりません。要は，クライエントがどうであるかにかかわらず，カウンセラーとしての純粋な温かい関心を向け続けることが無条件の敬愛であるといえるでしょう。

カウンセラーといえども人間ですから，いつも誰にも純粋な温かい関心をもってかかわり続けることが困難な場合もあるでしょう。社会生活者として自ずと好みということがあり，また教員であるとか企業人であるといった社会的規定もあるからです。しかし，できるだけ純白な慈愛と尊敬の心でクライエントに向かい合うことが望まれます。

2.4 空間的構造

カウンセリングは主に面接を通して行われることが多いため，面接室が，またプレイと呼ばれる活動の部屋（遊戯室とかプレイルームといわれる）や自己表現のためにとくに設けられた部屋（絵画制作室や箱庭のある部屋）がカウンセリングを支える中心的な空間となります。

個人カウンセリングを主とする，独立した施設の場合は，主な空間的構造として，次のような設計になることが多いようです。

(1) 案内と入室通路

カウンセリング施設への案内掲示にしたがって植木並木を進むと施設の入り口があり，入ると雰囲気のよい絵画がかけてあるようなのがお勧めでしょう。

(2) 受　付

入り口の近くに受付窓口があって，感じのよい人がいます。来所を伝えて，待合室へと進みます。初回には案内をしてくれるでしょう。

(3) 待合室

待合室の構成は各カウンセリング施設の性格をよく表しています。オープンな明るい雰囲気が教育相談室などでは好まれます。成人の心理相談を主とするところでは静かな落ち着いた雰囲気を出すような工夫を，また空間に仕切りをしたり，コーナーを設けるなどして，他の人から見られたり見たりすることができないような工夫をすることもあります。静物の絵や童話の絵本，人形などを置いている施設が多くみられます。

(4) 個別面接室

　窓のある4m×5mほどの大きさの独立した静かな部屋がよいとされています。窓のない部屋は圧迫感があって好ましくなく，騒がしい音が聞こえる部屋や食事のにおい（摂食障害の人にはとくに）のするところも，面接の流れを阻害することから避けることがよいとされています。また，一般の施設と接して配置される場合や外廊下に接して面接室がおかれる場合は，中の会話が外にもれることがないような工夫も必要です。

　都道府県の教育相談所や大学の心理カウンセリングセンターのような多くの相談が重なるような相談施設では，個別面接室は複数必要になります。その場合，クライエントにとって同じ面接室を継続使用するほうが面接の流れを保持する上でできれば好ましいでしょう。

　成人対象の心理臨床や産業カウンセリングの場合は，待合室や面接室に幾分贅沢な設計をしてクライエントの心を励ますような工夫もよいでしょう。

(5) 活動室と物置

　遊戯室とかプレイルームと呼ばれる大きな空間をもつ部屋に，積み木や滑り台，ミニチュア・ボーリング，マットなどを置いて，子どもの自由な活動の場として，そこにカウンセラーが参加観察し，必要に応じて介入します。遊具はクライエントの年齢や関心に応じて変更しますから，物置が必要になります。

　他に絵画制作室や箱庭のある部屋を配置することが多くなっています。あるいは面接室に必要なセットを置いて対応することもあります。

(6) 集団用面接・活動室

　グループ・カウンセリングを行う場合や適応指導教室での学級的活動の場合に用いられます。個別面接室よりも大きな空間が望ましく，また活動に応じて机や椅子，用具をセットします。その収納場所も必要になります。

(7) 検査室

　面接室を兼ねることも多いのですが，知能検査や性格検査を実施する場と面談の場は異なる特徴がありますから，検査室は面接室と別の部屋で雰囲気も変えてセットしておくのが理想です。また検査者と面接者を同一人が兼ねる場合は，2つの役割の意味についてよく説明して実施することが望まれます。検査しその結果を説明する行為は検査者主導の性格をもつことが多く，面接でクラ

イエント主導の関係に戻るさいの関係形成が大切になります。

(8) **事務室**

一部に電話受付用の電話やファックス，ケース・ファイルの管理，記録のための机などが配置されます。なお，受付と連接する場合が多いようです。

(9) **退室通路**

一般成人対象のカウンセリング施設の場合，入り口で他のクライエントと出会うことを避ける気配りから，控えめな入り口と開放的な出口を分けて設定する施設もあります。

2.5 時間的構造

カウンセリングのためのクライエントとカウンセラーとの相互作用の機会をどう設定するかについては，時間の構造として取り扱われます。カウンセリングの目的や緊急性によって，また用いる方法論によって異なりますが，多くの場合，クライエントは一定の間隔で一定の時間をカウンセラーと面談することを継続し，できるだけ同じ時間帯に，50分程度の時間が予定に組み込まれます。

次に一般的な時間的構造について解説します。

(1) **初回面接あるいは受理面接の時間**

クライエントは電話などで相談を申し込み，時刻を決めて最初の相談室訪問となります。迎えるのは，大きな相談機関の場合インテークを担当する人，小さな組織や一人ですべてをこなす場合には担当カウンセラーということになります。この初回の出会いによってクライエントは主訴や問題の背景，望むカウンセリングの目標について語り，カウンセラーはどういう担当をするかの吟味とおおよその方向性をつかみます。したがって，初回面接には90分程度の時間をかけることが多くなります。

(2) **毎回の面接時間**

インテーク面接を経たその後の面接時間は，方法によっては2時間程度をあてるやり方もありますが，多くは45分から50分を1回の面接時間（倉光, 2004）とします。あまり長くなると，集中力が低下しますし，他のクライエントの面接にも時間を割く必要があります。カウンセラーは10分程度の休憩をとって次のクライエントとの面接に備えることになります。

(3) 面接の間隔

次回の面接までの間隔については，集中継続（マラソン）方式や週に2～3日の頻度で反復する方式もありますが，むしろ間隔をあけて次回の面接を行う1週間間隔の分散方式を採用することが一般的です。そして1週間の間に起こった出来事や考えたことを話してカウンセラーと理解を共有する時間をもつことになります。このような間歇方式をハレとケの関係で説明することがあります。日常の生活（褻）の中に，普段とかけ離れた特別な，非日常の時空として，つまり霽としてカウンセリングの場と時間が意義づけられるという考え方です。とくに，カウンセリングは生活の点検と調整が基本になりますから，現実の生活に戻って再び面接で経験を語るという間歇面接がよいと考えられます。

(4) 回数の見込みと流れ

かつてカウンセリングは終結のみえないエンドレスの作業という理解が，精神分析的心理療法の影響からか，一般的だと考えられていました。そして，いつのまにか来なくなることによる終結も少なくありませんでした。しかし，最近はこの章の3.で説明するように，およその見通しと方法について説明し，何回程度の継続が必要になるだろうかということについてもクライエントとカウンセラーの間で了解しあってカウンセリングを開始する方式が多くなりました。

比較的多くのカウンセリングの構造化では，初回は時間をかけて問題の背景と可能性の模索に，その後の数回で主訴，当面の問題，経過，生育歴と性格面等の確認を経てクライエントの現実検証能力や知的，情緒的傾向などを査定し，目標と方針を話し合い，決定し，その後の継続相談へと進めます。なお，回数を限定する方法として time limited（回数限定法あるいは時間制限法）もフロイト（Freud, S.）以来多くの臨床家が試みてきましたが，比較的最近になってカウンセリングの構造の点と費用と成果のバランスという点から，一貫した提案（上地，1984；松本・上地，2004）がなされています。

(5) 遅刻とキャンセルと経過

カウンセリングはクライエントとカウンセラーとの気分しだいの呑気な道行きではありません。上り下りのきつい山坂を一人で歩むクライエントの人生行路をカウンセラーが全力で理解し支えようとする真剣な相互作用であるといってもよいかと思います。カウンセリングの経過によって，初期の期待が失望に

変わったクライエントは遅刻やキャンセルをすることが多くなります。これは抵抗の表現として理解されます。カウンセラーはその抵抗を受け止めて，クライエントに映し返します。抵抗を抵抗として受け止めるためには，クライエントとの間で遅刻時間には費用が増えることや，直前のキャンセルには料金の支払いが必要なことなどが明確にされる取り決めを最初にする必要があります。

2.6 社会的構造

カウンセリングは日常生活から分離した場において行われて生活経験を振り返る機会となりますが，完全な社会的真空の中での営みではなく，カウンセリングがどのような社会的環境の中での営みであるかによって大きく規定されるという事実を見落とすことはできません。むしろ社会的背景を自覚し，活用することによってカウンセリングの成果を高めることができます。

たとえば教育相談所や学校教育の枠組みの中のカウンセリングは学校システムを活用することによって，大学の学生相談室であれば，学生部や学科の指導教員の協力を得ることによって，卒業への道を探る援助が可能になるでしょう。同様に病院の心理室であれば，医療担当者からの専門的情報を活かすことができるでしょう。そのさい本人の了解とその場のネットワークが有効に機能するかをよく吟味することが必要になります。

3. インフォームド・コンセントと取り決め（契約）

3.1 インフォームド・コンセントの考え方

最近になってよく耳にする言葉に「説明と同意」があります。英語の表現ではインフォームド・コンセントです。インフォームド・コンセントを日本語に直訳すると，「情報を与えて・同意を得る」という語の意味です。

説明と同意は，もともとは医療の分野で医師と患者の間の法的取り決めとして取り上げられたことです。昔は，患者はなにもかもお医者様任せで医療を受けて，疑問があっても尋ねず，治療が失敗しても泣き寝入りをしていましたが，今はそういう一方的関係は通用しなくなりました。

医療行為は患者の体にメスを入れたり，効き目もあるかもしれないが有害の恐れもある薬を与えたりして病気や怪我を治します。その行為自体は患者の体

を傷つける傷害行為であって,治療効果は得られないかもしれません。そして,そのマイナスの結果は患者が負わなければなりません。

患者と医師との間には知識のギャップが大きくありますから,医師は患者にわかるように説明し,同意を得ることによって,医療行為を許されます。

最近は生活のいろいろな部分で説明と同意が求められるようになりました。人と人との間でも,企業と人との間でも契約関係を明確にする社会になったためと思われます。高価な買い物になる不動産の売買にはもちろんのこと,電気器具の購入でも,売り手と買い手の間で,書類によって説明と同意が行われます。

カウンセリングでも同じです。説明と同意があってはじめてカウンセラーはクライエントの心の扉に分け入り,質問し,理解を伝え,心に働きかけることが許されるのです。

では,誰が誰に情報を与えて,誰の同意を得るのかということになります。もちろんカウンセラーからクライエントに情報を与えて,そしてクライエントから同意を得るということになります。

その情報にはどんな内容が含まれるかというと,どういう目標に向けて,どういう方法を用いるか,するとどんな利点が期待できるか,どんな危険性があるか,費用はどの程度かというようなこと,つまり提供するサービスの性質についてわかりやすく説明してクライエントの同意を得るということになります。

説明し同意を得るべきこととして,金沢(1998)は11か条をあげていますが,本書はその主要なものを整理して7つについて紹介します。

- カウンセリング援助に関する情報(目的や方法,効果,危険性)
- 用いる当該のカウンセリングの技法の効果とリスク
- 秘密保持の限界(生命の危険性と法的違反)
- 対価としての費用と支払い方法
- カウンセリングの具体的手続き(場所,時間,期間,連絡方法)
- カウンセラーの資格や経験
- 苦情や疑問の提示や中止の自由

援助者の説明責任と受ける側の自己責任が日本の社会のいろいろな分野で着実に広がりつつありますから,カウンセリングも急速にこの動きを加速してい

ます。カウンセラーは上のような項目について文書で記述してクライエントに提示し，クライエントから承諾を得ることが必須となる時代がすでに始まっています。

3.2 取り決め（契約）の意義

　家庭生活には，いろいろな暗黙の取り決めがあります。たとえば朝は7時には起きる，朝刊は最初にお父さん，一番風呂は赤ん坊とお母さんなど。友だちどうしでも，これ以上は頼めないなど。いつも顔を合わせる関係であれば暗々裏の取り決めでもすむことが多いでしょう。

　カウンセリングにおいては，暗黙の取り決めのままにカウンセリング関係を開始してよいでしょうか。カウンセラーはクライエントとの間で，最初に，大事な取り決めをする必要があります。概略的にいえば，クライエントは自己の経験を率直に語り，主体的に問題解決に取り組むことを約束し，カウンセラーはクライエントの問題解決を援助するため誠実に役割を担う約束をします。カウンセラーは生命の安全や法律違反に関すること以外はクライエントのプライバシーを尊重すること，クライエントはカウンセラーに1回いくらの代金を支払うこと，約束の面接日が都合が悪くなったときはどうするか，カウンセラーからクライエントに連絡の必要があったときはどうするか，などを取り決める必要があります。取り決めは，カウンセリングの当事者がそれぞれの役割と責任を自覚することによって安定して関係を保持し，カウンセリングの成果をあげることに貢献することになります。

【引用・参考文献】
平木典子　2004　カウンセラーとクライエント．福島脩美・田上不二夫・沢崎達夫・諸富祥彦編　カウンセリングプロセスハンドブック．金子書房．
金沢吉展　1998　カウンセラー専門家としての条件．誠信書房．
久野　徹・末武康弘・保坂　亨・諸富祥彦　2006　改訂ロジャーズを読む．岩崎学術出版社．
倉光　修　2004　カウンセリングの構造．福島脩美・田上不二夫・沢崎達夫・諸富祥彦編　カウンセリングプロセスハンドブック．金子書房．
松本　剛・上地安昭　2004　事例5　対人不安を訴える大学生との時間制限カウンセリング．福島脩美・田上不二夫・沢崎達夫・諸富祥彦編　カウンセリングプロセスハンドブック．金子書房．

Rogers, C. R. 1942 *Counseling and psychotherapy : Newer concepts in practice.* Boston : Houghton Mifflin Company.（末武康弘・保坂　亨・諸富祥彦訳　2005　ロジャーズ主要著作集1　カウンセリングと心理療法――実践のための新しい概念．岩崎学術出版社．）

Rogers, C. R. 1957　The necessary and sufficient conditions of therapeutic personality change. *Journal of Consulting Psychology,* 21, 95-103.（伊東　博編訳　1966　パースナリティ変化の必要にして十分な条件．ロージァズ全集4巻所収．岩崎学術出版社．pp. 117-140.）

上地安昭　1984　時間制限心理療法の理論と実際．金剛出版．

4章　カウンセリングのはじめから終わりまで

1. スタート点——どういう状態で何を求めているか

　カウンセリングがどのようにはじまって，どう展開して，どのように終結にいたるかという，カウンセリングの主要な流れを概観することにしましょう。カウンセリングのスタート点からは，コースがどういうものか，どこがゴールなのか，途中にどういう困難が待ち受けているのかもはっきりとはみえない，冒険レースにたとえることができるでしょう。

　カウンセリング・ルームにやってくるクライエントはどういう状態でしょうか。いくつかの特徴やタイプがあるようです。

1.1　相談に関する葛藤的態度

　クライエントとなる人の心の動きについて考えてみましょう。カウンセリングを申し込むまでのためらいと決意，そして日取りが決まって，当日になって，どんな心の状態になるのでしょうか。最初の出会いまでの，こうしたクライエントの期待と不安について，カウンセラーはよく注意を向けることが必要です。この頃は，メールや電話で申し込みをして，さしたる迷いもなく来談する人が多くなってきましたが，来談までには今もいろいろな心の動きがあるようです。ですから，迎える側は「よくいらっしゃいました。お疲れ様」という気持ちをこめて温かく，しかしごく自然にクライエントを迎えて，初回から安心できる雰囲気を醸成することが肝心です。

　安定した来談になるまで，あるいはその後でも，クライエントは些細なことで遅刻や無断欠席をすることがあります。来談し自己を語ることへの抵抗とみることもできるでしょう。カウンセリングが動き出した後でもクライエントは，行こうか行くまいか，話すか話さないかといった迷いを背負って，期待と疑問と不安に揺れながら来談していると考えてよいでしょう。そうであれば，カウンセラーはクライエントに対して来談をねぎらい，常に温かい対応を心がける

ことが大切です。

1.2 否定的感情

　クライエントは，1章でみたように，いろいろな動機で心理的援助を求めています。その心理状態としては，悲しみ，怒りと攻撃，疎外感，不信感，そして被害感などの否定的感情状態にあるといってよいでしょう。否定的感情が支配的になっているとき，姿勢は前かがみになり，身のこなしが遅く，表情も硬いものになり，そして物の見方や考え方は硬く柔軟性を欠き，行為はしばしばタイミングが遅れ，迷いと後悔を繰り返すことになりがちです。慣れたカウンセラーは，そうした表現を観察することによって，クライエントの否定的感情がどの程度のどのようなものであるかを大づかみにします。そして，必要なら心理検査などの標準化されたテスト結果も参考にして問題点を整理して，カウンセリングに活かすことになります。

　積極的な問題解決の試みは否定的感情からは始動しにくいようです。カウンセラーとの出会いによって否定的感情が緩み，自他に対する肯定的な感情に気づくと，問題をなんとかしようという積極的な気持ちが出てくるでしょう。

1.3 問題解決への構えの揺れ

　「何とかしたい，しなければ」という問題解決への願いと心構えをもって来談しても，クライエントは，「でも，できるのかしら？」と解決の可能性に疑問をもち，辛いことを避ける気持ちも起こります。その気持ちは傷口に当てた包帯を剝ぎ取ることへの怖さと似ています。解決への主体的構えを強め安定させるのは，カウンセラーに対する信頼感とカウンセラーのやさしい励ましのようです。

　カウンセラーへの信頼感があっても，「問題は自分のことであり，自分の力で解決できる，したい」という自力の取り組み態度が起こるとは限りません。カウンセラーへの依存の態度が強く続くようでは，カウンセリングは成功しません。関連して，性急な問題解決を求めるクライエントも結果的にカウンセラーと自己への信頼を失ってカウンセリングの成果を得られない結果になりがちです。カウンセリングは，時間をかけて主体的にじっくり取り組むことによっ

てはじめて成果が得られる，人間と人間との心の交流に支えられたすぐれて人間的主体的営みです。

1.4 今の現実から目を逸らす傾向

初来時のクライエントは，自分の来談の動機を簡単に語った後は，自分の現在の状況の原因を過去に求めて，過去の出来事，後悔，恨みごとなどの生い立ちを語ることが多く，その話が延々と続くことが少なくありません。過去はすでに存在しないことですから，カウンセリングによって変えることはできません。変えることのできるのは現在の自分の考えと行動です。その方向に結びつけることを期待して，カウンセラーは「そのことが今のあなたには気になるのですね」とか「小学生の頃の心ならずもいじめてしまった好きな子のことが，なぜか今のあなたには思い出されるのですね」といった応答をします。それでもなお，今現在の話にならないことがあります。その原因の1つは自己の現実に向き合うことへの抵抗でしょう。現在の自己について語るよりも過去に目を向けるほうが気持ちの負担が少ないということがあるようです。もう1つ，精神分析理論の一般への流布によって原因を過去に求める傾向が生じている面も考えられます。

現在の自己を開示することよりも未来の空想的な不安について語ることを好むクライエントもいます。この場合カウンセラーは「10年後の自分は河川敷の掘っ立て小屋で暮らしている。きっとそうだと思っている。すると，今，どんな気持ちがわいてくるのでしょうか」とか，「20年後には地球は破滅的な状況になる。そう思っていることが，今，あなたにどういう影響を与えているのでしょうか」などと，今の心に焦点を当てて質問し，考えてもらうことができます。

1.5 気持ちよりも知識を開示する傾向

社会の不合理について博識を開示し議論をしたがるクライエントがいました。カウンセラーが「そうした不合理についての話がもう20分ほど続いていますね」と知識語りになっていることに注意を向けると，「あ，そうですか」と困惑し，また別の社会問題「構造的矛盾」に話題を転じます。カウンセラーがもう一度「その矛盾はあなたにとって腹の立つことのようですね，声に力が入っ

ていますから」と身体感覚に注意を向けると,「いえ,そんなことはないです。仕方ないことです。社会の仕組みですから」と不機嫌になります。このように自分の感じ方,感情や気分,考えを率直に開示することが本当に苦手なクライエントがいます。知識の開示の話題が,体調が回復した後も仕事探しをしないでいる自分についての率直な語りになかなか結びつかないケースでした。カウンセラーの対応の力が問われる場合の1つのタイプといえるでしょう。

1.6 自分のことよりまわりの人のことを語る傾向

　自分のことを話すつもりでも,関連する他人のことに話が及び他人の困った傾向について話すことに夢中になってしまうことがあります。あるクライエントは夫とどう折り合っていくかということが主題となっていましたが,夫の無理解について話し出すと声が大きくなり多弁になってとまりません。経験の少ないカウンセラーが「そうなの,大変ね」「で,ご主人は浮気をすまないという気持ちはないのですか」などと,目の前のクライエントの気持ちよりも話題の人のことに応答したことも影響したのでしょう。「あなたとしては,謝ってほしいのですね」というような応答が望ましいでしょう。

　クライエントの話に出てくる他者の話題はそのことがクライエントの心に大きく響いているということとして,「あなたは　そのことで　腹が立っているのですね」とか,「あなたは,そのときどんな気持ちだったのですか,そして,今思い起こして話していて,どんな気持ちですか」などと,クライエントの考えや感情を反映するような応答を心がけるとよいようです。

1.7 高い理想（比較基準）へのこだわり

　クライエントの否定的感情の背景には,高い理想を基準にして現在をみることによってそうなっている部分があります。ある会社員は,同期入社の仲間が課長に昇進したことから自分ひとり取り残されたような抑うつ気分に陥って,仕事に熱が入らなくなりました。また,ある母親は夫のお姉さんの子どもに負けたわが子に辛く当たるようになり,子から厳しい反撃を受けて母親としての自分に自信を失いました。こうしたケースでは現実に達成可能な目標を選択することが問題解決の1つの入り口になるでしょう。さらには,どうして理想イ

メージに固執することになったのかを考えるカウンセリングが基本的な問題解決の鍵になるかもしれません。競争心や高い理想にこだわることによって，生活の不満や自己無価値観を補償することがあるようです。

1.8 防衛的構え

人は誰も苦しい経験を避けようとします。ときには無意識的に苦しい経験から自分を守って一時的な安心を得ようとします。ときには周囲の者を非難することによって，ときには自己批判によって，あるいは自我防衛機制の代表的な合理化や知性化によって，またロジャーズ（Rogers, C. R.）も注目した歪曲や否定によって自分を守っている面があります。カウンセラーはこうした心の仕組みについて深く理解するとともに，防衛的構えをほぐすことに努めます。

2. カウンセリングの到達点

1.のスタート点でみたクライエントの姿はカウンセリングの終了時点ではどうなることが期待されるのでしょうか。到達点について考察した上で，スタートとゴールを結ぶカウンセリングの過程について取り上げたいと思います。

カウンセリングの到達点は一言でいえばクライエントの問題解決を援助する仕事の終局を意味します。仕事上の自信喪失とうつ気分状態を何とかしようとして来談したクライエントであれば，自分の仕事に自信と積極性を回復することが一応の終結目標となるでしょう。一応のという意味は，カウンセリングを通して，もっと自分らしく生きるという大きな目標に目覚め，会社を退職する決心をすることで終結となることもありえます。主訴と異なる問題が目標となることはありえることです。

クライエントが最初に主訴として提示した問題の解決が必ずしもゴールとなるのではないといえます。そのことは不登校生徒が初期に目指した高等学校復帰ではなく，職業訓練校を経て職人として自立することも，それが真に自分を活かす道として自己決定したのであれば，生きる道を探したという有意義なカウンセリングになったといえるでしょう。

カウンセラーはときに釈然としない気持ちが残ることがあります。先生や友人や家族の気遣いにのる形で学校復帰という具体的な目標には到達して一応の

終結となったものの，受け身と自己弁護の姿勢は基本的に変わっていないというような場合です。再来を予感しながらのとりあえずの終結といえるでしょう。

カウンセリングの到達点は，主訴に関する問題を解決することを1つの目標として，さらに大きく自分らしさを発見して主体的に生きることといえます。

主訴と問題の性質を離れて一般的に共通な目標を立てるとしたら，どういう姿がカウンセリングの到達点となるでしょうか。次のように規定してみることを提案したいと思います。

> 到達点：周囲と肯定的関係（positive regard）を結び，自分を大切にして（self regard），その上で，逃げずに自己と社会の現実に向き合い，可能な目標を自己決定し，その実現のために主体的に取り組み，できる限り努力して，当面の課題状況を乗り越えて，自分の個性を最大限に実現するようになること。

3. カウンセラーの役割とクライエントの役割

カウンセリングは問題解決であるとする考え方は，多くのカウンセリング心理学者が基本的なものとして受け入れていると思われます（Egan, 1986）。その視点に立ってクライエントとカウンセラーの役割と活動について，概観することにしましょう。

クライエントは，自分の問題について解決を動機づけられて来談し，問題の理解と解決の方法をカウンセラーから教えてもらうことをはじめに期待します。しかしカウンセラーが教えようとしないという現実に出会って不満をもちがちです。加えて自分のことを話させられて気が重くなるとか，こちらが何かするのをただ待っているようだと失望することもあるようです。

そしてカウンセラーとの相互作用の中で，クライエントは自分の問題が教えられてそのとおりにできる類のものではなく，自分の選択と決定こそが問題の解決になると気づきます。結果としてクライエントはカウンセリングによって，何かを教わるのでなく，自らヒントをつかむことを心がけ，そのために安全で信頼できる人（小池, 2004）としてカウンセラーを活用することになります。

問題解決には2つの面があります。1つは大きく現状の変革を図ること，もう1つは現状の中でそれなりに適応することです。大まかに特徴づけるならば，

前者は環境と自分との関係を基本的に点検し変革すること，後者は現状の大きな改革には手をつけず，現状に対する見方を変えて適応することといえるでしょう。多くの場合に両方の面が成分として含まれますが，どちらの成分にせよ，クライエント自身が自分の足元を見直す活動として，自分の見方，考え方の枠組みを点検してその変換を図る活動，つまり認知的再構成がまずは主題となるでしょう。その上で，どう社会とかかわって生きていくかという関係の再構築と，それにはどういう方法がよいかという対処技能の吟味と学習が展開されることになるでしょう。

カウンセラーはクライエントの期待に応えて，あるいは応えられるようにクライエントとの間で役割・期待の関係を調整して，クライエントの自己決定過程を支える同伴者となります。そしてクライエントはカウンセラーの支援を受けて，自分の問題を理解し，自己の生き方を探る作業に取り組みます。

3.1 クライエントの役割と活動

カウンセリングはクライエントとカウンセラーとの役割関係にもとづく相互作用過程によって成立しています。概括的にいえば，カウンセリングにおけるクライエントの役割の基本は，問題解決の主体として自己の役割を位置づけ，カウンセラーと関係を結び，自己の経験を開示し，自己の心を探索し，新しい見方で経験を再構成し，社会と自己のかかわりを調整することです。

少し詳細にみるなら，クライエントは，次のような一連の活動に取り組むことになります。

〈援助を求め，カウンセラーと関係を結ぶ〉

クライエントのすることは，まず自分の問題について相談機関に連絡をとってカウンセラーに援助を求めることです。あるいは家族や友人が申し込み，付き添われて相談の入り口に立つという形になることもあります。その場合でも，結局は当人が相談室にやってくる決心をすることになります。最初は消極的なクライエントがやがて積極的に来室し，担当のカウンセラーと相談関係を結ぶことができます。場合によっては，担当のカウンセラーに注文をつけたり，施設を変更したりもするでしょう。そして，この人を安全で信頼できる人として認めることが出発点になります。

〈経験を語り，カウンセラーの受け止めに注意を向ける〉

クライエントは語り部です。自分がどういう状況にあってどういう気持ちで生活しているか，どういう困難を経験しているか，どうなれたらよいと願っているかという経験を語って，カウンセラーに理解させる努力をします。

そうしながらもクライエントは，カウンセラーがクライエントの話をどう受け止めてくれたか，どう理解したか，そしてどういう態度であるかについて，知ろうとします。言いっぱなしでいることができないのが自然です。健康な心の働きともいえるでしょう。そしてクライエントは，カウンセラーが基本的にクライエントの経験に共感しつつ温かく理解していることを知り，また自分とカウンセラーで感じ方や考え方に微妙な食い違いがあることに気づいて，カウンセラーがもっと的確に理解してくれるようにカウンセラーの受け取り方を「そうではなくて，こうです」と否定したり，自分の言い方を変えてカウンセラーの理解を助けてみたりもします。

〈自分の気持ち（認知，思考，感情）に目を向ける〉

経験を語るという行為は，当事者の中で経験をとらえなおす行為，かつその経験の時点（過去）とそれを語る時点（今）とを結ぶ時間的連接の行為です。たとえば親に叱られた日の動揺と悲嘆と不安は，そのことを回想して語る今では，親に心配をかけた反省と懐かしさの感情に変化しているのを経験することになるかもしれません。これは一人語りの場合ですが，語る行為に自己理解の芽があることがわかるでしょう。

聴き手がいる場合は，自己理解の芽がさらに広がることになります。聴き手の理解を得ながら語ること，そしてその聴き手からどう理解したかのフィードバックがある場合には，単に時間的連接にとどまらず，語り手と聴き手の間に経験の照合が起こります。語り手が「あの時は辛かった」というとき，聴き手は「わかってほしかったのね。通じなくて辛い思いをしていたのね」と状況を含めて理解を伝えることがあります。すると，語り手はその聴き手から理解されたという満足感とともに，わかってほしい願いがどんなにその時に強かったかを振り返ることになります。そして，その気持ちが今も確かに自分の中にあることに注意を向けることになるかもしれません。

クライエントの語りの中で自分の気持ちよりも他者の行為が延々と描写され

る場合は，カウンセラーは「その人のことがあなたにはとても気になっているのですね」と主体であるクライエントの心のありように焦点を当てることも必要になるでしょう。自己開示への抵抗の姿としてクライエントを受け止めることができるでしょう。

〈自分のいろいろな面に新しい角度から目を向ける〉

　クライエントの経験の語りは，あるときのある1つのことに限られることはないようです。あのこと，このこと，そのとき，いまは，というように時を超え，事柄と関係を超えて広がります。そしてカウンセラーはクライエントの心に寄り添って共感的に理解し，その理解を温かくクライエントに伝える努力をします。

　そうした過程の中で，クライエントはカウンセラーとの主に言葉による経験の交流を通して，いろいろな面のある自分の心に目を向け，多面的に自己に対面することになります。しかもカウンセラーの温かい目をフィルターとして自己に温かい目を向け，新しい角度から自己探索の道を探っていくようになるでしょう。

〈自分の気持ちを自分の一部として受け入れる〉

　人は誰もそう思いたくない自分の一面とそう思っていたい自分の一面とをもっているようです。そして，こだわる心，恨みがましい心，人の幸福をねたむ心などは自分の中には存在しないと思いたい気持ちから，そういう感情が自分の中で芽生えかけると，そういうことはありえないと否定したり（否定，否認），それを相手がもっている感情とみなしたり（投射），相手が悪いからそうなると原因を他のせいにしたり（原因帰属）しがちです。しかし条件が整えば，そのような不一致を乗り越えてあるがままの素直な自分に戻ることができるでしょう。その条件づくりがカウンセラーの仕事です。そしてクライエントは認知的防衛の不適応を乗り越えていくことができる可能性をもっています。

〈他者を受容し，新しい関係を結ぶ試みをはじめる〉

　対人葛藤を適切に処理し，新しい関係を結ぶこともクライエントの課題となります。たとえば，夫を許したくないが，現実の夫婦関係は維持したい，そのためには相手の言い分をある程度は受け入れなくてはならないというような場合，そういう事態になった背景を冷静に点検し，たとえば無関心と無視の経過

を振り返り，好ましい関係を築き維持し強めていくためには何をどうしたらよいかを考えることが課題になるかもしれません。

カウンセリングの目標として，人間関係の点検と修復というテーマは非常に重要なものとなります。クライエントは，単に心の中の処理にとどまらずに，実際の社会関係を点検して修復を図るために主体的に取り組む活動を展開することもカウンセリングによって可能になるのです。

〈人間関係を見直して調整を図る〉

人々の悩みごとの大半は，夫婦問題や職場の人間関係，友だちとの関係など，他の人との関係にかかわるものですから，カウンセリングにおいても自分と周囲の人との関係を見直して，もっとよい関係になるように考え，工夫することが主要な活動になります。

ある特定の人との関係の問題が，他の人との関係ともつながっているということがあります。たとえば職場の上司とのぎくしゃくした関係の悩みは子ども時代からの父親との対立関係とつながっていることがあります。

人間関係を基本的に総点検して，人とのかかわり方を考え，再構築するクライエントの活動はカウンセリングの主要な活動となります。

なお，他の人との関係のあり方は，しばしば自分自身との関係の結び方，つまり自分とのつきあい方の問題と重なり合うことになるようです。たとえば，妻との親しい関係がもてないという訴えは，実は男性としての自分に対して自信と自尊感情がもてないこと，そのことから目を逸らしていることと深いところでつながっている，というようなことです。

〈予期的認知的動機づけによる自己調整〉

自己理解の手がかりを探すとき，人は過去の出来事を想起し，どうしてそうなったのかと原因をあれこれ点検する回顧的推論を行います。またこれからどうしたらよいかを考えてどうしたらどうなるかの予見的思考を行います（図4-1参照）。

〈自分づくりに積極的に取り組む〉

カウンセリングは，単に一時的な不適応の改善に助力するという心理療法と重なり合う活動だけではなく，もっと基本的に，生き方にかかわる活動です。クライエントの悩みが，周囲との不利な比較にこだわり，自分のもっているよ

さを見落とし，個性に合わない生き方を選択したことから起こっていることが多いと思われます。カウンセリングは，クライエントが自分の個性を発見し，自分らしく生きる道を模索する営みに援助する活動であるといえるでしょう。

クライエントは，カウンセラーとの相互作用を通して，自分のいろいろな面を探求し，自分のよさを発見し，自分の個性を生きることを選択する活動に積極的に取り組むことが期待されます。

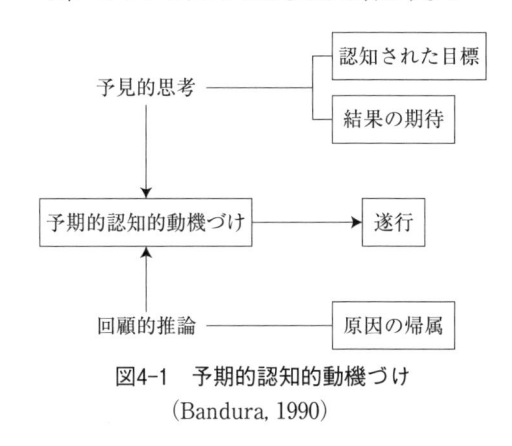

図4-1　予期的認知的動機づけ
(Bandura, 1990)

3.2 カウンセラーの役割と活動

クライエントの役割と活動と表裏の関係で，クライエントを支えることがカウンセラーの役割と活動ということになります。その中には，関係構築（ラポール；rapport）と役割関係の理解の共有，クライエント理解，傾聴と基本的応答による理解のコミュニケーション，対決や解釈などによる自己理解支援，そして必要な行動を起こすための行動調整支援が含まれることになります。

カウンセラーは，次のような一連の活動に取り組むことになります。

〈クライエントを受け入れ，適切な関係を構築する〉

何かよいことを教えてくれるだろうというクライエントの受け身的依存的構えにのってものわかりのよい知識伝達者の顔を続けると，はじめは円滑にいってもすぐに難関に出会うでしょう。カウンセラーが乗り越えるべき最初の課題は，クライエントが本来もっている主体性と主導性を回復するように対応し，カウンセラーの役割とクライエントの役割を明確にしていくことです。

カウンセラーは「あなたが，ここで，ご自分のことを話して，どうしたらよいか考えることに，私はお手伝いしたいと思います」といった言葉によって，クライエントが主役でカウンセラーは脇役か添え物という基本関係をしっかりと定着させます。また「あなたの気持ちが私にどのように映ったかお伝えしま

す」といった言葉で，カウンセラーが鏡のような，あるいはクライエントの心のある部分に焦点を当てる照明係のようなものであることを理解してもらいます。

関係構築は，クライエントが問題を自分で解決できること，その過程を同伴し，手助けするのがカウンセラーの役割であることをはっきりと伝えて，クライエントの主導性を確認する作業といえるでしょう。

〈傾聴し，受容し，理解を伝える〉

クライエントがためらわずになんでも話せるように気を配ります。そしてクライエントの話す経験に耳を傾けます。そのさいクライエントのどういう姿もその人のかけがえのない一部として受け止め，クライエントの心を共感的に温かく理解し，クライエントと一体となる努力の過程が進行します。

別の人間であるカウンセラーにはよくわからないことや納得できないことがクライエントから語られることもあります。そうしたときに，カウンセラーはものわかりのよいところを見せるためのわかったふりを装うことは，カウンセリング関係を損なうことになります。あるがままの本物の心でクライエントに向き合う努力を続ける活動が大切です。質問して聞いて理解を伝えてみればよいのです。

〈クライエントの認知，思考，感情を映す〉

クライエントの心の動きを映す鏡としてのカウンセラーの活動は，カウンセリングの過程における重要な活動として初期から継続して行われます。そのための技法には言い換え，明確化などの技法が用意されていますが，5章で詳しく説明します。クライエントはカウンセラーがどう受け止めたかをカウンセラーの言葉や態度によって知り，カウンセラーの鏡に映った自分をみることになります。クライエントにとってもカウンセラーとの微妙なずれや食い違いは気になることですから，カウンセラーはそのことを話題として取り上げて，一緒に考えましょうという提案をし，さらなる相互理解へと過程を進めることができます。

〈クライエントのいろいろな面に焦点を当てる〉

一人の人間のことは，あのことやこのことがばらばらに起こるのではなく，互いに関連しているものです。時間軸でみると，子どもの頃の怒ったときの気

持ちが大人の今の職場の仲間に対する気持ちに重なっているということがあります。また空間軸でみると，学校での友だちとのかかわり方は親戚の子どもとのかかわり方にも共通な面が見つかるかもしれません。

そのため，クライエントが語るいろいろな面についてクライエントの気持ちに近づいていくとともに，カウンセラーからある種の経験的推理によって質問して話題の幅を広げることもカウンセラーの重要な活動となります。

〈クライエントの抵抗感を受容し，深い自己理解を促進する〉

できれば触れたくない面にも目を向けて，自分の気持ちを自分の一部として受け入れるためには，その大きな抵抗を乗り越えられるだけの支えが必要になるものです。カウンセラーはクライエントが抵抗を乗り越えて自分に向き合うための活動，つまり深い自己理解を促進する活動に取り組みます。

その方法としては，クライエントの矛盾を指摘して説明を求める対決技法やカウンセラーの心に浮かんだ疑問や感想を率直に伝えようとする自己開示などがカウンセラーの活動として選ばれることになります。このとき，カウンセラーが「あなたを理解したい，だから質問もするし疑問がわけば率直に表現します，だから応えてほしい」という態度（ロジャーズの自己一致とかあるがままの概念に通じる）でクライエントと向き合うことが重要な活動となるでしょう。

〈クライエントが現実の課題に取り組むのを援助する〉

カウンセリングの進展によって，クライエントは問題を理解し，自他を受容し，他者と新しい社会関係を結ぶ試みをはじめるでしょう。自分の不適応を改善するための工夫に積極的に取り組むことでしょう。また，自分の考えを主張することもあるでしょう。しかし，ともすると，目標が大きすぎたり行動が唐突だったりして挫折を経験することになるかもしれません。

カウンセラーはクライエントの計画と行動の経過をよく聴いて，クライエントの〈目標—試み—自己評価〉の過程を支援するための取り組みをします。

〈クライエントの個性の実現を援助する〉

カウンセラーはクライエントとの長い持続的なカウンセリングの経過を同伴することによって，クライエントの個性的な生き方の経緯を理解し，さらなる個性の展開を予見することがあります。

カウンセリングにおけるカウンセラーのもっとも大切にしたい視点は，クラ

イエントの個性を理解し，その実現に寄与することができるかどうかということにあります。たとえば職場の人間関係を改善できたということはカウンセリングの成果になるでしょうが，そのことがクライエントの人生行路にどういう意義をもつかということをも視野に入れたいものです。もちろん，それはクライエント自身が決めることですが，カウンセラーがクライエントの個性の実現に貢献するという活動目標を自覚していることは大切なこととなるでしょう。あるクライエントはカウンセリングによって職場不適応を乗り越えた後，もっと自分らしい仕事のできる場を求めるようになりました。またあるクライエントは夫婦関係の調整の主題を切り替え，自分らしく生きることを主題にするようになりました。

　カウンセラーは，クライエントのかけがえのない個性と人生を鳥瞰し，人間としてのクライエントを広く深く理解することが不可欠な活動といえるでしょう。

　〈クライエントの自立を待つ，促進する〉

　カウンセラーの仕事の最後の課題は，カウンセリングをどのように終結するか，クライエントとどう上手にさよならするかという課題になります。終結がクライエントの真の自立になることをカウンセラーもクライエントも自覚することが大切です。

4. カウンセリング関係におけるカウンセラーの基本機能

　これまでのカウンセリング心理学の書物に一貫してみられるカウンセラーの役割について，福島（2005）は「受容と促進」としてとらえなおし，今日のクライエントには「促進」の重要性が増していると論じています。

　図4-2は，カウンセリング関係におけるカウンセラーの影響力ついて，横軸に受容機能を，縦軸に促進機能をおいて，2軸を組み合わせて，4つの象限に対応する特徴を位置づけたものです。横軸の右端＋には受容，左端－には受容を欠く事態を結び，縦軸には上に促進の＋を，下に促進を欠く－の事態を結ぶ軸になります。

　第一象限（＋，＋）は，横軸の受容も縦軸の促進もあわせて機能する場合で，成長支援の関係性とみなされます。第二象限（－，＋）は，横軸の受容を欠い

て，縦軸の促進のみが機能する場合で，煙たい関係として特徴づけられます。第三象限（-，-）は，受容も促進も欠く場合で，無関係として特徴づけられます。そして第四象限（+，-）は，受容は+でも促進が-の場合で，これは馴れ合い関係として特徴づけられることになります。

　この図は，集団におけるリーダーの機能に関して，共通的に認められる2次元座標をカウンセリング関係に応用して説明を試みたものです。一般に，学校の教師，家庭の父母など養育者，企業の上司，スポーツのコーチなど，指導的人間関係には，指導性と受容性（あるいは親和性）の2つの軸が重要なものとして指摘されています。たとえば，三隅ほか（1970）は一連のリーダーシップ研究で，P（目標達成）機能とM（集団維持）機能を提案し多くの研究を蓄積しています。

　このように，クライエントにかかわるカウンセラーの態度がクライエントに影響を及ぼすことができるのは，実はクライエント自身の中に自らを受容し，促進する機能があって，その主体的機能をカウンセラーはバックアップしているということが考えられます。そこで，図4-3について説明します。

　図4-3はクライエントが自分で自分に対してかかわるときの場合です。横軸に自己受容，縦軸に自己促進という2軸がおかれます。

　横軸の右端+には自己受容，左端-には自己受容を欠く事態を，縦軸には上に自己促進の+を，下に自己促進を欠く-の事態を結ぶ軸になります。

　第一象限（+，+）は，横軸の自己受容も縦軸の自己促進もあわせて機能す

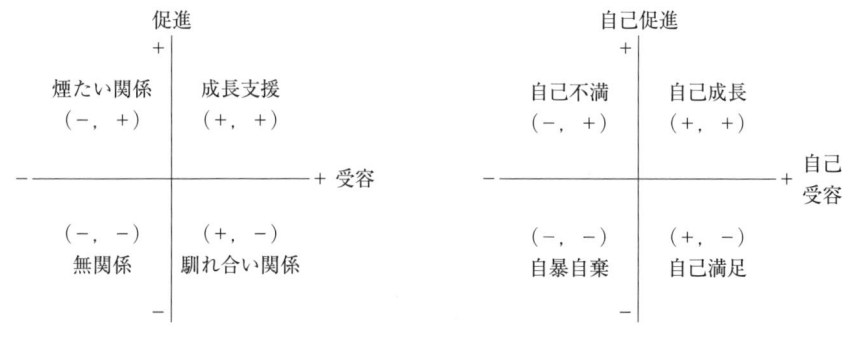

図4-2　カウンセラーのかかわりの
　　　　2次元4象限

煙たい関係　｜　成長支援
（-，+）　｜　（+，+）
　　　　　　促進+
―――――――――――― +受容
（-，-）　｜　（+，-）
無関係　　｜　馴れ合い関係

図4-3　自己とのかかわりの
　　　　2次元4象限

自己不満　｜　自己成長
（-，+）　｜　（+，+）
　　　　　自己促進+
――――――――――― 自己受容
（-，-）　｜　（+，-）
自暴自棄　｜　自己満足

る場合で，自己成長がもたらされる自己との関係性とみなされます。第二象限（－，＋）は，横軸の自己受容を欠いて，縦軸の自己促進のみが機能する場合で，自己不満の象限として特徴づけられます。第三象限（－，－）は，自己受容も自己促進も欠く場合で，自暴自棄として特徴づけられます。そして第四象限（＋，－）は，自己受容は＋で，自己促進が－の場合で，自己満足の場合として特徴づけられることになります。

　もう1つの大切な概念として，敬愛という概念が，福島（2005）によって提案されています。敬愛という言葉は「生徒から敬愛されたT先生」というように，一方から他方に向けられる尊敬と愛情と好意の眼差しに共通するプラスの心情と態度を表します。それとほぼ同様の意味でカウンセリングにおけるカウンセラーとクライエントの間の敬愛の意義を重視します。クライエントはカウンセラーから向けられる尊敬と愛情と好意の眼差しに包まれて，自己理解の道程を歩みはじめ，カウンセラーに向けて敬愛のお返しをします。

　この概念はロジャーズの positive regard を基礎にしたもので，清水（2004）は，ロジャーズの解説を引用して「カウンセラーがクライエントを大切にし思いやりをもってかかわり，（中略）一人の独立した人格として大切にしているかについてふれ，これを受容（acceptance），配慮（caring），所有欲のない愛情（non-possessive love）という言葉で補っている」ことを紹介しています。これによって，クライエントとカウンセラーとの間に，人間的な信頼，尊重，親和感，好意，愛情などの言葉に基本的に共通する肯定的態度が相互に行き来する関係となると考えてよいでしょう。

　あらためて成長支援にかかわる受容と促進と敬愛の概念について整理をしておきたいと思います。受容は英語の acceptance に相当し，その人のそのことその現状をそれと認めて受け入れることであるといえます。それに対して，その人に対する尊敬と愛情と好意に共通する概念が英語の positive regard（敬愛＝尊敬と好意）です。この概念はロジャーズによって non-possessive love（非所有の愛）と説明されています。筆者は受容が主としてそのことをそのこととして評価なしに受け止めるという意味に，そして敬愛がその人に対する尊敬と愛情と好意，人間愛的愛情を意味するものと解釈しています。簡潔にいえば，受容はその現状を受け入れること，敬愛はその人を好きになることとなり

ます（図4-4参照）。

　その上での促進がカウンセリングの成否を決定するものと考えます。促進は，本書の5章のカウンセリングの態度と技法の中で詳しく取り上げられますが，カウンセラーがクライエントの自己促進を支援することを指しています。クライエントが考えを整理したり自分の感情に向き合ったり行動の仕方を工夫したりするとき，カウンセラーがクライエントのその努力を支え導いて現状からの成長を支援することを指しています。クライエントが求めていることは，やさしい聴き手，温かい理解者，そして現実的な促進者であろうと思います。

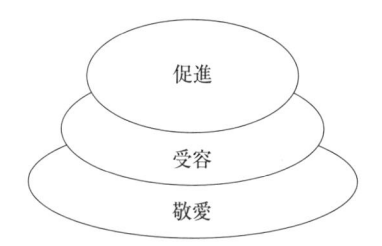

図4-4　敬愛・受容・促進の3層構造

【引用・参考文献】

Bandura, A.　1990　Self-efficacy and the exercise of personal control. Presented as an invited address. Max Planck Institute for Human Development and Education.

Egan, G.　1986　*The skilled helper*. 3rd ed. Monterey, CA : Brooks Cole. （鳴澤　實・飯田栄訳　1998　熟練カウンセラーをめざすカウンセリング・テキスト．創元社．）

福島脩美　2005　カウンセリングにおける受容と促進——クライエントの自己受容と自己促進をどう支援するか．下司昌一編集代表　カウンセリングの展望——今，カウンセリングの専門性を問う．ブレーン出版．

小池眞規子　2004　カウンセリングにおけるクライエントの活動．福島脩美・田上不二夫・沢崎達夫・諸富祥彦編　カウンセリングプロセスハンドブック．金子書房．

三隅二不二・白樫三四郎・武田忠輔・篠原弘章・関　文恭　1970　組織におけるリーダーシップの研究．年報社会心理学，11号，61-90．勁草書房．

清水幹夫　2004　クライエント中心カウンセリングのプロセス．福島脩美・田上不二夫・沢崎達夫・諸富祥彦編　カウンセリングプロセスハンドブック．金子書房．

鈴木明美　2004　カウンセリングにおけるカウンセラーの活動　福島脩美・田上不二夫・沢崎達夫・諸富祥彦編　カウンセリングプロセスハンドブック．金子書房．

5章　カウンセリングの基本的態度と技法
―――アイビー，イーガン，カーカフ

1. 基本的態度―――ロジャーズの定義をめぐって

カウンセリングの基本的態度については，カール・ロジャーズ（Rogers, C. R.）の貢献を除いて論じることはできないでしょう。佐治・飯長（1983）は，『ロジャーズクライエント中心療法』のまえがきの中で，「その考え方は，クライエント中心療法という特別な立場の特殊なものという色彩を脱して，カウンセリングのあらゆる立場の共通な基盤として受け入れられるようになっていると言えよう」と記述し，とくに「人間関係の重視，セラピストの態度，人間学的・現象学的接近」の3点を指摘しています。

なかでも，ロジャーズ（Rogers, 1957）の論文にまとめられた6条件から，その中心となる3つの概念 empathic understanding, unconditional positive regard, and congruence がカウンセラーの必須の態度条件として広く受け入れられ，日本語ではそれぞれ共感的理解，無条件的受容，自己一致という訳語が比較的広く用いられています。

(1) unconditional positive regard

このうち，unconditional positive regard については，かつて友田（Rogers, 1951, 友田訳, 1963）によって無条件の積極的尊重と訳出され，その後の研究者から無条件の積極的尊重は現実には不可能に近い，無茶な言動をするクライエントを積極的に尊重しようとすると無理が生じてカウンセラーが自己一致でいられなくなる，かといってその行為と心情を区別して，そういう言動に走らざるをえない心情は尊重できるという区分は無理がある，などの理由から肯定的配慮とか顧慮とされ，配慮や顧慮は適切とはいえないということで無条件的受容と変換されたものです。しかし，訳出のたびに新しい意味合いが加わり，理解の深まってきたように思えますが，まだまだ肝心の意義にぴったりではないという印象が残り，なお再吟味が必要かと思われ，筆者もあれこれ言い換えを試みてきました。すなわち，無条件的配慮は配慮という語の一般的用法から

意味があいまいになり，無条件的受容ではクライエントの言動や現状に関する受け止め方という意味合いが強まり，カウンセラーがクライエントに向ける尊敬や好意・愛情のようなプラスの感情的成分が薄まってしまって，ロジャーズが意図したものを完全に表現しきれていないという印象が残ります。

フェイスト（Feist, 1987）は，ロジャーズの理論を的確に解説した章の中で，ロジャーズが人間の2つの重要な要求を仮定していることにふれて，①重要な他者から愛され，好かれ，受け入れられたい要求としての positive regard と，②その経験から生まれる自分を好きになり大切な存在と思いたいというもう1つの要求として self regard をあげています。したがって，これに無条件にという修飾語を付加すれば，クライエントがどうであっても愛情の目を向け続けることが unconditional positive regard ということになります。

受容はそのこと，あるいはその状態にあることを認め受け入れるという意味，つまり事柄の認知にかかわる概念としての性質をもち，それに対して敬愛とか好感・愛情はクライエントその人に対する肯定的感情に関する概念であると考えられます。そして両方の意味合いを重ね合わせて，このような状態にあるこの人に愛情をもってこの人を受け入れることがロジャーズの言いたい態度であろうと思われます。なお，無条件の肯定的関心という訳語については「肯定的」は無条件に肯定するの意味ではなく，温かい関心という意味と解することによって，より的確な理解となるでしょう。

そうした思索と検討によって，筆者は unconditional positive regard を無条件の温かさ，好感，尊敬と愛情，それにロジャーズ自身の表現である非所有の愛（non-possessive love）によって表現される性質のものであると考え，そうした意味を簡潔に言い表す言葉として，敬愛（尊敬と愛情）という語を選びました。

(2) カウンセラーの認知の構え

さらに，クライエントの状態などに関するカウンセラーの認知の構えにおいては，受容と促進がセットになってバランスを保っているという見解が一般的に適切なものと認識されます。福島（2003, 2005）の提案もその1つです。カウンセリングのいろいろな段階や局面において，カウンセラーはクライエントの現状を受け入れるとともに，その現状からの小さな前進を長い目で見守りつ

つ，可能な促進の試みを展開しています。

かつて人々がそれぞれの高い目標に向かってぎりぎりの成長努力を続けていた奮励克己の時代風潮の下にあっては，クライエントはカウンセラーの受容によって本来の自己促進へと向かったことでしょう。今もそういうクライエントはいますが，最近のケースでは受容によって自から芽生え高まってくると期待される自己促進がなかなか起こらず，依存と甘えにとどまっていることが多くなっています。それだけにカウンセラーは促進の工夫が求められているともいえるでしょう。

(3) 共感と同情

また，共感については，大方の見解の一致がみられているようですが，カウンセラーがしばしば陥る同情との区別が重要になります。福島（1997）は，カウンセラー養成の工夫を通して，温かい気持ち（感情次元の温かさ）で他者の視点（認知次元の当人視点）に回り込むときに共感が，温かい気持ちで自分とは異なる存在として距離をおいてみる認知次元の対象視点のときに同情が生じるという認知・感情二次元モデルを提案しています。人が物事や人を見るさいの認識活動には同じところと違うところという異同弁別がなされます。カウンセラーがクライエントの同じところを探すときに共感が，異なるところに視点をおくときに同情が起こると考えることもできるでしょう。

(4) 基本的態度がクライエントに与える影響

カウンセラーの基本的態度はカウンセリングにおけるカウンセラーの対応の実際に影響します。福島（2003）は教育相談的対応の方法的原則として，「自発性，漸進性，包み込みの3原則」と，それによる「内的モデルの形成と検討」を提案しています。ここで「内的モデル」とは人が人間や世界についてイメージや概念として作り上げている図式や表象であって，自己概念はその主なものといえます。クライエントは主体的に自分の問題に気づき解決する力を備えている，外からの働きかけは内部からのわき出る力を誘うことによって影響できる，と考えるカウンセラーはクライエントの自発的取り組みを尊重することになるでしょう。またクライエントが何かに取り組むさいは目標が近いほうが遠くにある場合よりも予期的認知的動機づけ（Bandura, 1986）が高まり，可能性の感覚（自己効力感）が強まることでしょう。さらにまた，辛い苦しい

負の感情に包まれているときは，些細なことが障害になって課題への取り組みが消極的になり，結果としてマイナスの結果になりやすいけれど，そのことが明るい楽しい場の雰囲気によって支えられるさいは，案外すんなりと取り組むことができて事態が好転することが多いものです。心の場の全体的なバランスによって，結果が異なるものとなると考えることができます。

以上の要因が複雑に絡み合って，カウンセリングの過程と成果に影響すると考えられます。

2. 基本的技法

カウンセリングにおけるカウンセラーの基本的態度は，カウンセリング実践においてクライエントに対するカウンセラーの行動に表れることになるでしょう。基本的態度は基本的な技法となってカウンセラーの行動をガイドすることになるということもできます。

カウンセリングにおいて実際に用いられている技法は，もちろん，取り上げる問題ごとに，クライエントごとに，さらにはカウンセラーごと，あるいはその展開される場ごとに異なるとみることが自然のようにも思えます。カウンセリング実践は人間の個性に応じて変化するとみられます。しかし，人生において遭遇する問題には共通性があって，多くの実践が案外少ない基本的な技法によって支えられている，あるいは集約できる可能性もあるように思えます。

カウンセリングの普及につれてさまざまな技法が使用される状況の中で，いくつかの共通性を探って，共通する基本的な技法をモデルとしても組むことが試みられ，提案されるようになりました。その代表的なものとして以下の3つを取り上げることにします。

2.1 アイビーの技法階層モデル

1960年代のアメリカ合衆国（以下，米国）で，アレン・アイビー（Ivey, A. E.）らによって，カウンセリング技法の包括的な枠組みとして，マイクロカウンセリングが提案されました。マイクロ（微少）という語は，カウンセリングの技法をできるだけ細かく，小さい単位で1つひとつ取り上げるという意味で，カウンセリングの技法を具体的に示すものとして歓迎され，技法のトレーニン

グにも広く活用されました。

アイビーは，カウンセリングと心理療法に関する多くの理論技法に含まれる言語的・非言語的コミュニケーションの型を分類整理し，検討しました。そしてその結果として，①他者へのかかわり行動，②問題を理解し解決を援助する行動，そして③それらを効果的に組み立てて面接を構成する行動という3成分を同定して，技法の階層を構築しました。

アイビーのマイクロカウンセリングは米国など多くの国のカウンセリング学習に影響し，日本においては福原らによって紹介されて多くの大学・大学院の演習や学会の研修において広く活用されるようになりました。

本書では，福原・アイビー・アイビー（2004）による分厚い書籍と玉瀬（1998）による平易な解説書を参考に，その概要を紹介することとします。

2.2 イーガンの3ステージ×3ステップ援助モデル

ジェラード・イーガン（Egan, G.）は，カウンセリングと心理療法に折衷主義が広がっている状況において，実践家が諸技法をパッチワークのように適当につなぎあわせて採用することを問題視して，統合的な援助モデルを提案しました。これは，人生や生活上の問題に遭遇している人のみならず新たな可能性を求める人を援助するために，カウンセリングの職域を越えて，さまざまな人間援助の場で活用できる9ステップ援助モデルとして広く知られています。

3ステージとは，現状分析，目標分析，実行支援の3段階のことです。
① 現在のシナリオ：問題状況や新たな可能性の確認と明確化
② 好ましいシナリオの開発：目標設定（より望ましいシナリオをつくる）
③ 実行（望ましいシナリオに向けて行動の展開）への援助
このステージ3が行動論的カウンセリングを包含することになります。

そして，各ステージに3つのステップがおかれます。①では話をする，焦点化する，新しい展望の3ステップ，②では新しいシナリオ，その批判的検討，選択と決意の3ステップ，③では方法に関するブレーンストーミング，計画の立案，そして実行の3ステップがおかれました。

本書では"*The skilled helper*"の第3版（Egan, 1986）の翻訳版（鳴澤・飯田訳, 1998）によって，その概要を紹介することにします。

2.3 カーカフの3段階相互作用モデル

カウンセリングが米国社会に広く普及し，産業，学校，家庭などさまざまな生活分野で活用される時代になり，対象により問題により，生活分野によってカウンセラーの役割が多様化するなかで，ロバート・カーカフ（Carkhuff, R. R.）は，援助関係をカウンセラーとクライエントとの関係からヘルパーとヘルピーとの関係へと拡張し，カウンセリング技法から一般の援助関係技法へと展開しました。

そして援助関係におけるヘルピーの役割を重視し，援助者と被援助者の間の3段階の相互作用をガイドするモデルを提唱しています。また援助の内容として，従来の精神分析から人間学派につながる洞察の視点と行動理論の重視する行動論的視点との両者を組み込むことによって，汎用性の高い総合的援助関係モデルとして特徴づけられるものとなっています。本書では"The art of helping"の國分康孝監修・日本産業カウンセラー協会訳（1992）によってその概要を紹介します。

3. アイビーによる技法の階層

■概　観

マイクロカウンセリングの開発者，アイビー（Ivey, A. E.）は，スタンフォード大学で心理学を学んだ後，ハーバード大学大学院でカウンセリング心理学を専攻しました。カウンセリングと心理療法に関する多くの理論技法に接するなかで，それらに含まれている言語的・非言語的コミュニケーションの型を分類整理し検討し，他者へのかかわり行動，問題を理解し解決を援助する行動，それらを効果的に組み合わせて面接を組み立てる行動という3成分を同定しました。

ここから彼の提唱するマイクロカウンセリングが生まれたと考えられます。さらに，この3成分は，専門のカウンセリングのみならず，家庭や学校や医療の場における対話による心理的援助の中にも認められることがわかり，さらに注目されるようになりました。

マイクロカウンセリングの技法の階層表は，よく知られている1985年のマイクロ技法の階層表から1995年の階層表へと改訂されていますが，基本は同じ考

え方によるもので，跳び箱のように，基盤となる活動からそれにもとづくより高度なものへと，下から上に，積み上げられる図になっています。

　新旧を比較すると，技法の連鎖（面接の 5 段階）と対決技法が意味の反映と積極技法よりも下の位置，つまりより基礎の位置に移動しています。カウンセリングの実践と教育に長くかかわってきた筆者には新版の配列のほうがカウンセリングの活動の実際により適合しているように思えます。本書では，新しい 9 段階にしたがって，筆者の経験と理解にもとづく解説をしますが，詳しくは福原・アイビー・アイビー（2004）を事例を含めて丹念に読まれることを勧めます。

3.1　かかわり行動

　「かかわり（attending）」は，一般には，付き添う，世話する，診察するというほどの意味ですが，カウンセリングにおいては，要約していえば，クライエントを受け入れるカウンセラーの態度を意味します。その内容は，クライエントに対して視線を合わせ，クライエントの語るストーリーに耳を傾け，声や顔の表情や姿勢を理解し，カウンセラーが声や顔の表情や姿勢で温かい関心を向けてクライエントの自己開示を励ます行動といえるでしょう。

3.2　基本的傾聴の連鎖

次の 4 つの技法があげられています。
- 開かれた質問，閉じた質問
- クライエント観察技法
- 励まし，言い換え，要約
- 感情の反映

　質問はクライエントの語りを促すために効果的で，とくにクライエントの自由な自己開示を導くには開かれた質問がよいといわれています。そしてクライエントの語りを励まし（ええ，なるほど，それで？　などの短い応答や重要な言葉の反復），言い換え（話の内容のエッセンスをクライエントに返す），要約（ここまでの話はこういうことですね，など）によって，カウンセラーはクライエントにさらなる自己開示と理解の共有を促進することができます。その間

にもカウンセラーはクライエントを観察することに十分に心を配ります。

そして感情の反映は，今，ここで生じているクライエントの感情に注目し伝えるとともに，クライエントの言葉の奥にある感情にも注意を向けることが重要とされます。クライエントの感情の表現をカウンセラーが別の言葉で返す場合がありますから，感情の言い換えという性質をもつ応答といえるでしょう。アイビーは感情反映技法の目的として「言葉，思考，行動の背景に潜むクライエントの感情を引き出してクライエントに対して明確にすることにある」としています。

カウンセラーはクライエントの感情のある側面には敏感に反映し，別の面には気がつかないこともあります。そのような偏りはそのカウンセラーの経験や性格とともに，よりどころとしているカウンセリング理論技法によっても生じることがあります。

3.3 面接の5段階構造
次の5段階構造が設定されます。
- ラポール
- 問題の定義づけ
- 目標設定
- 選択肢の模索と決定，物語の書き換え作業
- 一般化

まず，カウンセリング関係を設定し，カウンセラーとクライエントとの間に安心と信頼の関係，つまりラポールを構築することがカウンセラーの最初の課題となります。ラポールはカウンセリングの全過程を通して必須の要件ですが，とくに最初の段階ではクライエントの不安に応じて十分な配慮が求められます。日本では相手の名前を呼ぶ代わりに「あなた」ということが多いのですが，最初の段階で，クライエントの名前を会話に入れることがとても大切なことという印象を筆者は感じています。「あなたとしたら……という気持ちになるのでしょうね」と「福島さんにしたら……」ということの相違です。

次に，クライエントの主訴と関連する情報を中心に，クライエント自身から（ときには家族や学校，職場の状況からも）情報を収集し，問題を明確化，特

定化します。また問題の背景要因に関する情報としてクライエントの生育歴や社会環境についてもよく吟味する必要もあるでしょう。

カウンセリングで何を目標とするか，どういう姿が到達点であると考えるかについて話し合って，いくつかの具体性のある目標を決定します。抽象的な目標を語るクライエントに対しては，できるだけ具体的で可能性のある目標を複数個決定することがよいとされています。

その上で，問題と目標との間を結ぶ道筋をあれこれ吟味して，可能な解決の道筋を決定し，その実現に向けて話し合いと生活改善を行います。カウンセラーの役割は，クライエントが自分の迷いについて，じっくりと考え，合理的な選択肢を決めるように援助することです。

そして，カウンセリングの場と関係における成果が日常生活の関連する事態においても発揮できるのでなければなりません。日常生活への一般化を含めてカウンセリングの成果を目指すことが大切になります。

3.4 対　　決

カウンセリングにおける対決（confrontation）は，まずクライエントの矛盾，ちぐはぐに気づくこと，それをかかわり技法や言い換え技法などでクライエントにフィードバックして，矛盾に取り組むことを励まし，援助するという一連の援助行為になります。対決はクライエントに戸惑い，不快感，さらなる回避の傾向を招くことにもなりかねませんから，そこにいたるまでの十分な信頼感とかかわりの経過をふまえて，つまり効果的な傾聴と観察の連結上にあって導入される必要があります。そして，クライエントを尊重して，クライエントが十分に自分の状況を眺めることを援助すること，対決を避けたい心理は誰にもあることだということを想起しておおらかに援助することが肝要です。具体的には次のような援助が用いられます。

カウンセリングにおける対決はクライエントに自己直面化を促すことになりますが，抵抗も大きいと考えなければなりません。アイビーは，対決に対するクライエントの反応について，キューブラ・ロス（Kübler-Ross, 1969）の変化の概念を面接場面に適用して，否定（受け入れない）から，部分的受容，受容と理解，問題解決への取り組みを経て，より包括的な生き方の再構成までの

5段階に分けて説明しています。

　対決技法は、マイクロカウンセリングの旧い階層表では積極技法の後に位置しますが、新階層表では基本的傾聴の連鎖をふまえた面接構造の次に位置づけられています。今日のクライエントの傾向には対決を経て、焦点の当て方、意味の反映と積極技法へと展開する新階層表がよく適合するという印象を筆者はもっています。

3.5 焦点の当て方

　漫然としたクライエントの語るストーリーに、カウンセラーとクライエントとの話し合いの場で、コンテクスト（文脈）を与えるには、焦点の当て方の技法が効果的であるといわれます。当てる焦点としては、アイビーは、①クライエントに、②主題に、③他者に、④家族に、⑤カウンセラーに、そして⑥文化・環境的脈絡について、例示しています。たとえば、「先日の面接で、あなたは自分の気持ちについて話してくれましたね」（＝①）、「あなたがこの面接で取り上げたいことはどういうものですか？」（＝②）というように。

　筆者の経験では、クライエントの話題が他者に焦点づけられている場合には、クライエント自身とクライエントの主題に焦点を当てるようにガイドすることによって、クライエントの自己理解を促進することができるようです。主役は目の前にいるクライエントですから、話題の他者に焦点化するよりも、そのようなクライエントのこだわりの心に焦点化します。

3.6 意味の反映

　意味の反映技法は、クライエントがすでにもっている考えやクライエントが気づきかけているがまだ不明確な意味について、カウンセラーが受け取ってクライエントに返す技法です。クライエントはカウンセラーの意味の反映を受けて、あらためて自分にとってのそのことの意味に目を向けることができるでしょう。

　アイビーは「意味は人生の経験のオーガナイザーのような働きをする」、そして、「クライエントの言葉と行動を引き出すメタファー（隠喩）となる」、「しかし意味はしばしばあいまいな水準にとどまっている傾向がある」と指摘

しています。そのため，「それはどういう意味ですか」とか，「なぜ，それはあなたにとって大切なのでしょうか」と開かれた質問によってカウンセラーから問われて，自分にとっての意味に気づくことが少なくないといいます。

なお，閉ざされた質問形式で意味を反映した場合は，それがクライエントの自己理解に触れたかどうかをチェックするとよいようです。「私はあなたの気持ちを理解できていますか？」というフォローがあるとよいでしょう。

意味の反映技法は，感情の反映，対決，焦点の当て方の後に位置して，次の積極技法，とりわけ解釈の技法へと展開する大切な役割を担うことができます。

3.7 積極技法

積極技法は，これまでのカウンセリングの流れを十分にふまえつつ，その流れをさらに一歩進めて，新しいストーリーを構成するための促進を図る技法です。そこでは洞察により，新しいストーリーが語られ，これまでとは異なる行動へと展開し，認知の行動の変化と成長がもたらされます。

アイビーは「積極技法の積極的という意味は，カウンセラーが積極的役割を担うという意味である」としています。つまりカウンセラーの側の主導性と責任性が大きくなりますから，これを頻繁に繰り返し用いたり長く続けたりすると，クライエントの主導性を損ねる心配もあり，注意深い配慮が必要になるでしょう。積極的な役割を取った後でカウンセラーは，もとのサブの役割，つまりクライエントが自ら感じ考え提案することをカウンセラーが支えるという役割関係に戻ることによって，カウンセリングの本質に回帰することがよい効果を生むことになるでしょう。

積極技法のいろいろについて以下にあげます。具体的には，指示，情報提供・意見・示唆・助言，自己開示，論理的帰結，解釈，フィードバックの6つです。

（1） 指　示

まず，指示については，上意下達的な意味合いとしてではなく，協同的関係における提案として，温かい態度で，かつ内容は率直に表現し，「で，これについてはどう思うかな？」などと，カウンセラーの指示に対するクライエントの受け止め方に目を向けることが大切です。

(2) 情報提供・意見・示唆・助言

　情報提供，意見，示唆，助言については，一部のカウンセラーはこれを極力避ける傾向がありましたが，要は，必要な情報提供をして，クライエントの主導性を損なわないようにすればよいわけです。「こういう情報がある，こういう考え方もある，こうしてみるのも1つの方法になるかも」といった態度で，しかし内容は具体的に明確に提示することがよいでしょう。次のような情報交換はカウンセリングの中でしばしば行われることです。

　　「この教室に通ってくれば学校の出席と同じに数えることができるかどうか知りたいのね。そう，できますよ。」

　　「来週は，不安にどう取り組むかということで，新しいアプローチを使ってみたいと思います。これは，ある考えをやめて，新しい考え方ができるようにする方法です。どう？　興味はありますか。」

(3) 自己開示

　次に，自己開示ですが，「クライエントに関係した，カウンセラーの独り言といえるカウンセラーの行動」とされています。カウンセラーの自己開示には賛否両論がありますが，どういう場面でどういう自己開示をするかで，つまり自己開示の条件によって意見が分かれるでしょう。

　クライエントの経験に触発されてカウンセラーが自己の経験を語ることもカウンセラーの自己開示です。そのさい，社会的比較や事柄の異同によるのではなく，深い共感によって語られることが必須の条件になるように思います。「あなたの身の上に起こったことは，私にもあったことです」や「あなたの話を聴いていて，今，私も同じような経験をしたことを思い出しています」なら，共感によるカウンセラーの自己一致による表現として，これからの展開しだいで有意義なカウンセラー発言になる可能性があるかもしれません。

　また面接の流れの中でのタイミングも重要です。カウンセリングにおけるカウンセラーの自己開示は，あなたが主役で私は舞台回しという基本関係から逸脱する行動ですから，共感的傾聴の中でふと出現するカウンセラーの独り言として，本来の形にもどって，再びクライエントの経験の語りに傾聴しラポールと共感的理解がさらに深まるものであることが肝要でしょう。一般に「私は〜と考える／感じる／を体験している。」というような表現となります。

例をあげれば次のような表現が基本になります。

「あなたがご両親に直接自分を主張できたことに私はホッとしています。」
「あなたががんばろうとしているのが私の心に響いています。」
「私はあなたの話を聞いていて，心を揺さぶられています。」

(4) 論理的帰結

論理的帰結は，クライエントの思考の筋道に介入する1つの方法として用いられます。クライエントの考えや行動について「もしも……なら，こういうことになる」という通常的，あるいは論理的に予想できる結果をカウンセラーから示し，「それについて，どう思うか，そうなったらどうしようか」と考えるよう提案する方法です。

(5) 解 釈

解釈は，クライエントの経験や心理状態について，カウンセラーの枠組みからとらえて，クライエントに考える素材を提供することです。解釈は，この態度では学校に行く気がないのだろうとか，ゲームに夢中になって宿題を忘れたのだろうなどというような，単なるカウンセラーの想像や予想とは違って，ある考え方の枠組みにもとづいて，物事を説明することをいいます。解釈にはなんらかの拠って立つ理論的枠組みが必要です。解釈はカウンセラーがクライエントの問題解釈のための新しい観点・枠組みを提示することで，クライエントはその新しい観点から，自分の問題を再検討することになります。

(6) フィードバック

フィードバックはクライエントが他者からどうみられているかについて情報を与えることで，クライエントの自己吟味と自己探索の手がかりを与えます。

ここまでの7つの技法について，それらが適用されるカウンセリングの段階を左から右へと進む場合の適用の程度について，一つの例として筆者の理解によって図に示すなら，図5-1のようになるでしょう。

3.8 技法の統合

実際のカウンセリングにおいては，諸技法を統合して面接を行うことになります。カウンセラーはクライエントに応じ，問題に応じて，面接の5段階構造の中に，マイクロカウンセリングの技法を柔軟に展開することによって，かつ

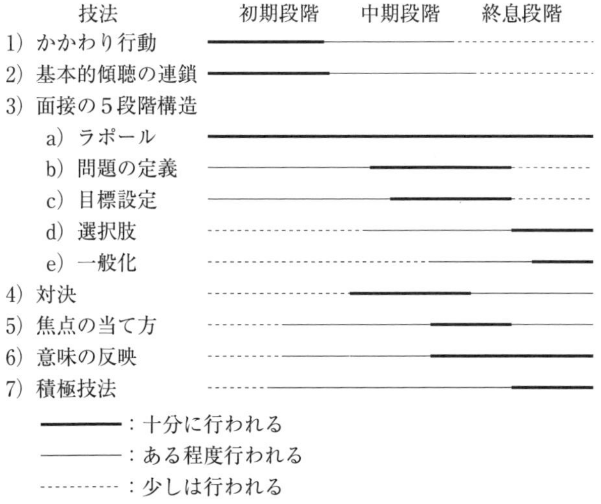

5章　カウンセリングの基本的態度と技法

```
技法              初期段階    中期段階    終息段階
1) かかわり行動
2) 基本的傾聴の連鎖
3) 面接の5段階構造
    a) ラポール
    b) 問題の定義
    c) 目標設定
    d) 選択肢
    e) 一般化
4) 対決
5) 焦点の当て方
6) 意味の反映
7) 積極技法

━━━━：十分に行われる
────：ある程度行われる
┄┄┄┄：少しは行われる
```

図5-1　あるカウンセリングの段階による技法の適用

人間の発達と成長にかかわる諸理論・技法の特徴を活かして，技法を統合することがカウンセリングを効果的な生産的なものにするでしょう。

3.9　個人的スタイルと理論を極める

アイビーによるマイクロ技法の図の最上部は，「個人的スタイルと理論を極める」となっています。カウンセリング心理学は多くのカウンセラーのカウンセリング実践を導き，その成果を吸収して成長するものです。個人としてカウンセラーは自分の個性を含めたカウンセリングを実践しているのですから，個人的スタイルと理論を極めることが望まれています。

4. イーガンの9ステップ援助モデル

■概　観

イーガン（Egan, G.）は，人生や生活上の課題に遭遇している人に援助するための統合的な援助モデルを提案し，援助過程のステージとステップを援助する技能を同定し，その修得のための教科書（鳴澤・飯田訳）と演習書（福井・

飯田訳）を出版しています。

　折衷主義が広がっている状況において，イーガンは，それが効果的であるためには，あれこれの理論技法を手当たりしだいに取り入れて，パッチワーク的につなぎ合わせればよいというのではなく，諸理論技法を自分自身の援助理論や実践に統合できるような概念的な枠組みをもつ必要があるとし，生涯発達上の危機と社会生活参加にかかわる問題解決モデルを提唱しました。

　本稿では，1986年の"The skilled helper. 3rd ed."の翻訳版（鳴澤・飯田訳，1998）によって，援助モデルの概要を紹介することにします。

4.1　援助過程の3段階×3ステップ・モデル

　援助過程は3つの段階（ステージ）とそれぞれの段階における3つのステップにより，合計9ステップに分けられます。なお，各ステップにおいて，どう目標が達成されたかの評価が重視されます。

〈ステージ1〉　問題状況や新たな可能性の確認と明確化

　カウンセリングの窓口にやってくるクライエントは，問題状況にある人でも，新たな機会を求める人でも，現在の状況を探索し，明確化することが出発点になると考えられます。したがって，クライエントの問題状況や新たな機会について，話し合って，探索し明確化すること，つまり現在のシナリオを扱うことがこの段階（ステージ1）になります。

　ステージ1では，3つのステップが分けられます。

　1-A：経緯の語りを援助

　援助過程は，自分の経験を「こういうことがあった，そのことで困っている」というように，いきさつを話すことからはじまります。カウンセラーは問題状況の全体像を客観的にとらえようとします。問題の状況の性質と困難の大きさ，背景的環境的影響，クライエントが利用できる個人的，対人的，環境的資源，あるいはその問題から新たに生まれる機会の可能性などを把握します。

　1-B：問題のスクリーニング，焦点化，明確化

　カウンセラーはクライエントの問題状況がカウンセリングの対象として取り上げられるものかどうか，あるいはどの面から取り上げることがよいかという問題のスクリーニングを行います。その上で，とくに何がこの問題の中心であ

るかについて焦点化を行って，クライエントが心配事を明確にするよう，クライエントの見方に立って，援助することが大切になります。カウンセラーは，クライエントが自分の問題を語り，自分についてあれこれ考えるとき，支持的（supportive）かつ促進的（challenging）に対応することを心がけます。支持的かつ促進的というかかわり方はカウンセラーの基本態度として援助過程の縦糸となって，クライエントを支え促す力となると考えられます。

1-C：盲点と新しい展望

「自分のことは自分がよく知っている」と言う人がいますが，むしろ「よく知ることができる可能性はあるけれど，自分のことだからこそ見えない，わからないことが現実の姿」といえるでしょう。

イーガンは，カウンセラーができるもっとも大切なこととして，クライエントの気持ちに寄り添いながら「クライエントが盲点に気づくように援助すること」を指摘します。あえていえば，人は誰も多かれ少なかれ盲点をもっていて，自分が見えないために，自己の可能性に枠をはめているということができるかもしれません。そのためにはカウンセラーはクライエントがいつの頃からか身につけてきた硬い固定的な枠をはずして，自分と周囲に関するイメージを自由に膨らませて創造的に感じ考えるように援助することが肝要でしょう。

〈ステージ2〉 目標設定（望ましいシナリオづくり）

クライエントが自分の問題状況や新たな可能性をよく理解できるようになれば，ではどうなるとよいかという目標設定のための援助の段階に移行することができます。クライエントが変えたいことが何か，どう変われたらよいかを考え決めるように援助することがこの段階のカウンセラーの役割とされます。

次のようにクライエントに問いかけることがカウンセラーのこの段階での役割を象徴的に示しています。

「どうなりたいのか」，「どうなれたらよいのか」，「変えたいことは何か」。

ステージ2では，2-A，2-B，2-Cの3つのステップがあります。

2-A：新しいシナリオの構成

新しいシナリオは現在のシナリオの幾分か控えめな改善になることが多いことが指摘され，ここでは行動論のスモールステップにもとづく説明がなされます。ある夫は「喧嘩してもまもなく仲直りができる夫婦」を新しいシナリオと

して描きました。そこで大切なことは「いっそう建設的な行動パターン」になるよう、いろいろな事項を思いつくように援助することです。「仲直りできる」ことを新しいシナリオとした場合、帰りに花を買って帰るとか、食器洗い器の購入を提案するなどの項目が米国では主なアイデアとして浮上します。日本の生活においても、クライエントはいろいろなシナリオの項目を思いつくことができるでしょう。

 2-B：新しいシナリオの批評

 目標や好ましい結果を構成する多様なシナリオがつくられたなら、次には「クライエントがそれらを批評できるように援助する」ことが重視されます。この段階で、提案して自己批判することによってクライエントの主体的取り組みを促すことができます。具体性、現実性、実現可能性、明確さの基準とクライエントの価値観や生活心情との適合性が批評の観点となります。この段階の評価はそれが現実に行動に結びつくかどうかの基準になります。

 2-C：選択と決意

 クライエント自身が新しいシナリオを着想し、関連する項目を考案し、カウンセラーと一緒に吟味し、自分で選択し、決意することが重視されます。この段階で自己決定を先延ばしにしたり、カウンセラーの意見を求めたりするクライエントがいますが、カウンセラーはできる限り最終決定をクライエントの責任において行うように粘り強く待つことが肝要とされます。

 クライエントの自己決定が十分に可能になれば、次の実行の段階への移行の可能性がみえてきます。実行を明確に視野に入れることによって、批評と選択のステップがいっそう現実的なものに修正されることでしょう。

〈ステージ3〉　実行（望ましいシナリオに向けて行動する段階）

 具体的な明確な新しいシナリオができたところでカウンセリングを打ち切るのは、実行は確かにクライエント自身の問題ですが、しだいにあいまいになって不実行に終わる危険があります。

 望ましいシナリオを着実に履行するための援助が必要になります。それには、次の3ステップの援助が重要になります。そのためのカウンセラーの役割を問いの形で象徴的に示すと次のようになるでしょう。

　「それにはどういう手段があるか考えよう」。

「そこにいくまでの最初の一歩はどういうものでしょうか」。
ステージ3では次の3つのステップに分けて説明されます。

3-A：実行のための手段の吟味

望ましい目標は実は実行が困難な目標であることが多いものです。そのため，履行可能な手段を現実的に模索する必要が起こります。目標（goal：たとえば禁煙）は最終到達点において，そこにいたる手段（strategy）としての下位目標（sub-goals：タールの少ないタバコにする，朝食前の禁煙など）を立てることも対策の1つとされます。

3-B：実行のための手段の選択と計画立案

実行するためのいろいろな選択肢が決まれば，クライエントはカウンセラーの協力を得て，それらをもう一度検証します。クライエントの必要性，能力や好み，それに実行上の障害の少なさなどを総合して，手段を決定することになります。この段階は次の実行の様子によってまた見直されます。

3-C：実行（計画の履行と目標達成）

いざ実行となって，いろいろな障害があらためて浮上することが少なくありませんから，あらかじめ予想される実施上の障害についてよく話し合っておくことが奨励されます。また実施の経過を話し合う必要もあり，実施段階になっても定期的にカウンセリングの予定を組み，実現状況をモニタリング（monitoring）して話し合うことで，次の実行のリハーサルになり，促進効果が期待できます。

以上の9ステップは，決して一定の流れで進行するというわけではなく，クライエントの要請によって，また状態に応じて，カウンセラーの援助が行われますから，あるステップはごく簡単に取り組み，別のステップはじっくりと時間をかけて取り組むことになります。カウンセラーはそのさいの柔軟な同伴者として温かく敬意をもってかかわることが肝要とされます。

カウンセラーが用いる技法についてカウンセリングの段階によって異なることになります。イーガンは以下のように技法を整理しています。

4.2 基本的傾聴技法1：かかわり技法と傾聴技法

援助過程の各ステージ・ステップにおいて，クライエントと効果的にかかわ

り援助するための道具として，イーガンはカウンセラーが必要とする基本的な5つのコミュニケーション技能を指摘します。

その5つとは，クライエントが問題を探索し明らかにするのを援助するための，「かかわり技法①と傾聴技法②」，それに「共感技法③とプローブ④」，さらにそれらを基礎とする「促進技法⑤」です。

各技法は，クライエントが各ステージを乗り越えるために役立てられる援助の有効な道具となりますが，個々ばらばらに使われる道具としてではなく，カウンセラーの人間性の一部として統合されて実践の中で生きるものであると考えるべきものとされています。

(1) 3つのかかわり技法

〈レベル1〉 マイクロスキル

かかわりの基礎レベルのマイクロスキル，つまりスキルを細かく分析した配列の中で，クライエントとの向き合い方として，次の5つが指摘されています。真正面（squarely），開放的な姿勢（open），上体を乗り出す（lean），視線合わせ（eye contact），適度なリラックス（relaxed）。

これらの英単語の頭部分を合わせて，SOLERとして記憶されやすくなっています。向かい合い，開放的な姿勢，前に傾けて，視線合わせ，くつろいでの基本を心がけようということになります。

〈レベル2〉 身体の状態への気づき

カウンセラーは自分の身体自体がコミュニケーションの源泉であるということに気づくことが大切とされ，カウンセラーがクライエントに向けて発信している自己の状態（アウトプット）を自覚し，調整に努め，有効に活用することがレベル2になります。

〈レベル3〉 クライエントに対する存在感

かかわり技法の中でもっとも大切なこととして，カウンセラーの言葉や行動を通して現れるクライエントに対するカウンセラーの存在感が指摘されます。有能なカウンセラーは自分がクライエントの前にどのように存在しているかに気づき，しかもそのことにとらわれないでいることができる人であるといえるでしょう。

(2) 傾 聴

先の(1)はカウンセラー自身の留意点でしたが，本項はカウンセラーがクライエントに対して注意を向ける行動です。積極的傾聴（active listening）という言葉で，以下の4点（①～④）が指摘されています。

① 非言語的行動の観察と理解には，次の6つが重要な手がかりになります。
- 姿勢，身振りや仕草
- 微笑みや口元などの顔面表情
- 声の高低や強さや間
- 呼吸や赤面や瞳孔の開きなど自律神経反応
- 体格や体型
- 髪型や化粧や衣服など身だしなみ

② 言語的メッセージの傾聴・理解として，次の3点が手がかりとなります。
- クライエントの経験（知覚する環境についての言及――認知の枠組み）
- クライエントの行動（すること，しないこと）
- クライエントの感情（経験や行動に結びついている）

③ クライエントの経験と行動の総合的把握と個性理解として，次の3点が重要視されます。
- 基本的な共感的傾聴と理解（クライエントが感じ考えるように感じとる）
- より深い共感的傾聴と理解（この人が戸惑いながらも言おうとしていること，怒りの背後にある心の傷，裏から聞こえてくるメッセージは何かについて自ら問い，深くクライエントを理解する）
- 共感を超えて，クライエントがかかわっている現実を傾聴し理解する

④ 傾聴と理解に際して注意し改善することとして，次の点が指摘されます。
- 妨害要因（クライエントの魅力，カウンセラーの体調や心配事，過剰の熱心さ，類似と隔たり）
- 評価的傾聴
- フィルター（先入観や偏見や価値道徳観，精神医学的知識）を通した理解
- 同情的傾聴

4.3 基本的傾聴技法2：共感とプローブ

(1) 共 感

共感について，3つの面が指摘されます。1つは情緒的な共感で，他者の状況を見聞して感情的に反応する能力で日常生活の中の自然な共感といえます。

2つ目は役割取得的共感で，他者の心の状態，体調，物の見方や考え方などを理解する能力です。3つ目はコミュニケーション技能としての共感で，情緒的共感と役割によって得た共感を伝達する能力とされます。

イーガン（Egan, 1986）は，カウンセリングにおいては，役割による共感とその表現が中心になりますが，それを通して情緒的共感に変わるのが自然な流れとなること，さらにもっと深く way of being（存在のあり方）としての共感へと深まってこそクライエントに響くであろうといいます。

また，カウンセラーのコミュニケーション能力として，気づき，技能（理解しそれを伝える），アサーティブネス（状況に応じた柔軟な主張あるいは自己表現）の3要素が重要な手がかりとなります。

次に，援助技能の中核ともいえる共感能力の上達のための提案をまとめると，次のようになるでしょう。

- 「クライエントが一番伝えたいことはなにか」と自問する。
- 間をおく，じっくり構えて心に浮かぶ感情を感じる。
- 簡潔に応答する。
- クライエントの感情と思考の流れに合わせる。
- 事柄よりも気持ちを聞く。
- すぐの質問に逃げない（質問は重要なメッセージが理解された後のこと）。
- 安易な解釈をしない（クライエントの感情に応え，話の内容を歪めない）。
- 本当に理解したことをクライエントに確かめる（見せかけの理解はマイナス，むしろ「わからなくなったのですが，もう一度いい？」や「こんな風に理解したけど，いいですか」）というあるがままの態度が大切。

(2) プローブ

プローブ（probe）の語の元来の意味は探り針の意味で，隠れた実態を探るという意味になります。カウンセラーがクライエントとともに，心の動きを探る行動や背後にある要因や状態を確かめる意味で使われます。たとえば，話をさせて問題を探るためのコメントとして，「怒っているようだが，どういうことなのか，まだ私にはわからない」，「いろいろな感情がわき起こっていたでしょうね」など。

このようなプローブは，プロンプト（行動を援助し促すこと）とともに，と

もするとクライエントを受け身にすることが案じられます。そのため，プローブやプロンプトの後にはクライエントの語りを共感的に受け止めてクライエントにリードを戻すことが大切になると思われます。

4.4 促進技法：新しい展望に向けて

カウンセリングにおいてクライエントが話すことは，矛盾していたり，現実離れしていたりします。そのためカウンセラーは疑問を感じ，クライエントに質問の形で疑問を伝えることがあります。

カウンセラーは，クライエントが自分自身と世界をどう認識し，どう感じているかということ，つまりクライエントの内的世界を真剣に理解しようとしますが，同時にカウンセラーはクライエントの話すことがカウンセラーにすんなり理解できる妥当なことかどうか，現実検討（reality testing）を行う人でもありますから，クライエントの話が奇妙に感じられて納得できないと，疑問や矛盾を感じ，その疑問を何らかの形で表現することを試みるでしょう。このようなカウンセラーの行動は促進（challenge）と呼ばれる機能をもたらすと考えられます。つまり，クライエントの自己理解を促進する機能を果たすことが期待されます。

促進はカウンセリングの基本過程にかかわる概念であって，クライエントの自己促進を喚起する手がかりとしてのカウンセラーの促進技法として理解すると収まりがよいでしょう。

同様のことに「対決」という言葉が多く使われますが，イーガンのモデルでは，対決は促進技法の中に含まれます。なお，対決にはカウンセラー側からクライエントに喧嘩をしかけるような誤解を生むことが案じられますから，筆者は「促進」というとらえ方が定着するとよいと考えています。もう少し明確にいえば，対決はクライエントに対するカウンセラーの態度と行動を指して用いられますが，促進は目標あるいは機能を表す言葉であるといえるでしょう。穏やかな，温かい視線のもとでの促進であれば，クライエントはこれを受け入れて，自己促進の道を進むことが期待されます。

促進技法の目標として，イーガンは次の点をあげています。
- 経験，行動，感情を見直し，新しい観点から理解するように援助する。

- 行動の結末を探索するように援助する。
- 実行に移すよう援助する。
- 自分の問題を認めるように援助する。
- 自分から促進するように導く。

5. カーカフの3段階相互作用モデル

■概　観

　ロバート，R. カーカフ（Carkhuff, R. R.）は，援助技法をカウンセラーのクライエントに対するカウンセリング技法から，一般の援助関係に拡張して，援助者（ヘルパー）と被援助者（ヘルピー）の3段階相互作用モデルを提唱しました。援助の過程を援助者の過程と被援助者の過程の社会的相互作用過程としてモデル化したことが特徴です。

　イーガンの場合も，援助者と被援助者という拡張をしましたが，イーガンがカウンセリングの技術の高度化と精緻化を志向しているのに対し，カーカフのモデルはより一般化を志向した簡潔明快なモデルになっています。

5.1　洞察論と行動論の両者を組み込む

　カーカフは援助技法の歴史的変遷を吟味し，カウンセリングと心理療法の2つの大きな流れを1つの援助技法として統合することを志向しました。1つは洞察重視の流れで，精神分析，新精神分析，クライエント中心主義，実存主義に共通するもので，洞察が特段に重視され，洞察の仕方しだいで効果的な機能性が回復するとみる見方です。もう1つは，行動変容の流れ（行動主義，新行動主義，認知行動，特性因子論に共通するもの）で，行動を重視し，新たな条件づけによる機能性回復や過去の非効果的な情動反応やオペラント行動の変容を図ろうとする見解です。この2つの流れをあわせて取り込むことによって，洞察と行動の相互影響の循環をモデルに組み込みました。この背景には社会的学習理論（Bandura, 1977, 1986）などの認知的活動への注目の進展の影響が心理実践家の折衷的柔軟姿勢を促進したと考えられます。

5.2 ヘルピーの役割の重視

カーカフは援助関係におけるヘルピーの役割をとくに重視したことも特徴といえます。情報化の進展によって，絶えず変化する大量の情報にさらされる生活の中で，人々は自分自身が対処の技法を身につける必要に迫られるとともに，援助なしでは処理できないほどの情報を抱えて，多くの人々が迷いと混乱，不安と危機感から援助を必要とするようになりました。こうした時代背景がカウンセリングを基礎とする援助関係の拡張とヘルピーの役割の重視へと導いたと考えられます。また，絶え間なく変化する社会に生きていくために，人々は自分に関連する問題を自分で自分の内面に目を向けて解決するために，経験の探索，目標の理解，計画的な行動が必要になっていると考えることも，このモデルに影響していると思われます。

問題を解決するのはヘルピー自身の役割とされます。それには，援助過程に参入して，自己の経験を探索し，目指すべき目標を把握し，自己理解に取り組み，計画を立て，行動を起こすことが求められます。したがって，ヘルピーの役割は下図のように一連のものになり，探索―理解―行動化（E―U―A）がフィードバックを経て反復されることによって，クライエントの成長と発達がもたらされると考えることができます。

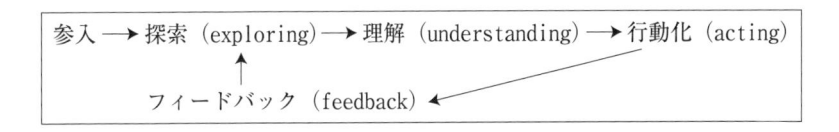

```
参入 ―→ 探索（exploring）―→ 理解（understanding）―→ 行動化（acting）
            ↑
         フィードバック（feedback）←
```

5.3 ヘルパーの役割

ヘルパー（援助者）の役割は，ヘルピー（被援助者）の参入，探索，理解，行動化のそれぞれの段階が円滑に進むように支援することとされます。言い換えれば，ヘルピーの経験にかかわり，ヘルピーの内面的成長（E―U―A；feedback）を手助けするために，援助的人間関係技法を展開することがヘルパーの仕事といえます。

その技法の基本は次の一連の4点に要約されます。

- 物事をヘルピーの視点を通してとらえること（かかわり技法）

- ヘルピーが問題としている経験に的確に応答すること（応答技法）
- 問題と目標を自分のものとしてとらえること（意識化技法）
- 問題解決と目標達成のための具体的行動の方向を手ほどきすること（手ほどき技法）

これらをヘルピーに応じて，柔軟に使いこなすことがよい援助者の条件となります。

5.4 援助技法

ヘルパーがヘルピーとの相互作用を行うさいの基本的よりどころとするのが援助の技法です。言い換えると，援助の技法を道具としてヘルパーはヘルピーとの相互作用に取り組み，ヘルパーの変化を生み出すことになるといえるでしょう。

各技法について概略を記述すると次のとおりです。

(1) かかわり技法

かかわり技法（attending skill）は，援助の第一ステップに位置します。カウンセリングセンターなどの場合，入り口から通路，面接室での話し合いの態度，そして送り出すまでの援助者の態度に関する技法です。そしてこの技法は何回かの相談を経て援助活動が終結するまで持続します。いわばかかわり技法は人間関係の基本的技法でもあります。

かかわり技法はこれからはじまる援助の流れが円滑に進むように準備する活動ともいえるでしょう。この技法は，ヘルピーを援助関係に参入させるためのヘルパーの行動を導くもので，相手がくつろいで自分の経験を話す雰囲気をかもし出すとともに，相手に注意を払い，相手の言語的，非言語的表現に焦点を合わせて，観察と傾聴を駆使，展開するためのヘルパーの行動指針となる，態度的技法です。

まず，面接室の調度品や空調の状態や椅子の向きなどといった出会う環境を整え，迎えるさいの身だしなみにも注意を払います。そしてていねいな親和的な自然な態度で迎えることにします。

具体的には，相手に向き合い，相手に身体を傾け，視線を交えるという身体的かかわりを保って，相手の身なりや行動に注意を払います。スクエアダンス

において相手をリードする紳士的な男性役のイメージに近いものでしょうか。

　かかわり技法は援助の最初から最後まで一貫して2つの面を備えていると思います。1つは相手に対するおもてなしの心配りです。そしてもう1つは相手をよく観察することです。ヘルピーの衣服や化粧，髪型，物腰，笑顔，口元の緊張，目の色，言葉遣い，感情の起伏などを，それとなくかつ鋭く観察すること，そしてヘルピーの語る内容と言葉の選び方にも注意を向けていくことが大切です。筆者の経験では，カウンセラーには言語能力，とりわけ言葉のニュアンスを聞き分け，使い分ける能力がとくに重要であると思います。この点は次の段階でとくに重要になります。

(2) **応答技法**

　ヘルピーの経験の語りにヘルパーが反応するさいの技法を応答技法（responding skill）といいます。この技法の説明はいろいろありますが，次のように理解してよいと思います。この技法のねらいは，クライエントが話しやすいと感じて，価値判断を離れて自由にあれこれ話し，カウンセラーから熱心に聴いてもらって温かく理解されていることを感じ，カウンセラーにもっとよく理解されたくて自分の気持ちをさらに話し，質問に答え，カウンセラーの言い換えや要約を聞いて自分の言ったことと照合し，そうした独特なコミュニケーションを通して，クライエントが自分の経験を探索していく，そのような過程を援助することです。ここで独特なと形容したのは，カウンセラーは，自分の話を持ち出すのではなく，あくまでクライエントの話を傾聴し，どう聴いたか理解したかをクライエントに伝え返すことに専念することを指しています。つまり相互対等の言い合いではありません。

　カーカフは，応答技法には事柄への応答，感情への応答，意味への応答の3つがあるといいます。このように区分を明確に意識することによって，カウンセラーは事柄の話を続けるクライエントにもそこに含まれた感情や意味にも目を向けて応答するよう心がけることができ，そうすることによってクライエントは自分の感情と意味にも目を向けることができるようになるでしょう。感情に触れる応答と質問，さらには事柄と感情の後ろに隠れている意味への応答と質問はクライエントにとって自己理解の重要な鍵を拾う手がかりとなることが期待されます。このような応答技法の展開の上で，意識化技法が適用できる段

階になるでしょう。

(3) 意識化技法

ヘルピーの経験，感情，考え方，目標をヘルパーが自分のものとしてとらえて応答する技法で，原語の personalizing skill は意識化技法という訳語で紹介されています。しかし，筆者による本書での説明においては，クライエントの問題や感情，思考，目標などをカウンセラーが自分のものとしてとらえて表現し，そのカウンセラーの役割取得をクライエントがみて，そこに自分を映し見ることによって自分に向き合い自分自身を自覚する効果をもたらす技法，サイコドラマのダブルに似た機能を果たす技法として説明するほうがわかりやすく，読者が理解しやすいように思います。筆者としては個人的には個人化技法あるいは主体化技法という表現がより正確に内容を表していると思っています。しかし邦訳書の意識化という訳語はカウンセラーの個人化をふまえた応答によってクライエントの気づき（意識化）が促進されるという効果に目を向けたものと理解できます。

この技法は，応答技法の基礎の上に展開されるもので，事柄・感情・意味への応答に重ねられて，意味・問題・目標・感情の個人化の表現がクライエントの自己理解をもたらすと期待されます。

カーカフの日本語訳の例（日本産業カウンセラー協会訳, 1991, p.148）をもとに説明すれば，家族に自分を認めさせようと大学院に進んだがそれが自分の道でよかったのかと迷うクライエントに，「おうちの人に認めてもらいたい気持ちから抜けきれないので，腹を立てているのね」と応じるとき，カウンセラーにはクライエントの迷いと不満の意味を自分の中に取り入れて，自分のフィルターを通して意味を表現し，クライエントはそれを受けて気づきを深めたものと解されます。

(4) 手ほどき技法

カウンセリングによって自己理解を現実の行動へと展開する段階が手ほどき技法（initiating skill）になります。いわば内的理解を社会的行動へと表す目標を達成するための援助の段階です。ここでは認知行動的アプローチのような具体的行動の変容を目指した手続きが実施されます。

手ほどき技法の最初は自分らしい目標の設定，そのための行動計画を最初の

段階から中間段階を経て最終あるいは補足段階の設定まで作成し，その実行を動機づける強化手続きの吟味へと展開し，カウンセラーはその過程を援助することになります。援助においては，個々のクライエントの経験，知識，処理能力などに応じたきめ細かな工夫をすることになります。

最後に，援助過程における被援助者と援助者との機能的かかわりを整理すると下のように概括することができるでしょう。なお訳書（p.37）の図も参照されるように勧めます。

援助的相互作用の段階

	段階1	段階2	段階3	段階4
クライエントの活動	参入	自己探索	自己理解	行動調整
カウンセラーの活動	かかわり技法	応答技法	意識化技法	行動支援技法

6. カウンセリングプロセスと基本技法の共通性

カウンセリングの基本技法に関する代表的な3つのモデルに共通して，カウンセリングがプロセスとしておよそ3～4つの段階をふみ，それぞれの段階に応じて技法が展開されることが認められます。そして3つのモデルに共通して重要な要素が含まれていることがわかります。

本書においては，4つの段階として，カウンセリングのプロセス・技法について概括しますが，最初の2項（(1)関係調整と(2)理解の交流）をまとめれば，傾聴・受容，対決・直面化，行動支援の3段階になるでしょう。

(1) **関係調整**

クライエントを迎えるカウンセラーの受け止めに関するもの，技法の実施の準備となるものとして，アイビーのかかわり行動，イーガンのかかわり技法，そしてカーカフのかかわり技法によるクライエントの参入の図式が提案されています。カウンセリングの第一歩は関係調節にあるといえます。

(2) **理解の交流（話すよう励まし，傾聴し理解を伝える）**

カウンセリングは聴くことを最大の仕事成分とすることが，アイビーの基本的傾聴技法（質問，観察，言い換え，要約，感情の反映），イーガンのステージ1（現在のシナリオ，話す，焦点化，支持と促進などによる問題理解），カ

ーカフの応答技法による自己探索，などから明らかになります。

(3) 心の場の探索と内的モデルの再構成

カウンセリングが認知的再構成を援助する活動であることが，アイビーの技法の階層では対決，焦点化，意味の反映などから，イーガンのステージ２（好ましいシナリオ，新しいシナリオの作成，批評，選択と決意などによる実行可能な目標を設定）により，またカーカフの個人化技法による意識化によって自己理解を導くことで共通に出現します。自己直面化を導く活動として，解釈も位置づけられるでしょう。

(4) 行動調整

自己理解と呼ばれる認知的再構成の段階をふまえて，カウンセリングの後半の段階では，現実の人間関係の改善や仕事の仕方を工夫することに援助する段階になります。この行動調整的成分は，アイビーの技法の階層では積極技法の中に含まれているようです。またイーガンのステージ３（実行：ストラテジーの発見，選定，計画設定と履行など）とカーカフの手ほどき技法による行動化はまさにこのカウンセリング成分を指しているといえます。

以上の４つの段階は，クライエントの側でいえば，参加し，経験を語り，自分と自分のおかれた状況についての理解を深め，広げ，新しい視点から問題をとらえなおし，自己理解による実際の行動の改善に向けて計画し実行し，そうした一連の活動に主体的に取り組むことによって適応性を高め，自己の個性を実現していくプロセスとなるでしょう。また，カウンセラーの側でいえば，クライエントを迎え，話すように励まし，理解を伝えつつ傾聴し，クライエントの矛盾や不一致に注目し，クライエントに考えてもらい，その主体的取り組みをねぎらい，日常の行動の選択と創造につながるように援助していくプロセスとなるでしょう。

この４つは基本的にはどのような立場のカウンセリングにおいても多少とも含まれている成分なのですが，その重きのおき方が立場によって大きく異なるようです。精神分析学派はクライエントの心の場の探索と内的モデルの再構成に全エネルギーを傾注する傾向が強く，人間学派は関係調整と理解の交流によるクライエントの気づきをていねいに同伴する傾向が強く，そして行動と認知

行動の学派は行動調整に最初から焦点化する傾向があるといえます。

またクライエントの傾向と主訴によっても4成分の比重は異なるでしょう。職場の上司との関係をよくするためにどう行動したらよいかという相談であれば第四の行動調整が主眼となりますが，自分の心の構造を理解したいとなれば心の場の探索と内的モデルが主になるでしょう。

なお，カウンセリングの終結にさいして，総合的振り返りによって自己理解と問題解決の経過を総点検することも重要です。カウンセリングの過程はクライエントの行動調整を支援することで終結を迎えることになりますが，カウンセラーとともにカウンセリング過程を振り返ることによって，クライエントは自己理解をさらに確かなものにすることができます。

【引用・参考文献】

Bandura, A. 1977 *Social learning theory.* Englewood Cliffs, NJ : Prentice-Hall.（原野広太郎監訳　1979　社会的学習理論．金子書房.）

Bandura, A. 1986 *Social foundations of thought and action a social cognitive theory.* Englewood Cliffs, NJ : Prentice-Hall.

Carkhuff, R. R. 1987 *The art of helping.* 6th ed. Amherst, Mass : Human Resource Development Press.（國分康孝監修　日本産業カウンセラー協会訳　1991　ヘルピングの心理学．講談社現代新書.）

Carkhuff, R. R. & Anthony, W. A. 1979 *The skills of helping : An introduction to counseling.* Amherst, Mass : Human Resource Development Press.

Egan, G. 1986 *The skilled helper.* 3rd ed. Monterey, CA : Brooks Cole.（鳴澤　實・飯田　栄訳　1998　熟練カウンセラーをめざすカウンセリング・テキスト　創元社.）

Egan, G. 1986 *Exercise in helping skills.* Monterey, CA : Brooks Cole.（福井康之，飯田　栄訳　1997　カウンセリング・ワークブック．創元社.）

Feist, J. 1987 *Theories of personality.* Holt-Saunders International Edition. London : CBS College Publishing.

福原真知子・アレン，E. アイビー・メアリー，B. アイビー　2004　マイクロカウンセリングの理論と実践．風間書房.

福島脩美　1997　カウンセリング演習．金子書房.

福島脩美　2003　教育相談的対応の方法的原則．福島脩美編著　教育相談による理解と対応．開隆堂.

福島脩美　2005　カウンセリングにおける受容と促進——クライエントの自己受容と自己促進をどう支援するか．下司昌一編集代表　カウンセリングの展望——今，カウンセリングの専門性を問う．ブレーン出版.

Ivey, A. E. 1983 *Intentional interviewing and counseling.* Monterey, CA : Brooks Cole.（福原真知子ほか訳編　1985　マイクロカウンセリング．川島書店.）

Ivey, A. E. 1986 *Developmental therapy : Theory into practice.* San Francisco, CA : Jossey-Bass.（福原真知子・仁科弥生訳 1991 発達心理療法——実践と一体化したカウンセリング理論. 丸善.）

Kübler-Ross, E. 1969 *On death and dying.* New York : Mcmillan.

Rogers, C. R. 1951 *Client-centered therapy : 1ts current practice implications, and therapy.* New York : Houghton Mifflin.（友田不二男編　児玉享子訳　1967　カウンセリングの技術. ロージァズ全集9　岩崎学術出版社.）

Rogers, C. R. 1957　The necessary and sufficient conditions of therapeutic personality change. *Jounal of Consulting Psychology,* 21, 95-103.（伊東　博編訳　1966　パースナリティ変化の必要にして十分な条件. ロージァズ全集4巻所収　岩崎学術出版社. pp. 117-140.）

佐治守夫・飯長喜一郎　1983　ロジャーズクライエント中心療法. 有斐閣新書.

玉瀬耕治　1998　カウンセリング技法入門. 教育出版.

6章　心理アセスメント（心理査定）と個性の理解

1. 心理アセスメントの意義

　電話やインターネットで相談の申し込みがあった場合，あるいは他から紹介があった場合，「どういう人かな？」という関心が起こります。「声の調子が平板的だ」「どうも一方的にしゃべる人だ」など，手に入る情報を手がかりにして，相手の人柄の特徴を知ろうとします。このようにカウンセリングの開始前から観察による査定が始められているといえます。

　アセスメントは広くいえば人物評価という意味になります。カウンセリングの分野ではアセスメントはいっさいすべきでないという極端な意見の持ち主もいました。その人たちは，査定はクライエントを物のように対象視することに通じるから基本的にカウンセラーのすべきことではない，事前の情報はカウンセラーの鏡を曇らせ，真の共感的理解を妨げる恐れがある，査定することによってクライエントが受け身になりカウンセラー優位の関係が形成されることが心配だ，などという意見に集約できるでしょう。しかしクライエントの特徴を把握することなく話を聴くということは不可能に近いでしょう。

　もう少し柔軟な人は，カウンセラー自身がクライエントとのかかわりを通して感じ取ることのなかには査定的な内容が入るが，それは人間と人間の直接のかかわりを通してのことであるからさしつかえない，しかし，いわゆる心理検査などはしないほうがよい，また医療や福祉関係の情報についてもクライエントが提示するのでないなら，原則としては必要としない，という意見が聞かれます。

　こうした査定反対論あるいは査定消極論の主張の意図としては，安易な決めつけをしてはいけないということ，人を車の査定のように傷さがしに走るべきでないという警鐘として大いに留意することが大切でしょう。しかし，クライエントの個性と問題について，資質と資源の探索も含めて，総合的に情報を収集することは，クライエントを総合的に理解する上で絶対に必要なことと考え

る人々が日本でもしだいに多くなってきています。

　ワイナー（Weiner, 1975）は，アセスメントを「クライエントに最良の心理的援助をするために何が最適かを明らかにすること」と簡潔に定義しています。本書では「カウンセリングの開始にあたって，またその後の経過において，クライエントをよく理解すること，つまりクライエントの性格や生育歴などの背景を知り，問題を理解し，必要な援助の目標と方法を吟味すること」と定義します。

　医学では診断（diagnosis）という言葉が使われます。この語は，2つ（dia）の間を識別する（gnosis）という意味ですから，病気と健康，正常と異常を識別する作業が診断ということになります。

　ところが心理学は，たとえばこの人は少し内向的でかなり神経質であるというように，人間の特徴を多面的かつ量的に測ることを基本としています。加えて，診断は医者が使う言葉であって，医師以外の者が使ってはいけないという主張もあります。あるいはいけないとはいわないが医師による医学的診断との混乱が起こらないように注意するべきだという意見もあります。

　そこで，元来は収入や財産の見積もりなどの課税評価の言葉であるアセスメントを借りて，カウンセリング心理学や臨床心理学においてはクライエントの抱える特定の問題とそれにかかわる多面的な量的傾向を総合的に評価して援助の手がかりとするという意味で査定（アセスメント）という語を用いるようになってきました。教育評価の分野では，ある処遇の立案，実施，評価のための有意義な情報を得ること（辰野, 2006）として，とくに処遇を決定するための総合的情報取得をアセスメント，教育やカウンセリングなどの処遇法の成果として結果を吟味するときに評価（evaluation）の語が使われる（西岡, 2006）ようです。似た言葉にプローブ（probe）があります。これはあるアプローチの効果や要因の影響を探るテストの意味で使われます。

　カウンセリングの成果を確かなものにするためには，面接とアセスメントは心理カウンセリングの両輪であるといえます。沢崎（2004）はアセスメントの理論的枠組みとして，無意識過程，今ここでの気づき，行動と環境に加えて，認知行動，問題解決，表現，日本的背景をあげています。本書では8〜13章で諸理論の基本的特徴を取り上げます。

まとめていえば，個々の心理検査が即アセスメントではなく，クライエントの多面的な情報を総合的に判断することがアセスメントということになります。学力アセスメントも環境アセスメントも臨床アセスメントもそれによって総合的に処遇を決定することが重要になります。

2. 心理アセスメントの3つの方法

クライエントをよく理解するためのアセスメントの方法として，面接による方法，観察による方法，心理検査による方法の3つが区別されます。

2.1 面接法

アセスメントを目的とする査定面接が行われます。また通常のカウンセリング面接を通して，クライエントの問題の傾向とその背景について把握することも行われています。アセスメントを第一目的とする面接では，もれなく適切な情報を収集するために，何をどう聞くかという質問項目と方法を明確に定めた構造化面接が行われます。そのため質問形式は開かれた質問よりも閉じた質問が多くなります。しかし，カウンセリングの初期に行われる面接ですから，クライエントとの信頼関係づくりにも十分に配慮することが肝要です。また通常のカウンセリングの経過においてもアセスメントが行われますが，そのさいの面接法は自然な流れの中で関連することに質問をしていく半構造化面接になるでしょう。

2.2 観察法

観察法は，クライエントあるいは対象者の行動を観察することによって理解と援助の手がかりを得る方法で，たとえばプレイルームの子どもの様子を観察して子どもの遊びの様子の中に問題の理解と改善の手がかりを得るというように，主に乳幼児や児童生徒の外顕的行動を観察・記録・分析することによって援助の手がかりを得るものです。カウンセリングにおけるクライエントの行動をカウンセラーが観察する機会としては面接法も広義の観察法の1つといえるでしょう。

観察の方法として，次のような方法があります。

(1) 逸話記録法

あるとき，こんなことがあった，こんな言葉を言ったなど，ある状況において出現した出来事をできるだけありありと，その状況とその行動をセットにして記録する方法です。他の方法に比べて観察者の期待や感情が入り込むなど主観性の問題が指摘されますが，クライエントの姿が具体的に理解できることが利点です。面接中のカウンセラーによるクライエントの言動の記録も逸話記録法となります。

(2) 時間見本法

ただ長時間観察を続ければ正確で妥当な情報が得られるとは限りません。何をいつどう観察するかが重要です。まえもって観察する時間帯をサンプルとして決めて，ある行動が出現したかどうかを記録する方法が時間見本法です。たとえば，ある幼児の自由遊び時間30分を5分ずつ6つに分けて，遊びはじめの5分と中間の5分と最後の5分に限って，他の子どもとのかかわり方（攻撃的行動の出現）を観察します。複数の観察者による観察の一致度を検討することもできます。

(3) 場面見本法

観察する場面の中から全体の傾向を代表すると思えるいくつかの特定の場面をサンプルとして選ぶ方法です。たとえば，他の子とのかかわり方に問題がある子どもについて，他の子の遊びに参入する場面と他の子が参入するときに対応する場面とに焦点を当て，その特定された場面での行動を観察することになります。観察項目と判定基準をできるだけ明確にして，一回だけでなく複数回の反復観察によって，改善の手がかりが得られるでしょう。

(4) 参加観察法

観察者が観察対象の活動の場に入り込んで観察する方法です。カウンセリングの場合は他に観察者を別に立てない限りカウンセラーによる参加観察法になり，また箱庭のようにその場にいるが活動には入らない場合，プレイセラピーのようにクライエントの活動に多かれ少なかれ参加しながら観察する場合など，クライエントの活動への観察者の参加の形態によって，バリエーションが生まれます。藤原（1988）は指導観察的アプローチによって，二者のかかわりの発展の中での理解と指導の重要性を主張しました。

(5) 自己観察法

自分の行為，感情や他者とのやりとりの経過を観察する場合が自己観察法です。カウンセリングを受けるためにカウンセリングルームにやってくるクライエントは普段の自己観察をカウンセラーに語ることになります。そしてカウンセラーの応答を通して自己観察の観点や機会を変えていくことになりますから，カウンセリングはクライエントの自己観察をガイドすることにもなります。

カウンセリングにおいては，自己観察はもっとも自然で有効な資料が得られる方法といえるでしょう。たとえば，人とのかかわり方に問題を感じているクライエントであれば，問題を感じる場面をできるだけ多数あげて，そのうちのいくつかの場面について，その場面での自分と関係者とのかかわりを観察するように教示し，その観察の結果について，次回の面接で報告を求め，面接の中で話し合うことができます。

2.3 心理検査法

一組の検査項目とそれを測定するための道具を用いて，一定の手続きにしたがって実施し，その結果を一定の基準にしたがって評価，判定する方法が心理検査法です。心理検査を実施する場合は，被検査者に検査の必要性と目的，その検査の実施の方法と影響，結果の利用の範囲について明示し，了承を得ることが必要です。

カウンセリングに必要な検査として，向性（内向性―外向性）や情緒安定性，自我強度，知能，適応性などが必要に応じて適宜選ばれます。性格検査には，一組の質問に対する反応を一定の基準で集計する質問紙検査法や一桁の数字を加算する作業を連続するような作業検査法，どのようにも見ることができる刺激を提示して何が見えるかを問うロールシャッハ検査，絵や漫画で示された事態において思いつく発言を吹き出しに書き入れる漫画形式を用いたP-Fスタディなどの投影検査法が用いられます。質問紙法は実施と結果の読み取りが比較的容易で安定した解釈が可能なことから手軽に実施されます。投影法は結果の読み取りと解釈が複雑で，その結果の信頼性と妥当性を問題にする人も少なくありませんが，クライエントとカウンセラーの間をとりもつ有意義な活動という点からの位置づけも可能です。

知能検査は実施方法によって個別式と集団式が分けられ、また言語性知能と動作性知能の区別や空間把握、数字、語彙などと細かく下位検査を分けて結果を吟味する分析的検査があり、他に、発達検査、職業適性検査、興味検査、学校適応検査などがあります。

標準化された検査を利用する場合、その検査の実施法や評価基準についてよく理解して用いることが大切です。標準化とは、実施の方法と結果の評価について、一定の基準（standard）が設けられているという意味ですから、その検査の基準にしたがって実施し、結果を解釈することが肝要です。

検査には妥当性と信頼性が求められます。妥当性は検査が測ろうとするものが的確に測れているかどうかを外的基準（たとえば神経症の患者と健常者との比較）に照らして、あるいは同様な特性を測る代表的な検査との関係から吟味されます。また信頼性については検査項目を折半して両者の相関から全体の安定性をみる方法や項目間の関係から全体としてのまとまり具合を計算式で表す方法などがあります。また同じ検査を2回実施してその一致度から安定している程度を判断するテスト・リテスト法もあります。

3. 心理アセスメントの機会と場と留意点

アセスメントは、効果的なカウンセリングの不可欠な要素となっています。日常のいろいろな機会と場においてそれとなく行われるとともに、とくにアセスメントを目的として場と機会を設けて行う場合があり、アセスメントの機会と場に応じた注意すべきことがあります。

3.1 出会いにおける自然な観察

出会いは当事者間で相互にアセスメントを行う場となります。カウンセラーとクライエントとの最初の出会いは相互アセスメントを中心にした相互作用であるともいえます。まずカウンセラーはクライエントの、クライエントはカウンセラーの外見と風采に注目するでしょう。顔立ち、背格好、髪型、視線の動き、表情、言葉遣い、物腰などに加えて、衣服や装身具、化粧なども相手の人柄を理解する手がかりとなります。

そのさい自然なやりとりの中でそれとなく観察することが大切です。重要な

ことは，こちら側も観察されていてこちら側との関係の中で相手がそのような様子を見せているということを念頭におくことです。じろじろ見回すとか，ある部分に長く注目することは相手に緊張と不快感を与える刺激となります。カウンセラーの資質の1つに対人関係をモニターし調整する能力があげられるゆえんです。

3.2 気分・感情の性質，水準，揺れ，表現

クライエントの気分・感情の状態に注目することがアセスメントの非常に重要な切り口になるでしょう。気分・感情には幸福感のような肯定的感情か，苦しい，悔しいなどの否定的感情か，怒りや不満の感情のように他者に向かう場合と自己に向かう場合のような向かう方向性，また楽しいけれど退屈，好きだけれど嫌いのような葛藤的感情，また強い感情から弱い感情といった水準があります。そして揺れについてはその周期性や変化の顕著さなどの相違も注目したいことです。

気分・感情は海の波のように揺れを繰り返す性質があります。長周期の波は性格や気質にかかわる気分・感情の波で，概して陽気な明るい性格か，陰気で抑うつ傾向の人かの判断を与えてくれます。そして中周期の波はその人が抱えた困難や幸福の状況に関係する波で，来談の背景となり，またカウンセリングの主題にかかわる可能性があります。そして小さな揺れは日々の出来事に関係していると考えることができます。

気分・感情の表現については，顔色や口の結び方や眼の動きなどの顔面表情，ゆっくりした動作や硬い身のこなしや前傾姿勢などの身体表現など，いわゆる非言語的表現が，気分・感情を理解する重要な手がかりとなります。また声の響きやリズムと速度などの言葉の表出にも，そして繰り返される言葉の内容にも気分・感情の特徴がみられます。

3.3 身近な人との関係のもち方

カウンセラーとの関係の結び方にはクライエントの人づきあいの様子を理解する重要なヒントが含まれます。あるクライエントは「どうしたらよいですか，教えてほしいです」と繰り返します。そのため，その人の身近な人とのかかわ

りに注目することになりました。そのクライエントは「親はこの頃は何も言ってくれないし，先生もだんだんと不親切になってきました」と依存的傾向とこれまでのかかわりの経過をうかがわせることが語られました。こうしたケースでは，クライエントがカウンセラーとの関係を通して自己理解の道程を歩みはじめることができるでしょう。

　身近な人々とのクライエントの関係のもち方はクライエントを理解する重要な手がかりになります。山口（1992）は家族や友人や教師との心理的距離を測る方法を開発しています。

　面接の中でクライエントの話の中に登場する人々がどういう特徴をもっているか，そしてどういう関係性がみられるかに注目することが重要です。住沢・福島（2008）はクライエントと身近な人々を人型シールで表現する方式を開発しています。

3.4　問題への取り組みの傾向

　クライエントが自分の問題をどうみて，どうなれたらよいと考え，そのためにどういう方策をこれまで試みてきたのか，そしてこれからはどういうことをしようとしているかという，問題への取り組みの傾向を知ることができます。積極的・能動的に自分の問題に取り組む気持ちが強まれば，カウンセリングの成果の可能性が高まると考えることができます。回避的傾向，こだわりと執着の強さ，問題解決への悲観的―楽観的傾向，問題の原因についての考え方などについて，大づかみにすることによって，カウンセリングの手がかりになるでしょう。

3.5　各種検査の実施上の課題

　アセスメントに心理検査を利用する場合，クライエントにその目的と実施法について説明し同意を得ることはもちろんですが，誰が検査を実施するのか，そして結果をどういうふうに伝えるかということも考えておく必要があります。担当のカウンセラーが実施するのか他の人に実施をお願いするのがよいかなどの検討も必要になるでしょう。

　また，結果を伝える場合，あなたの心理検査の結果はこういうことになりま

したと否定的な結果を伝えることができるかどうか，どう伝えたらクライエントの自己理解と問題解決への積極的取り組みにつなげられるかという問題について，よく考える必要があります。

なお，結果を説明することによってカウンセラーが問題解決の責任者のような誤解を生むことがありますから，結果の伝え方にはとくに注意が必要です。さらに，クライエントに対して「説明を聞いて，どう思いますか？」とか，「さて，どうしましょうか？」などと問いかけることによって，クライエントの考えを聞きだし，またクライエントの主体的かかわりを促進するための工夫が必要になるでしょう。

3.6 心理アセスメントの留意点

人はいろいろな面をもっていますし，状況によって異なる姿を見せる存在であって，かつ変化する存在です。アセスメントをしたことによって，カウンセラーがアセスメントの結果によって固定的なクライエント観に陥らないように，またその結果について説明を受けてクライエント自身が自分の特徴を固定的にみることがないように，十分注意が必要です。

心理検査を求めるクライエントの心理には，自己理解への動機がありますが，それが検査結果を知ることで低められることがないように，むしろ検査結果を1つの手がかりとして自己理解をさらに推し進めていくような新たな動機づけとなるように導くことが大切です。

また，人には暗示に乗りやすい傾向があります。とくに被暗示性が高いクライエントの場合は，結果をみることで自分をそういう方向に思い込ませて，変化の可能性と動機を低下させるような影響が起こることがあります。固定的に受け取らないように，自己理解の1つの参考資料として，さらなる自己理解へと取り組むように，カウンセラーの力が発揮される必要があります。そうすることによって，固定的断定的人間観を柔軟な，可能性のある存在としての理解へと転換できるような援助があるとよいでしょう。それにはカウンセラー自身がまず，柔軟な可能性をもってクライエントに接することが肝要です。

4. 個性の基本的傾向

4.1 性格の基本的次元

アイゼンク（Eysenck, H. J.）は，性格の基本的次元として，内向—外向と神経症傾向を特定しました。内向—外向は，環境とのかかわり，とくに社会的行動に関する軸で一方の極の内向と他方の極の外向を結ぶ軸です。そして神経症傾向の軸は一方に情緒安定を他方の極に不安に基礎づけられた情緒不安定を結ぶ軸です。内向—外向については，内向性の人は安定した行動持続傾向を示すのに対して，外向性は注意をそらして多くのことに分散する傾向があること指摘されるなど，向性と情緒安定性の関係性に関する研究（福島，1968）が蓄積されています。

2つの次元を組み合わせて，内向的で不安の強いタイプ（孤独型），内向的で安定したタイプ（着実型），外向的で不安の強いタイプ（衝動型），そして外向的で安定したタイプ（積極型）に分けられます。

4.2 社会的行動傾向

社会生活を営むなかで，いろいろな自己表現が必要になりますから，自己表現の特徴によって，人の個性を理解することができます。非言語的表現では，目配り，口調，しぐさ，動作，身体などが注目されます。また言語的表現では控えめな表現，自己主張，言語の流暢さなどが注目されます。

人の人に対する行動の軸として，一般に縦関係と横関係が指摘されます。縦の関係は上司と部下，先生と生徒，先輩と後輩などの関係の軸です。そして横関係は対等な友だち関係のような親密性の軸です。筆者は縦軸に指導性，横軸に親和性をおき，2つの次元を組み合わせて，指導性も親和性もある成長支援タイプ，指導性を発揮するが親和性が不足する煙たいタイプ，指導性を欠く親和性有意の馴れ合いタイプ，そして指導性も親和性も欠く無関係タイプに分けることを提案しました。人を理解する上で対人関係の特徴は重要な手がかりとなるでしょう。

4.3 気分・感情・情緒の傾向

　気分・感情・情緒の傾向は，性格の基本的次元としては情緒性とか情緒安定性という軸に集約されますが，まとめすぎて具体性を欠くという面が感じられます。クライエントの感情生活の特徴について，いろいろな面をできるだけ具体的に描写することも必要なことです。

　次のような表現がクライエントの感情生活の特徴を描写するさいの具体性を備えたものとして用いられることが多いようです。

　憂うつ対爽快さ，悲しさ対うれしさ，心配性対のんきさ，小心対大胆，怒りっぽさ対おおらかさ，執拗さ対淡白さ，気性の激しさ対穏やかさ，悲観対楽観，気分と感情の揺れ幅の大きさ対安定，など。

　こうした感情の傾向がどのような生活の領域においてみられるか，あるいは特定の事柄に絞られるかどうか，という広がりの大きさについて吟味することができます。

4.4　要求と要求阻止の把握

　クライエントが現在どういう願いをもっているか，どういうことで行き詰まりを感じているかということについて，欲求不満になったときの行動の仕方など幅広く生活の領域と事柄について理解することもクライエントの個性的生き方を理解する手がかりになります。その話題に関連してこれまでの生活の中で心残りに感じていることや幸福を感じたことや辛い出来事を振り返る作業へと展開することもできるでしょう。そこからさらに将来の自己像に話題が広がる可能性もあります。

4.5　認知と思考の傾向

　クライエントが語るのを聴くと，その人の個性を感じさせる見方と考え方の特徴がわかります。物事をとらえる認知の様式として，やわらかさと硬さ，多面性と一面性，全か無か的決めつけと保留的構え，肯定的視点と否定的視点，原因の帰属の傾向など，いろいろな特徴をみることができます。

　また発達段階による特徴とは別に，学習障害や知的障害など発達障害に特徴的な認知・思考の傾向もあります。

こうした認知と思考の傾向に注目し，その特徴に応じた援助やその変化への働きかけをすることがカウンセリングの重要な過程となるでしょう。

エリス（Ellis, A.）の合理情動行動療法はクライエントの考え方に注目してその変化を目指した方法の１つであるといえます。すなわち，情緒の問題（抑うつ）はクライエントの不合理な考え方（べき思考）に起因すると考えて，合理的な考え方（そういうこともある，だからといって自分がてんでだめだということはない）を身につけることで抑うつや不安を乗り越えるよう援助します。

4.6 人格の特徴的偏り

人格すなわち一人ひとりの個性は，基本的に受け入れられ尊重されるべき基本的傾向であって，その個性ゆえの課題を克服するよう援助することがカウンセリングの課題であるといえるでしょう。しかし，偏りの大きさが著しいために社会に適応することが難しく，周囲も本人も苦労することがあります。

次のような人格の特徴的偏りがとくに顕著な場合は，DSM-Ⅳ（精神疾患の分類と診断の手引き：American Psychiatric Association, 1994）などに照らして，その偏りをよく査定し，適切な対応を考える必要もあります。

- 広範な不信と疑い深さ
- 社会関係からの遊離と回避
- 演技性と自己愛性
- 衝動・易怒・攻撃性
- 理想化とこきおろし
- 強固な依存性と強迫性

4.7 健康度と病態水準

総合的にみて，精神健康度が明らかに低く，病態水準であるかそれに近いと思われる場合は，いくつかの心理検査を実施してさらに吟味し，医学的診断に道を開く必要があります。家族も本人も精神医学的処置を回避したがってカウンセラーを頼る場合があります。そういう場合にカウンセラーが中途半端に引き受けて結論を引き延ばすことは非常に危険なことです。

4.8　環境の特徴と生い立ちの総合的理解

　カウンセリング心理学は，人をその環境とのかかわりにおいてとらえるパラダイムによって，人の個性の理解と成長に奉仕する学問です。カウンセリングという営みも，カウンセラーという環境とクライエントとの相互影響の過程によるものといえます。

　クライエントがどのような生活環境のもとで発達と成長の過程を辿ってきたのか，どのような親から生まれ，どのように歓迎されあるいは疎まれて育てられ育ってきたのか，地域と学校と仲間たちはクライエントをどう受け入れて処遇してきたのか，そして職を得るようになったのか，そして職場はクライエントにとってどのような存在であったのか，要するに社会とクライエントとの結びつきがどのようにして今日にいたったのか，こうした心理社会的歴史を総合的に把握することによって，クライエントの個性の理解と今後の展開の可能性を拓く援助をすることが肝要であるといえるでしょう。

5. 発達の視点

　人は発達の経過を辿って今ここにいます。そして今の発達の段階の中で社会とかかわって生きています。それゆえ人を理解するには，その人がどういう発達の段階を経て今ここにいるかということを概観することが重要となります。カウンセリングにおいてはクライエントの発達を概観することは，クライエントの課題と資源を理解し，カウンセリングの目標と方法を考える上で重要です。

　本書では，認知発達の面からピアジェの理論を，動機の発達の面からマズローの人格形成論を，そして人間の生涯発達の面からエリクソンの発達理論を簡潔に紹介することにします。

5.1　ピアジェの認知発達理論

　ピアジェ（Piaget, J.）が発達の研究に用いた方法は，彼が臨床的方法と呼ぶ方法で，子どもの言葉に耳を傾け，子どもの行為をよく観察し，問いかけ，子どもの認識の特徴を把握する方法ですから，カウンセリングの人間理解の方法に基本的に似ています。彼は子どもとの臨機応変な問答を通して，子どもの考え方を理解する努力を重ねることによって，子どもの考え方，すなわち子ども

の心の構造（認知）の特徴とその発達の様子を把握し，独自な認知発達理論を構築しました。

彼の理論の中心にあるのが，フランス語のシェマ（schema）という概念で，図式とか認識の枠組みという意味です。子どもは自分がすでにもっている認知の枠組み（シェマ）を環境に当てはめ，すなわち同化によって環境を理解し，また環境の構造に当てはまるように自分のシェマを変える，すなわち調節によって，つまり同化と調節の均衡化（バランス）によって世界の認識を形成していくと考えました。ピアジェの理論は，人は自分のシェマによって世界を知覚し，世界を心の中に構成していくという，心理的構成主義の考え方といえます。この考えはその後の多くの研究者によって受け継がれ，研究が蓄積されてきました。

ピアジェは次のように発達段階を考えました。

(1) 感覚－運動的知能の時期（0～2歳）

赤ちゃんの行動を観察すると，目の前のものを目で追う，手を伸ばす，手が物に触れて，つかむという行動が起こります。こうした観察によって，ピアジェは，見る―つかむというシェマの協応や対象の永続性（見えなくなったものを探す）などを獲得していくと考えました。

(2) 前操作の時期（2～7歳）

2歳前後の子どもには「いないいないばぁ」遊びが興味を引きます。また3歳頃にはお面に興味をもち，親がお面を被ると親が鬼とか動物に変身してしまったかのように本気で怖がります。目に映る限りに物は存在する，目から消えると存在が変わってしまうと思うようです。この頃のかくれんぼでは「頭隠して尻隠さず」が一般的にみられます。

そして4歳頃の子どもは，「ままごと」などの「ごっこ遊び」を好みます。お母さんになったつもりでどんぐりをご飯にみたてるというような象徴作用を楽しむことが可能になります。しかし2つのお皿に同数のおはじきを置き，目の前で一方のお皿のものを広く散開して，どちらが多いか質問すると，広く散開したほうを多いと答えます。

ピアジェは見かけが変わっても物の長さや数が同じであるということがよくわかっていない，つまり外観が変わっても長さや数が一定しているという「保

存の認識」が獲得されていないと考えました。臨床心理学者が幼児期の経験が心の問題を生むと主張したのは，保存が認識できていない子どもには親が怒るとやさしい母親がいなくなってしまったと恐れるためであろうと解釈できます。

　この時期の特徴はピアジェの三山問題によって明確になります。箱庭に3つの山を作って子どもの側からは見えるが反対側からは見えないところに家を置いて質問すると，向こう側の子どもにも自分が今見ている家が見えると答えます。箱庭の周囲を一回りして確かめてからも，自分が今見ているように向こう側の人も見ているはずだと思うのです。自分の見るように他者も見るはずだと考える傾向，これを自己中心性といいます。自己中心性は7歳以下の子どもに特有な思考の傾向で，他者の視点に立つことができない認知上の制約を指し，前操作期の特徴とされます。操作とは思考といえますから，思考以前の時期という意味でもあると考えてよいでしょう。

(3) **具体的操作の時期（7～12歳）**

　7歳を過ぎる頃から，保存が成立して，もとに戻せば同じであるという可逆的操作が可能になります。三山問題では自分の視点を離れて（脱中心化）向こう側の人には家が目に入らないことを納得できるようになります。自己中心性から抜け出し，具体事象の操作が活発に行われるようになります。この段階にいたって子どもは，目を閉じても，見かけが変わっても，存在の本質は変わらないという概念化が獲得されたといえる状態にまで発達を遂げたといえます。これによって具体物を通して考えることができるようになったとして，具体的操作期という段階が設定されました。

　この時期の子どもは自然への関心を広げて天体や動植物に関する百科事典的知識を収集することに熱心になります。また運動能力が伸びて，ゴム段跳びやトランポリン，リズム運動に飛躍的発達を示します。子どものプレイにはそうした運動系の活動を取り入れることができ，また子どもの得意とする動植物の知識が話題とされることが多くなります。

(4) **形式的操作の時期（12, 13歳～）**

　12歳を過ぎる頃から，子どもは具体を離れて形式的・抽象的思考が可能になります。実際の物の代わりに記号を使って思考することができるようになります。たとえば，$A > B$で，かつ$B > C$であれば，$A > C$であるという形式操

作が可能になります。

中学から導入される代数では実物に代えて，XやYを使って問題を解く作業が行われますが，形式的操作の活動であるといえるでしょう。

形式的抽象的思考が可能になる頃には，言葉尻をとらえて論理の矛盾を突き，また屁理屈をいうことがあります。この時期の親と子の間では理屈の言い合いが多くなります。そして親は自分の非論理的行動を批判されて子への対抗感情を強めるとともに子の成長を実感することにもなります。

関連して道徳判断の発達があります。児童期の道徳判断は基本的に結果論です。叱られたら悪いこと，叱られなければ問題なしとします。それに対して，青年期は行為者の悪意や善意による判断，動機論へと発達します。

青年期以降の相談には自己の価値観や劣等感が主題となることが多くなりますが，その背景には形式的操作の発達的特徴があるとみてよいでしょう。

ピアジェの認知発達心理学はカウンセリングにおいて，クライエントの認知発達の経過と現在の段階を理解する手がかりを与えてくれます。

5.2 マズローの人格発達理論

マズロー（Maslow, A. 1954）の理論は，動機づけの発達を中心とするパーソナリティ理論で，一人の人間が全体としてダイナミックに動機づけられているという，人間全体性―ダイナミック（動機づけ）理論として特徴づけられます。たとえば，ある少年の教師への反抗は，仲間の承認を得たいとか，自尊心の満足を得るためというように多数の動機がかかわっています。行為と動機は一対一の対応関係ではなく，1つの行為に多数の動機が複合しているという見方を基本としています。

(1) **動機の階層説**

マズローは，動機の階層説と最高動機としての自己実現の要求を説きました。動機の階層説とは，基本的動機は満足されるべきもので，低次の要求がある程度満足された後に高次の要求が動機づけとなることができるという考え方です。基本的動機として，次のような5つの要求が提案されました。

① 生理的要求

これは水，食料，空気など，生物として生きていくために必要な要求で，完

全に満足されることがあって、その後に高まるという性質をもつと考えられました。空腹から満腹へ、そしてまた空腹になるというように。

　この要求がある程度（85％ほど）充たされたとき、人は次の要求によって行動を起こすようになるとされています。

　② 安全要求

　人が安全でありたいと願う動機は生理的要求に次いで基本的なものとされます。そして安全要求にはこれで十分ということがなく、常に一抹の不安がついて回るので、人は潜在的な不安（basic anxiety）から解放されることがないとされます。

　この安全要求がある程度（70％ほど）充たされると、次の要求によって基本的に動機づけられるようになると考えられました。

　③ 愛と所属の要求

　生理的要求と安全要求が充たされたとき、第三の要求として、愛と所属の要求が基本的動機づけとなるものとして提起されました。家族や友だち仲間の中に一員として所属していたい、そして身近な人々から愛されて生きたいという要求です。

　そしてこの要求がある程度（50％ほど）充たされたとき、次の要求によって動機づけられるとされました。

　④ 尊重と自尊の要求

　愛と所属の要求がある程度充たされると、次には尊重と自尊の要求が主たる動機づけとなるとされました。人から尊重されたい、そして自分で自分を尊敬したいという要求です。この要求には2つのレベルがおかれます。レベル1は評判の要求で、人から良い評判を受けることができる経験を通して、レベル2の自尊の要求が主たる動機づけとなるとされます。

　そしてこの要求がある程度（40％ほど）充たされたとき、次の要求が主題となるとされます。

　⑤ 自己実現の要求

　尊重と自尊の要求が充たされて生活することで、人は、自己実現の要求によって動機づけられ、個性の実現へと動き出すと仮定されました。そして自己実現動機がある程度（10％ほど）充たされたとき、人は潜在力を実現し創造的に

なって，真の健康な生活を営むようになるとされました。

(2) **神経症的要求**

5つの階層からなる基本的要求は充たされることが善であり，要求の実現は心身の健康へと導くと考えられました。反対に基本的要求の阻止は，不健康への道に通じていると考えられました。

マズローは神経症的要求として，貯蔵要求，攻撃と敵意の要求をあげています。基本的要求の生理的満足と安全要求の不充足によって貯蔵要求が喚起され，また愛と所属の要求と尊敬と自尊の要求が損なわれると，攻撃と敵意の要求が主たる動機づけとなります。攻撃と敵意は相手からも攻撃と敵意を呼び起こすことになり，出口のない落とし穴に落ちていくことになります。

マズローによれば，カウンセリングと心理療法は，クライエントの愛と所属の要求に応え，その実現によってクライエントが自信と自己価値観を獲得し，基本的要求にしたがって生き，神経症的要求から捕捉されなくなることであるといえるでしょう。

5.3 エリクソンの心理社会的発達理論

エリクソン（Erikson, 1959）の心理社会的発達の8段階は表6-1のようにまとめられます。彼はフロイト（Freud, S.）の影響を受けつつフロイトが十分に究明できなかった健康なパーソナリティの発達を明確にするべく，8つの発達段階とその課題を示し，自己同一性（identity）や成熟した社会人となる前の猶予期間（moratorium）の概念を提起しました。その意義については西平（1993）による論考があります。

発達の視点は，クライエントのよさと問題の背景を発達という大きな枠組みで理解し，クライエントの経験の語りを温かく傾聴する態度を支えることになります。その反面，行動の具体的展開については，大まかな理解にとどまることになります。

表6-1　エリクソンの心理社会的発達の8段階

	段　　階	心理的危機	有意義な対人関係	好ましい結果
1	乳児期前期 （0～1歳）	信頼対不信	母親または代わりの者	信頼と楽観性
2	乳児期後期 （1～3歳）	自律性対疑惑	両親	自己統制と適切感覚
3	幼児期 （3～6歳）	積極性対罪悪感	基本的家庭	目的と方法 活動始発能力
4	児童期 （6～12歳）	勤勉性対劣等感	近隣，学校	知的・社会的・身体的技能
5	青年期	同一性対同一性拡散	仲間集団と外集団，リーダーシップ	独自な統合的自己イメージ
6	成人期初期	親密さ対孤立	親友，性，競争と協同	持続的親密関係の形成
7	壮年期	生殖性対沈滞	労働分担，家事分担	家族と社会，次世代への関心
8	老年期	統合性対絶望	人類；わが子	人生満足感と死の受容

【引用・参考文献】

American Psychiatric Association　1994　*Quick reference to the diagnostic criteria from DSM-IV.* Washington, DC : American Psychiatric Association.（髙橋三郎・大野　裕・染矢俊幸訳　1995　DSM-IV 精神疾患の分類と診断の手引．医学書院．）

Ellis, A. & Harper, R. A.　1975　*A new guide to rational living.* Englewood Cliffs, NJ : Prentice-Hall.（北見芳雄監修　國分康孝・伊藤順康訳　1981　論理療法——自己説得のサイコセラピー．川島書店．）

Erikson, E. H.　1959　*Identity and the life cycle.* New York : International Universities Press.（小此木啓吾訳編　1973　自我同一性．誠信書房．）

Eysenck, H. J. (Ed.)　1960　*Behavior therapy and the neuroses.* Oxford : Pergamon Press.（異常行動研究会訳　1965　行動療法と神経症．誠信書房．）

藤原喜悦　1988　青年心理学の研究方法としての指導観察的アプローチの提唱．青年心理学研究，2，36-44.

福島脩美　1968　内向−外向次元の検討：二つの向性と神経症傾向との関係，教育心理学研究，16，157-167.

Maslow, A. H.　1954　*Motivation and personality.* Oxford, England : Harper.（小口忠彦訳　1970　人間性の心理学．産業能率大学出版部．）

西平直喜　1993　エリクソンの人間学．東京大学出版会．

西岡加名恵　2006　エバリュエーションとアセスメント．辰野千壽・石田恒好・北尾倫彦監修　教育評価事典．図書文化社．

Piaget, J. & Inhelder, B.　1966　*La psychologie de l'enfant.* Colletion "Que sais-je" No. 369. Paris : Presses Universitaines de France.（波多野完治ほか訳　1969　新しい児童心理学．白水社．）

沢崎達夫　2004　アセスメントの理論的枠組み．福島脩美・田上不二夫・沢崎達夫・諸富祥彦編　カウンセリングプロセスハンドブック．金子書房．

住沢佳子・福島脩美　2008　人型シールによる対人関係表現に関する研究．目白大学心理学研究, 4, 111-123.

辰野千壽　2006　教育評価の意義・概念．辰野千壽・石田恒好・北尾倫彦監修　教育評価事典．図書文化社．

Weiner, I. B.　1975　*Principles of psychotherapy.* New York : Wiley.（秋谷たつ子ほか訳　2000　心理療法の諸原則．星和書店．）

山口正二　1992　高校生における好感的嫌悪的イメージと心理的距離に関する研究．カウンセリング研究, 25, 31-36.

7章　カウンセリングの生成プロセス

　カウンセリングはクライエントの自己理解と問題解決のプロセスにカウンセラーが側面から援助の手を差し伸べるプロセスです。そのプロセスの中でカウンセラーの技法が用いられますが，カウンセリングは生ものであるともいわれるように，クライエントとカウンセラーの意図とは別のところで，カウンセリング過程が進行することもあるように思えます。この章では，カウンセリングの中で起こっていることを生成過程として素朴に吟味していくことにします。

1. 鏡に映す自己理解

　カウンセリングは自己理解を援助する営みといわれますが，自己理解とは，具体的にいえば，人が自分と周囲に対して抱いている考えや感情を点検し，自分の願望や期待に目を向け，否定や否認などの認知的防衛を脱して，あるがままの自分を受け入れ，自分の個性を実現する道を選択することであるといえるでしょう。それは決してやさしい課題ではないようです。ある人はあるべき理想の自己像に現実の自己を比較して，「自分はてんでだめだ」と否定的な自己評価をします。またある人は自分をいつくしみ育ててくれた親を「無教養な恥ずかしい親」と否定的な評価を口にしますが，周囲の者はそれが偏った見方であること，そう見ることで自分の失敗の原因を親に帰属して絶望感から逃げていることを感じとっています。しかし，そのことを指摘することができるでしょうか？　指摘したとして，受け入れてくれるでしょうか？　はなはだ疑問でしょう。人は自分の見方を変えようとしません。その見方に固執することでそれなりの安定を得ているからですが，しかし何とかして抜け出したいとも思っているのです。だからこそカウンセラーを訪ねてくるのです。ではどうすれば，閉ざした心を開き，防衛的な認知の構えを緩め，真の自己理解ができるようになるのでしょうか。カウンセリングはクライエントの話をカウンセラーが傾聴し，共感的に理解し，その理解をクライエントに伝えようと努め，クライエントはそれを聴いて自分の話がどう理解されたかを知ることからスタートします。

1.1 温かい視線の中で経験を語る

　人は愉快な話を好みますから，聴き手が楽しくなるようなことは社会的な会話の素材としますが，辛かったこと，悲しい体験，いま陥っている苦しい状況，その苦しい思い悲しみについては語ることを避けます。しかしカウンセラーの温かい視線に包まれると，クライエントは自分の苦しい経験と辛い気持ちを語ることができます。そして語ることを通して，自分の経験と自己の姿を振り返ることになります。語ることだけでも振り返り効果がありますが，カウンセラーの温かく理解し支えようとする姿勢の前では辛い思いを表出して自分を癒すことができるでしょう。これに「かかわり技法」が貢献するでしょう。

1.2 傾聴カウンセラーの応答を通して自分を振り返る

　自分の経験を語ることはそれ自体が自分を見直す機会になりますが，クライエントの経験を共感的に聴いて理解し，その理解をクライエントにフィードバックする，カウンセラーがいることによって，クライエントはカウンセラーの理解を手がかりとして自分の経験を再構成することができます。

　カウンセラーは，クライエントの硬い思い込みやこだわり，とらわれ，否定と歪曲，不安と恐れ，怒りと不信感など，クライエントの心の状態を正確にとらえて映す努力をしますが，クライエントがそれを正確に知覚するとは限りません。むしろクライエントはカウンセラーの応答を自分流に脚色して理解することが自然であるといってもよいでしょう。

　クライエントが受け入れやすいカウンセラーの応答は，クライエントの見方感じ方に近いものであることが必要です。それとあわせて，クライエントに注がれる視線が温かいことが大切な要件になるように思われます。福島（1996）は共感的理解の態度を，認知次元（当人視点，対象視点）と感情次元（温かい，中性，冷たい）の組み合わせによって位置づけ，クライエントの視点（認知）に近づき，温かい目（感情）で傾聴するカウンセラーを重視しています。

　クライエントは自分の話がカウンセラーによって返されたときに，カウンセラーの受け止めが自分とはニュアンス的に何か違う，あるいは自分の言葉と少し違った表現になって返される（「言い換え技法」など）ことに出あって，そのニュアンスや言葉の微妙に異なることを自分の中に取り入れようとします。

カウンセラーもまたクライエントの様子から自分の理解を修正しようとします。こうした相互接近の経過の中で、クライエントはカウンセラーの温かい視線と言葉を自分の中に取り入れて自分の経験を見直す作業をはじめるでしょう。

カウンセリングにおけるカウンセラーの基本的態度に支えられて「基本的応答技法」がこの過程に貢献することになります。

1.3 共感カウンセラーの中に自分をみる（自己対象化）

共感カウンセラーをぬくもりのある鏡として自分の姿を映すことによってクライエントが自己理解するという説明は、カウンセリング心理学の一般的な説明原理でもあります。この説明には2つの異なる性質が含まれているように思われます。

1つは、いってみればカウンセラーの温かい目を借りて自分の中の自分をみる、つまり自己認知の点検と修正の過程であるといえるでしょう。関心は自分に向かいます。そしてもう1つは、クライエントがカウンセラーの中に自分をみるという性質のように思えます。この考え方を明確にすると次のようになるでしょう。カウンセラーはクライエントの思考と感情を取り入れてクライエントの経験を自分のもののように感じ取り、あたかもクライエントになったかのように感じ考えることができるようになったとします。それはカウンセラーがクライエントの個性を自分の中に人格化した状態といってもよいかもしれません。するとクライエントは、こうしたカウンセラーの言動の中に自分をみる、つまり、クライエントはカウンセラーの中に自分を対象化してみることによって自己の姿に気づくという説明になります。それはクライエントがカウンセラーの中にいる自分に関心が向かうことであり、ある意味では外在化された自己への対面に通じる心理過程が作用していることが想像されます。この考え方はカーカフ（Carkhuff, R. R.）の個人化（personalizing）による意識化というとらえ方にも通じているように思います。カウンセラーの応答技法の中では「あなたの気持ちと一緒になって自分の心が動いてきましたが、今、私はせつない思いがわいてきています」というようなカウンセラーの自己開示がこの過程で影響の大きいものとなるかもしれません。

原因帰属の研究（Jones & Nisbett, 1972）で、行為者は行為の原因を外的条

件（相手の態度など）に求めるが，観察者は行為者（本人の態度など）に原因を求める傾向があることが報告されています。それを受けて松永・福島（1990）は，対話場面を話し手，聴き手，および第三者視点の3つの位置からビデオテープに録画して再生し，共感視聴条件の視聴者は行為者と同様に行為の原因を外的出来事に帰属する傾向が認められたことから，カウンセリングにおける共感の重要性について考察しました。つまり一般の聴き手は行為者の性格など個人特性に行為の原因を帰属する傾向がありますが，共感的聴き手は行為者のみるように外的状況に原因を求める傾向があります。

　この研究から示唆を引き出すなら，カウンセラーはクライエントの姿を視野に入れながらもイメージとしてはクライエントの認知する世界をあたかも自分の世界のように探索します。するとクライエントはそのようなカウンセラーの中に自分を対象としてとらえることができるようになり，自分の固定的な見方から離れて，自己を客観視することができる，という説明になるでしょう。

　カウンセリングと心理療法の世界には，これと重なり合ういろいろな考え方があることに気づきます。サイコドラマ（心理劇）におけるダブル（二重自我法）は，主役（演者）と一緒になってかかわりながら，主役のもう一人の自分を演じる人で，主役の心情を共感しつつ補助自我として支えつつ，主役がまだ気づいていない心情を表現して主役のもう一人の自分を表現したりします（台，1989；増野，1990）。この働きによってクライエントは自分をみることができるようになると期待されます。

　他者の中に自分をみる日常生活の例として，子どものままごと遊びから自分の口うるさい物言いに気づく母親を例示することができるでしょう。自分のことはみえにくいが，母親を取り入れた子どもの行動から母親は自分を知ることになりますから，カウンセリングにおいて，クライエントのように感じ考えるカウンセラーの中にクライエントが自分を発見することによく対応しているように思えます。また，小説やドラマの登場人物の行動の中に視聴者は自分を映し見ることが知られています。この場合は投影という精神分析の概念から説明される面に加えて，さらに多面的な心理活動も含まれているように思えます。

　こうした自己発見の過程は，内的過程を関係の場に映すことによって気づきを得る過程として，つまり心の中を外に映し出すという一般化が可能になるで

しょう。その中にはホワイトとエプストン（White & Epston, 1990）による問題の外在化（externalization）という視点が含まれると考えることができるように思えます。

心理療法の場でしばしば用いられる箱庭は内的過程を外在化してカウンセラーとともに眺める活動という意味づけに導かれるでしょう。同様にして，ゲシュタルト療法では空き椅子に気弱な自分を据えて元気な自分と2つの椅子の対話をガイドします。またイメージ上の父に向かって声をかけることも，内的過程を関係の場へと外在化する試みとみることができるように思えます。

ギリシャ神話やお伽噺の中にも鏡はよく登場します。湖面に映った自分に見とれナルキッソス（英語ではナーシサス）は湖畔に根を伸ばし，白雪姫は魔法の鏡との交信による嫉妬によって殺されかけます。自己をみる体験にはカウンセラーの温かい支えが必要なことが示唆されているといえます。

1.4 関係性による理解

あるクライエントはカウンセラーに向かっているとついつい甘えが出てくる経験から，困惑しながらも自分がしばしば繰り返している人づきあいのパターン，甘えと依存に注意が向きました。そして自分が自立することで父親も自立するという関係性へと生き方のテーマがみえてきました。この例は，クライエントとカウンセラーの間に生じている関係のあり方に目を向けることによって自己の関係性に目を向けることになったいという見解によって適切に説明できるでしょう。この視点はフロイト（Freud, S.）以来のカウンセリングと心理療法の主要な視点と重なります。

現代の心理学の視点に立つなら，カウンセリングは社会的学習の場であるともいえるでしょう。クライエントは柔軟で温かく自他の主体性を重んじるカウンセラーと出会い，カウンセラーとの人間関係を継続していく社会的経験を通して，自分の社会的関係性を吟味し，自己理解を得ることができます。

実際の対面関係ではありませんが，カウンセリングの書記的方法（福島・阿部, 1995）として紹介された，ロールレタリング（春口, 1995）や心理書簡法（新田, 1992）には，父親や母親など関係の深い社会的存在との関係を反省することに有効な書記作業となっているようで，そこには関係性の吟味というカ

ウンセリングの機能が含まれているといえます。ロールレタリング（役割交換書簡法；春口, 1995）の場合は書簡形式による交流分析といえるものです。また心理書簡法（新田, 1992）の場合は，母親や父親に現在の生活と心境を手紙形式で綴り，それを教育担当者が評価し指導する形態で，少年矯正教育の中で生まれたもので，この経験によって反省と決意が得られることが目標となります。なお，カウンセリング体験学習の方法として展開された想定書簡法（福島・高橋, 2003；福島・牛久, 1995, 2004）の場合は，自分の経験を他者に向けて表現し，それに対する応答を相手の立場に立って自分で自分に向けて書くという方法です。多くの参加者は過去の自己と他者との関係性に現在の経験を照らして，イメージによるコミュニケーションを行うもので，次に述べる自己物語としての性質が強いと思われます。

1.5 自己物語の再構成

　カウンセラーの援助によって，クライエントは自分の中の自己に関する物語を点検し再構成することができます。クライエントは今の自分のおかれた状況と自分の行動と心情について語り，カウンセラーの理解を求め，理解されるような表現を試みます。またカウンセラーはクライエントの物語をどう理解したかを伝えることを試みます。その両者の相互作用の過程でクライエントの語る自己物語（self-narrative）は少しずつ微妙な変化を遂げていきます。たとえば「今から思い返すと頭にきたというよりもわかってくれないから失望したのだ，もっとよく自分の気持ちを話したらよかったという気がする」というように。

　ゲシュタルト療法のポルスター（Polster, 1987）は，心の調和の回復には対話が必要であるとして，相手を空き椅子に座らせていると想定して対話する方法を採用しています。

　自己物語論の観点によれば，自己とは自己物語を通して社会的に構成されるものとされます。カウンセラーとの関係性のもとで，過去と今と将来という時間軸に沿って，また自分と他者との関係軸について，クライエントは物語を創造し再構成すると考えることができます。森・福島（2007）は，物語の諸定義を閲覧した上で，物語は出来事や経験を「つなぐ」ことから生成され，「つな

ぐ」ことから意味もまた生じると要約的に述べます。社会構成主義（Gergen, 1994）の視点によれば，カウンセリングと心理療法の過程は意味を生み出す過程であり，意味の文脈相対性を理解し，不確定性を受容し，多様性を探索する過程であるといえます。

　ホイト（Hoyt, 1998）は，その編著の序文において，構成主義にもとづく実践について「共同性，共同参加，間主観性，共同創造」の基本姿勢によってなされるべきこと，さもないとセラピスト主導の催眠に似た影響過程に陥ることになると指摘しています。クライエントとカウンセラーとの関係性のあり方が問われるわけで，カウンセリング心理学の基本的関係性の知見の妥当性を支持する方向性が感じられるところです。また科学的文脈主義（Hayes, 2004）の立場からは，後の章でみるように，クライエントの語りをオペラント原理の文脈の中でとらえ，カウンセラーの応答が吟味されることになります。

2. 繰り返される原型への旅

　カウンセリングの過程で，クライエントはしばしば現在の問題と関連づけて，問題の背後にあると思われる過去の経験について語ります。そして過去の経験を振り返り，過去の自分に照らして現在の自分について考えることによって，問題を見直すことがあります。

　あるクライエントは，他人に十分に心を開くことができない自分について，小学校入学直後の苦しい体験を思い出して語り，カウンセラーと一緒にその体験の探索をするようになりました。そして，現在の問題と自己理解のヒントとして，昔の自分の辛い経験による「目立たないことが第一」「目立ってはいけない」という幼い決心が今の自分を拘束している面があると考えました。

　またあるクライエントは，面接中に両腕で自分を抱くようにして沈黙し，カウンセラーからの感情の反映によって，小学生時代の苦しい記憶を語りはじめ，母親への疑惑と反発をほぐすきっかけになりました。この女性は，かわいがってくれた父親と小学生のときに死別し，まもなく母親が男と会っている場面を目撃したことから，この世にいない父を理想化する一方，母に心を閉ざしてきたことで，人づきあいの問題を抱えることになったと自ら解釈し，対人行動を変えるため積極的に行動変容に取り組むようになりました。

困難な事態において，一般に，過去の出来事を想起する人が多いように思います。過去への回帰は人間が問題を意識したときの自然な心の動きなのか，それともフロイト以来の深層心理学が一般に流布したための過去原因論的発想の影響なのかは一概には決めかねますが，クライエントは自分の今の問題の遠い原因を探すかのように，過去の出来事を回想することが少なくないようです。確かな原因が過去に実際にあるのかどうか，それとも今の苦悩を回避する手段として過去の経験に原因を求めようとするのか，あるいは原因か否かではなく自分を時間軸に沿って点検する作業が有効なのかどうか，ケースごとに検討したい研究テーマといえるでしょう。原型（prototype）の元になる proto という言葉は，最初の，主要な，原始のというような意味ですが，ここでは原型の語を借用することにします。
　行動理論の基本的視座（福島・松村, 1982）によれば，現在の問題の理解は現在の生活の中にあるという見解こそが重視される可能性が高くなります。また人は過去を引きずって現在を生きているという見解によれば，精神分析（フロイト Freud, S.）が，バランスをとるという見解には分析心理学（ユング Jung, C. G.）が，重要な理解の枠組みを提供してくれるでしょう。またアドラー（Adler, A.）の心理学の立場を選ぶなら，人間を分割できない（individual）存在とみる全体論と未来をどう考えるかが現在を動機づけるという目的論の視点から理解の手がかりを求めます。
　現実的に考えれば，カウンセリングの成果をあげることこそが最大の目標ですから，主義主張にとらわれるのではなく，カウンセリングの実践を担当するカウンセラーによって，またクライエントとその問題によって，過去の出来事の想起を柔軟に活用すればよいのではないかと思います。理論は真偽や正誤の判断の対象ではなく，有意義な仮説を生み出すこと（Feist, 1987）によって評価されるものですから。
　実際問題として，人は同じ問題を繰り返す傾向がありますから，過去の経験を語ることによって，現在の自己理解の手がかりとすることは，理論的立場を超えて，有意義なこととなるでしょう。

2.1 原家族の情緒的結合の話題

　人が生まれ育った家族を原家族といいます。クライエントが原家族の中でどのような時期にどのような経験をしたかについて語るとき，カウンセラーはクライエントの感情に注目しつつ，クライエントの内的世界をともに探索することができるでしょう。クライエントの原家族との情緒的結合の歴史を辿る旅はカウンセリングの主要なテーマを拾い上げる格好の機会となるかもしれません。精神分析を信奉するか否かにかかわらず，幼児期の家族の感情的結びつきはクライエントの個性的生活スタイルと問題を理解する主要な鍵となることが多いようです。

2.2 挫折と劣等感への対面

　人が社会生活を営むなかで挫折は避けがたい経験といえるでしょう。挫折感はカウンセリングの主要なテーマとなります。挫折を嘆くクライエントはしばしば過去の挫折にまで遡って自己の不幸を語ります。その語りの中にはその人の希望と失望のストーリーとそれらを再構成する手がかりを読み解く鍵をみつけることができるでしょう。そして今の苦しい状況をどう理解し，どう自己の歩みを創造していくかに視点を向けることができます。

　アドラーの心理学は，病弱であった彼自身の劣等感を克服する努力から生まれ出たように思えます。人間は過去によって運命づけられる存在ではなく，未来の目標を求めて目的的に生きる存在であると説いて，アドラーはフロイトと決別し，後に登場する人間性心理学の先駆として位置づけられるようになりました。

2.3 イメージの対話

　個人的生育環境の影響もあるけれど，ユングは，それよりももっと大きく人類がこれまでに歩んできたなかで蓄積し受け継いできたものに集合的無意識（collective unconscious）と命名し，その力が個人に夢やイメージを引き起こすと考えました。そしてお伽噺や不可思議な夢やイメージから問題解決の手がかりを得て個性化の過程を援助することを重視しました。イメージを絵や箱庭に表現する活動を通してクライエントの生活の歴史と心の旅路の一部を垣間見

ることができるかもしれません。そしてカウンセラーはクライエントのそのようなイメージにかかわることでクライエントを支援する関係を形成できるでしょう。

2.4 親密な友人との関係の話題

子ども時代の親密な友人との楽しい相互作用についての話題は，他者との心の交流の原型をさぐる素材となるとともに，肯定的自己イメージを喚起し，感情の好転をもたらすことが期待されます。

サリヴァン（Sullivan, H. S.）は，独自な対人関係論の中で personification（擬人化あるいは人格化）の概念を提起し，言語による理解が不十分な子ども時代に，悪い母（bad-mother），よい母（good-mother），悪い私（bad-me），よい私（good-me），および私でない（not-me）という基礎的な5つのイメージが形成されるとしました。そして，また子ども時代の親密な友だち関係の治療的力をとくに重視しました。

2.5 達成経験

人は内面からの欲求として達成に動機づけられている（マレー Murray, H. A.）ため，自己の達成経験（「やった！」と思う経験）を振り返ることによって肯定的自己像を回復し，情緒の安定を得ることができます。人がどういう分野で何をどう達成したかがその人の基本的生き方にかかわるため，効果的な高いレベルの達成について回顧する活動によって元気の手がかりを得ることができることが，多くのカウンセリング実践の中で報告されています。

成功裏に達成した過去の回想は肯定的自己像の回復とともに感情の好転の効果が期待されます。そのことは次の感情と認知への取り組みの節の中でも取り上げることにします。

3. 感情と認知への取り組み

日常の言葉で「気持ち」というとき，感情と認知がその主たる内容に含まれるでしょう。「気持ちが悪い」という言葉は「気分が優れない」ときに使われ，身体の不調を感じさせます。そのとき認知が背後に隠れているようです。

気分は比較的持続的な感情として理解されます。また「それが何か理解できないから不安を感じる」というときにも使われます。この場合，認知・認識・理解の枠組みに収まらない経験にかかわっています。またカウンセリングのトレーニングでは「カウンセラーは事柄や事件そのものよりも，それにかかわって起こっているクライエントの気持ちに注目する」ように指導されます。その気持ちには考え方という認知とそれにともなっている感情が不可分に含まれています。

カウンセリングにおいては，クライエントがどのように事態を認知し，どういう感情が起こっているかに特段の注目を払います。クライエントは何らかの苦しい状況にあって不安や怒りなどの負の感情を抱えていると考えてよいでしょう。主訴としては感情の言葉が表面に出ていない場合でも，背景に大きな感情の問題が顔を出すことが多いものです。カウンセラーの資質として重視されることに感情に敏感になること，それには感情の言葉を精密に的確に理解し，適切に表現する能力が重視されます。

カウンセリングの初心者と経験者が5分間にどれだけの感情の言葉を書き出せるか調査したことがあります。その結果によると，初心者がおよそ30語程度であったのに対して，経験者はおよそ80語に上りました。カウンセラーはクライエントの感情の動きを敏感に知覚し，適切な対応を重ねることが必要です。

感情と認知への取り組みについて以下にみていきます。

3.1 表現することの効果（絵画療法，遊戯療法）

一般に経験を表現することは経験の見直しと感情への効果が期待されると考えられています。多くの場合，クライエントは自分の経験をカウンセラーに語り，語ることで認知を整理し感情の安定を得ることができます。しかし，表現の方法として言語による表現の他，描画による表現，粘土や木工などによる表現，姿勢や身のこなしによる表現などがあります。

絵画療法は，芸術療法の1つで，絵画という非言語的な表現媒体を用いて，カタルシス効果や自己洞察を目指します。言語発達の未熟な子どもや言葉で表現することに抵抗の大きいクライエントに有効な方法といえます。絵画療法においては1枚の画用紙が，クライエントが自己を表現しカウンセラーがその表

現を理解し，かかわりを深めていく場となります。表現活動はクライエントの主体的活動であり相手を気にしないで自己表現ができるため，クライエント―カウンセラー関係が適切なものになりやすいという利点があります。いわばクライエントとカウンセラーの間に描画などの表現活動を挟むことによってクライエントの自己開示と自己理解を適切な形で促進することができると考えることができます。

　主な技法としては，課題として人物画，HTP（家，樹木，人），家族画，動物家族画，風景構成法（中井，1985）などが用いられます。描く表現を促進する方法としては枠付け法，スクウィグル（なぐりがき＋意味づけ），卵画と洞窟画（田中，1995）などが知られています。また自由画，コラージュ，フィンガーペインティングなどもこの方法に含まれるよく知られた方法です。スクウィグル（squiggle）は曲線や直線の走り書きをクライエントとカウンセラーが共同で行って，何に見えるかという意味づけをして遊ぶ活動で，二者関係の構築にも有効なものとなります。卵画と洞窟画は胎生への回帰を連想させる枠を用いる方法で分析心理学の背景がうかがわれます。

　遊戯療法（プレイセラピー）は，遊びという活動形態を用いて心の問題の改善を図る方法として子どものクライエントに一般的に用いられます。遊びは，子どもの心がもっとも自然に現れる活動として，また遊びという活動そのものに心を癒す力があるという解釈から，好んで採用されます。その理論的論拠にはいろいろな立場があります。古くから多くの理論と実践が蓄積されていますが，最近の書物では深谷（2005）の『遊戯療法――子どもの成長と発達の支援』があります。

　アンナ・フロイト（Freud, 1927）は，父フロイトによる成人ヒステリー患者に対する自由連想に相当するものとして，子どもの自由遊びを中心とする児童分析法（child analysis）によって児童の心理過程を解釈し，治療する方法を開発しました。今日のプレイセラピーは基本的にこの考え方にもとづいているといえるでしょう。その後，アクスライン（Axline, 1947）はロジャーズ（Rogers, C. R.）の来談者中心療法の原理を児童の心理療法に適用して，児童中心療法（child-centered therapy）を提唱しています。それによってよく知られるプレイセラピーの8原則の要旨は，ラポールの確立，受容，許容的雰囲

気，共感の伝達，成長力への信頼，自主性の尊重，じっくり取り組む，現実的制限の設定です。

　一般にプレイルームと呼ばれる遊びの場が用いられますが，戸外の広場や学校の校庭の一部が活用されることもあります。いずれにしても時間と空間の制限，危険な行為の制限を含む一定の約束の下で行われます。遊びの中でクライエントは，うろうろと歩き回って，遊具をいじる探索行動を示し，気に入った遊具を見つけては場を変えて気の向くままに行動します。カウンセラーあるいはセラピストはその様子を見守り，視線や表情や言葉で理解を伝えます。あるいは子どもの求めに応じて受動的参加を行います。

　プレイセラピーの中で攻撃行動が激しく現れて約束を超えた危険な行為にでることがあります。時にはカウンセラーに対して攻撃が向けられることがあります。そうしたときのカウンセラーの対応のあり方が重要です。その行為に穏やかにしかしダメなものはダメとする明確な態度で対応することが必要です。安定した関係性を築き維持することによって，クライエント自身の自己抑制を呼び起こす手立てが必要になります。クライエント自身が安定した人間関係を学習する機会となることが期待されます。

　プレイセラピーにおいては，一般にクライエントの自発的で主体的で主導的な活動にカウンセラーが見守りあるいは参加する形態が重視されます。プレイはクライエントの心の表現と治療効果を期待して，同時にクライエント―カウンセラー関係を構築し調整する手段として用いられています。

3.2　拮抗制止成分（安心・弛緩反応）

　芸術療法や遊戯療法の効果については表現すること自体に主要な意義がおかれますが，行動療法の枠組みでは，自由に思う存分に表現することによって不安や怒りの感情が薄らいでいくことについて，拮抗制止原理によって説明されます。拮抗制止（reciprocal inhibition）原理（ウォルピ Wolpe, J.）は，車のレシプロエンジンにたとえて，一方のピストンが上がったときは他方のピストンが下がるという拮抗する関係にあると説明されるように，不安・緊張はそれと対立関係にある安心・弛緩反応によって緩和され受け入れられるように包み込まれる，つまり制止されるという考え方で，この原理によって説明と治療技

法が展開されます。

　安心・弛緩反応としてはクライエントの発達段階や心理的特徴によって選ばれることになります。幼児であれば，遊具とのふれあい，少年であれば漫画や物語の主人公のイメージ，好きな食物，青年であれば好きな人や尊敬する人のイメージや趣味や得意な活動，身体活動などさまざまのものを導入することができます。もちろん，クライエントの様子を見たり話し合いによって快適なものが選ばれ，調整されることになります。

　拮抗制止療法の問題点としては，ともすればクライエントにとっての意味や文脈が重視されずに機械的に適用されることにあると思われます。

3.3　考え方と感情の関係

　自分のもっている可能性を見失って否定的な考え方をすると，失望や悲しみ，落胆などの否定的な感情が起こり，否定的な感情の時は否定的な考えが起こるというように，考え方と感情は影響し合う傾向があります。

　そこで，感情の安定化のためには考え方を肯定的な方向に変えるとよいという見解が生まれます。たとえば手元に1,000円しか持っていないと思うと消極的な気持ちになりますが，1,000円なら持っていると思うと少し元気が出て，積極的に事態に取り組む勇気がわく可能性が生まれます。

　カウンセリングにおいてカウンセラーは，クライエントの否定的な枠組みに寄り添い理解を伝えつつも肯定的な考え方に視点を移すように働きかけることによってクライエントの肯定的感情を賦活し，逃げずに積極的に課題事態に対面するように促すことになります。多くのカウンセラーは面接を通してクライエントの心情に寄り添いながら，クライエントに対する敬愛と共感の態度で受け止めて，できるだけ自然に感情の安定化と肯定化をガイドすることに努めますが，認知行動療法では思い込みのような否定的認知の改善に直接的に働きかけることによって感情の肯定的変化をもたらそうとします。

　後の章でも取り上げますが，思考と感情の関係をどう理解し，どう介入するかということはどのような理論と技法を採るかによって異なりますが，いずれにせよカウンセリングの重要な主題となります。

3.4 外在化の視点

　幼い子どもが勇んで走って転んで泣いたとき，昔の母親は「痛いの痛いの飛んで行け！」と言って膝をなで手をさすってやり，すると子どもは機嫌を直すことができました。また子どもがいたずらをしたことを知ると，昔の母親は「この手が悪い手だ，メッしてやりましょう」と言って手を叱り，以後は手にいたずらをさせないように注意するように諭しました。このような日常生活の知恵の中に問題の外在化の視点の意義をみることができます。

　ホワイト（White & Epston, 1990）らのいう問題の外在化は問題を本人から切り離すことによって問題への本人の主体的対処を促そうとするもので，それによって問題を抱えて制御できない本人が悪いという家族や教師の見方によって事態が動かなくなっている状況を切り替えようとする効果も期待されます。坂本（2001）はイライラによって夫や子どもたちとの溝を深めていた女性に「イライラ虫に苦しめられている」ととらえることによってカウンセリングの効果をあげています。

　問題の外在化は，カウンセリングの受容と共感と促進という基本的態度にかかわり，認知と感情の相互影響関係を基礎として，問題と本人の関係，当事者と周囲の関係に介入する，優れたアプローチといえるでしょう。

3.5 問題解決のイメージ（解決志向的な立場）

　問題を抱えて迷い悩んでいるときは問題の出口がみえずに問題の状況がいつまでも続くような気がするものです。問題にとらわれています。そうしたときに，もしも問題がすべて解決したら，それはどういう状況なのだろうかとカウンセラーから問われると，戸惑いながらも，視界が開けるように感じることでしょう。そして解決へと視点が移る可能性が出てきます。

　カウンセラーもクライエントも，ともすると，問題を掘り下げて原因を追及しようとするものですが，それは問題にとらわれているために解決できないでいる状態にもなりがちです。そこで「問題モード」から「解決モード」に頭を切り替えて，共同して取り組むことが必要になります。これがド・シェイザー（de Shazer, S.）が提唱する，解決志向アプローチあるいは解決焦点化アプローチ（solution focused approach）と呼ばれるもので，森・黒澤（2002）らに

よって広く紹介され，短期心理療法の1つとして注目されています。

4. 相互作用過程の理解と関係改善への定位

4.1 相互作用循環への注目

AがBに影響し，そのBによってAが影響を受けるという相互影響の循環過程について，相互的相互影響（reciprocal interaction）としてとらえることができます。またAがBに，BがCに，そしてCがAにというように影響がめぐることが円環的影響過程として説明されます。

一般にある人のある場における行動(B)について理解しようとするとき，あの人だからという人(P)の特徴によって理解する場合，ああいう環境だからという環境(E)の影響を重視する場合，両者のかけ算的効果P・Eによって説明する場合があり，B＝f(P・E)という関係式がレヴィン（Lewin, K.）によって提案されましたが，バンデューラ（Bandura, 1978）は，図7-1のようにP，E．Bの3項間の影響の循環によって説明することを提案しました。

この図で，Pは人を表し，年齢や容貌などの社会的身体的特徴や性格や思考・認知の傾向を表します。今，Pに「どうせ好かれない自分」という否定的自己認知を入れると，その認知のゆえに行動(B)が消極的なものとなり，そのため他者から否定的な環境(E)の応答になり，その結果として否定的自己認知(P)がさらに促進されるという循環過程が起こります。またある人(E)に対して否定的な認知(P)をもっていると，それによって行動(B)は消極的あるいは批判的，攻撃的なものとなり，その行動(B)に対応して環境（E，相手）も否定的な応答になるでしょう。

この図は，一人の人の認知(P)と行動(B)と環境(E)について，その影響の循環過程を示したものといえます。

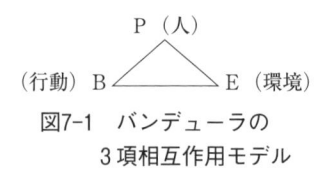

P（人）
（行動）B   E（環境）

図7-1　バンデューラの
　　　　3項相互作用モデル

4.2　サイコドラマ（心理劇）

日常の生活においては社会的現実の制約と習慣的行動によって自由な自己表現が難しい面があります。しかし自由で安全な空間であれば思い切った自己変革の試みが可能になるかもしれ

ません。たとえば家族を養い会社勤務を続けるサラリーマンにとって上司や家族への溜まった不満を大声ではっきり口にすることは，現実の社会生活の中では問題をさらにこじらせることが心配で，とうていできることではないかもしれません。しかし，「あなたは今まったく異次元の世界にいます。心に溜まった思いをどうぞ吐き出してみましょう」と自由と安全を保障されて，促されたなら，思い存分に振る舞うことができるでしょう。

　ウィーンの精神科医モレノ（Moreno, J. L.）は，自由で安全な空間として舞台を着想し，主役（クライエント）と補助自我と観客と監督からなる集団精神療法を編み出しました。監督は主役を選び，主役に協力して適切な状況を舞台に作り出します。主役以外の参加者は補助自我といわれ，主役の相手をしたり，主役の気持ちを表現したりします。観客は舞台で起こることを見守る証人の役を担います。

　サイコドラマは毎回次の3ステップで実施されます。まず，ウォーミングアップによって自由な表現をしやすい雰囲気を醸成し，次に実際に演じるアクションが即興的に展開され，最後にみんなでドラマを振り返って経験を共有するシェアリングで結びます。最初は経験者が実際にやって見せて徐々に巻き込んでいきます。大学のカウンセリング心理学の科目として実施した筆者の経験では，筆者自身がまず普段の教師の姿でない役を演じて見せて，学生を巻き込むことをしました。寒い夜の公園で段ボールにもぐって寝ようとする筆者（主役）に声をかけてくれるよう懇願しました。動きのよい学生からこの要請に応えて通行人になって悪口を投げかける者や手の中に見立てたパンを手渡しする者が出てきました。こうしてアクションが一区切りになったところで，今どういうことが展開され，一人ひとりがどういう役を演じ，どういうことを感じたかなど参加者が感想を表明します。

　サイコドラマの参加によって，一対一の面接ではなかなか出てこない内面の姿が生き生きと演じられることは驚くばかりです（参考：『現代のエスプリ』No.459，サイコドラマの現在，2005年10月号）。主役になる人だけでなく補助自我として参加した人にも，また観客にも，いろいろな気づきが得られます。

4.3 プレイバックシアター

サイコドラマの応用編あるいは展開編ともいえる即興劇に，ジョナサン・フォックス（Fox, J.）の唱導するプレイバックシアター（playback theater）があります。これは次のように展開されます。

- 比較的多数の人が上がることのできる大きめの舞台とそれをみる観客席が用意されます。
- コンダクターと呼ばれる監督あるいは指揮者がシアターの趣旨を話し，フロアーから自分の経験を語るストーリーテラーを募り，指名します。
- ストーリーテラーは自分のストーリーを話した後，そのストーリーを演じてくれるアクターを選びます。
- アクターは自分の感性でそのストーリーを即興的に演じて，ストーリーテラーと聴衆に自分の思いを伝えます。
- ストーリーテラーは自分のストーリーがアクターによって表現されるのを見て，自分の経験を観察し理解することになります。
- コンダクターはアクターによって表現された舞台がストーリーテラーに，そして観衆にどう映ったかを問いかけ，ドラマの修正や展開をガイドします。

こうして参加者みんなで1つのドラマを作り上げる過程で，一人ひとりの心の奥に深く眠っていた感情の開放と共感の交流を経験することによって，癒しといたわりの心を体験することができます。

このような集団の中での内面の展開は一対一の個人カウンセリングとは異なるインパクトをもっていると考えられます。それだけにコンダクターの経験と素養が重要なものとなるでしょう。日本では岡野嘉宏や羽地朝和（プレイバックシアター研究所），宗像佳代（プレイバッカーズ代表）らによって普及活動が展開されています。

4.4 家族システムとカウンセリング

子どもの問題の相談において，教育相談所の多くは母子並行面接の形態を採用するようです。この方式のよさとして，子と親（大概は母親）が一緒に通うことによって二人の間に親しい関係を増す可能性があることが1つのメリット

です。もう1つは相談機関が親担当と子担当に分かれてそれぞれにじっくり観察し話を聴くことができるというメリットです。

しかし親子別担当方式のマンネリ化が問題とされるようになりました。母親は子の問題をあれこれと相談員に話して助言を求めようとしますが，自分自身の変化への動機づけは高まらず，子どもの引率者として自分を位置づけて，問題解決はカウンセラーに下駄を預けるような態度になりがちです。また父親は母親に任せて相談の成果を傍観者的に待つという位置にとどまることが多くなりがちです。

家族は1つのシステムであるという観点から，システムズアプローチ（system's approach）による家族療法が開発され日本でも広く普及するようになりました（吉川, 1993）。これにはいろいろな立場がありますが，コミュニケーション派（Weakland, J. H.）のアプローチによる事例が紹介されています（長谷川・若島, 2002）。それによると，家族内で問題が起きると，それを何とか解決しようとする家族内の偽解決（対処）が行われ，その解決努力が返って問題をこじらせるという悪循環に陥るということがいわれます。そこで，効果的介入法として，「違った介入（do different）」と「もっと介入（do more）」の有効性が報告されています。

あるケースでは，子どもの問題に何もしてくれない夫に不満をもちながらひたすら自分だけで子へのかかわりを強める母に，カウンセラーは祖母に頼んで旅行に行くように助言した（do different）ところ，夫が子育てに参加して子どもとのよい関係を構築するようになりました。システムとして家族を考えるとき，個別の面接を重ねるよりも，セットとして合同の話し合いをする方法が合理的なことになります。集団の力を活用するにはそれなりの知恵と力量が求められることは確かです。

4.5 対人関係ゲーム

サイコドラマは複数の人間が援助関係を構成しますが，基本は一人のクライエントのために非日常の特別な舞台を用意し，監督・補助自我・観衆が協力してクライエントの気づきを援助するものでした。また家族療法はシステムとして現実の家族成員間の関係性に働きかける方法といえます。このような社会関

係にさらに一歩踏み込んだアプローチが田上（2003）によって提案されています。それは田上と学校教師集団によって開発された対人関係ゲームによる仲間づくりで、はじめは不安を拮抗制止するための身体運動反応として着想されましたが、このアプローチは、学級そのものを対象として、集団の力を活性化し、みんな生き生きとすることによって個人の問題をも改善していくとうダイナミックな方法として展開されるようになりました。その活性剤となるのが身体を動かして相手の心に触れ合う「遊び」による群れづくりです。児童生徒の問題の深刻化と多様化に応じる学校の対応としても、今後ますますその意義の重要性が認められることと思われます。

5. 日本におけるプロセスと技法の扱い

　カウンセリングには大筋としてのプロセスがあって、プロセスにかかわってカウンセラーの役割と行動があり、それを支えて技法が展開されることが多くのカウンセリング心理学者が指摘するところとなっています。

　武田（1992）は、クライエントとカウンセラーの関係づくりからスタートするカウンセリングの進む方向を横軸にとり、意識の深さを縦軸にとって、クライエントが悩みを訴えて来談するさいの意識の浅い状態から、カウンセラーが傾聴し、クライエントの気持ちが表出され、自分の経験を振り返って吟味する深い意識レベルにいたり、そこから自己理解をふまえて、実行と修正によって現実に行動を展開する過程へとU字曲線を描く過程について説明しています。

　裵岩（2001）は、面接の初期の技法として、クライエントとの関係性の構築、目標の共有、課題の明確化の3点をあげて治療同盟としてまとめ、面接を展開する技法として、受容技法とともに対決技法の重要性を指摘し、さらに感受性を本質とする共感技法と解釈技法についてていねいに解説しています。

　福島（1996）は、カーカフのモデルを参考に、カウンセリングのはじめから終わりまでの技法を、かかわり技法、応答技法、対決技法、行動支援技法、終結への技法の5つに分け、カウンセリング演習のプログラムを提案しています。また福島（2004）は、カウンセラーはクライエントの問題解決の旅の同伴者として適切な海図を持ち、現在位置から目標までの航路を安全にガイドする役割を担うとしています。そして、プロセスに関するカウンセラーの予見はむしろ

弊害とみる批判に対して形式化への警鐘として受け止め，説明責任と成果への今日的要求に応えるためプロセスをガイドすることが重要であるとしています。そしてクライエントの活動として自己開示，自己探索，自己直面化，行動の自己調整の4つを，そのガイド役としてのカウンセラーの活動としてかかわり行動，自己探索支援，自己直面化支援，行動の自己調整過程支援の4つをあげ，両者のかかわり方について解説しています。

渡辺（1996）は，クライエントの心理的経験からみたプロセスとして，内部へのプロセス（自己探索と洞察を通して自己認識，内面的自己対決，自己受容の過程）と外部へのプロセス（問題解決の方策の吟味，自己決定，実行をコミットする過程）によってV字型のモデルとそれぞれのカウンセリングの段階へのカウンセラーの対応について論じています。

また國分（1996）はカップの縁から内部へとリレーションづくりをして，カップの底で問題をつかむ過程，そして処置によってカップを出るという3つのパートに分けてコーヒーカップ方式と呼び，研修を行っています。なお，ここでの処置には，リファー，ケースワーク，コンサルテーション，具申，狭義のカウンセリング，その他（内観法や対決法）があげられています。

以上に取り上げたモデルの提案者は，主として用いる技法はそれぞれに異なっていても，特定の流派や理論・技法への忠誠を旨とすることなく，洞察，関係性，認知と行動など，カウンセリングの共通の特性について焦点化しています。カウンセリングの成果は，このようなカウンセラーの柔軟性に大きく依存するように思えます。

【引用・参考文献】

Axline, V. M. 1947 *Play therapy*. Boston : Houghton Mifflin. （小林治夫訳 1959 遊戯療法. 岩崎書店.）

Bandura, A. 1978 The self system in reciprocal determinism. *American Psychologist*, 33, 344-358.

Feist, J. 1987 *Theories of personality*. Holt-Saunders International Editions. London : CBS College Publishing.

Freud, A. 1927 *Introduction to the technique of child analysis*. Oxford, England : Nervous and Mental Disease Publishing. （北見芳雄・佐藤紀子訳 1961 児童分析. 誠信書房.）

深谷和子 2005 遊戯療法──子どもの成長と発達の支援. 金子書房.

福島脩美　1996　カウンセリング演習．金子書房．
福島脩美　2004　カウンセリングの段階と基本プロセス．福島脩美・田上不二夫・沢崎達夫・諸富祥彦編　カウンセリングプロセスハンドブック．金子書房．
福島脩美・松村茂治　1982　子どもの臨床指導．金子書房．
福島脩美・阿部吉身　1995　カウンセリングと心理療法における書記的方法．カウンセリング研究, 28, 212-225.
福島脩美・牛久真理　1995　想定書簡法の効果に関する研究．日本カウンセリング学会第28回大会発表論文集, 244-245.
福島脩美・高橋由利子　2003　想定書簡法の感情効果に関する実験的研究．カウンセリング研究, 36, 37-45.
福島脩美・牛久真理　2004　想定書簡法の研究の経緯と研究課題をめぐって．目白大学人間社会学部紀要, 第4号, 101-117.
Gergen, K. J. 1994 *Realities and relationships soundings in social construction.* Cambridge, Mass : Harvard University Press.（永田素彦・深尾　誠訳　2004　社会構成主義の理論と実践．ナカニシヤ出版．）
春口德雄　1995　ロールレタリングの理論と実際．チーム医療．
長谷川啓三・若島孔文編　2002　事例で学ぶ家族療法・短期療法，物語療法．金子書房．
Hayes, S. C. 2004 Acceptance and commitment therapy, rational frame theory, and the third wave of behavior therapy. *Behavior Therapy*, 35, 639-665.
裵岩秀章　2001　面接の初期過程における技法．平木典子・裵岩秀章編　カウンセリングの技法．北樹出版．
Hoyt, M. F. 1998 Introduction. In M. F. Hoyt (Ed.), *The handbook of constructive therapies : Innovative approaches from leading practitioners.* San Francisco : Jossey-Bass Inc.（児島達美監訳　2006　構成主義的心理療法ハンドブック．金剛出版．pp.15-35.）
Jones, E. E. & Nisbett, R. E. 1972 The actor and observer : Divergent perception of the causes of behavior. In E. E. Jones, D. Kanouse, H. H. Kelley, R. E. Nisbett, S. Valins & B. Weiner (Eds.), *Attribution : Perceiving the causes of behavior.* New York: General Press.
國分康孝　1996　カウンセリングの原理．誠信書房．
増野　肇　1990　サイコドラマのすすめ方．金剛出版．
松永雅博・福島脩美　1990　カウンセリング場面における物理的視点と共感が帰属に及ぼす効果．カウンセリング研究, 23, 9-17.
森美保子・福島脩美　2007　心理臨床におけるナラティヴと自己に関する研究の動向．目白大学心理学研究, 第3号, 147-167.
森　俊夫・黒澤幸子　2002　解決志向ブリーフセラピー．ほんの森出版．
中井久夫　1985　芸術療法の有益性と要注意点．中井久夫著作集第2巻．岩崎学術出版社．
新田　茂　1992　心理書簡法（Psycholettering）の展開．熊本臨床心理研究, 5, 1-10.
Polster, E. 1987 *Every person's life is worth a novel.* New York : W. W. Norton & Company Inc.（深澤道子・西本知子訳　1998　あなたの人生も物語になる．日本評論社．）
坂本真佐哉　2001　私が「問題の外在化」を多用する理由——問題の外在化に出会い，助けられてきたプロセス．ブリーフサイコセラピー研究, 10, 63-65.
Sullivan, H. S. 1945 *Conceptions of modern psychiatry.* Oxford, England : William

Alanson White Psychiatric F.（中井久夫・山口　隆訳　1976　現代精神医学の概念．みすず書房．）

田上不二夫　2003　対人関係ゲームによる仲間づくり――学級担任にできるカウンセリング．金子書房

武田　建　1992　カウンセリングの進め方．誠信書房．

田中勝博　1995　卵画と洞窟画――臨床描画における楕円枠空間の研究〔第一報〕．臨床描画研究，X，151-168．

台　利夫　1989　サイコドラマ．河合隼雄ほか編　臨床心理学大系9　心理療法3．金子書房．

渡辺三枝子　1996　カウンセリング心理学．ナカニシヤ出版．

White, M. & Epston, D.　1990　*Narrative means to therapeutic ends.* New York and London : Norton.（小森康永訳　1992　物語としての家族．金剛出版．）

吉川　悟　1993　家族療法――システムズアプローチのものの見方．ミネルヴァ書房．

Ⅲ 洞察と気づきへの手がかりを求めて

　これまではカウンセリング心理学の大きな流れの中に舟を進めてきました。これからは，その流れに身をおきながら，ときに枝分かれし，ときに交じり合い，並行して流れているパーソナリティと臨床心理学の大きな流れに目を配り，カウンセリング実践に役立つものを拾いあげる作業に進みたいと思います。

　臨床心理学の流れの筋には色合いの異なる水流が見えます。それぞれの理論技法に強さと弱さがあるように思います。心の奥深くに蠢く無意識なるものへの視線は魅力的ですが妥当性と実証性において疑問を感じる人も多いでしょう。また人間性心理学には理論としての簡潔性と体感としての温もりが感じられますが，方法論としての道具立てに物足りないものを感じる人もいるでしょう。

　ここからの3つの章では，洞察と気づきを援助することを主眼とした心理療法群を取り上げます。まず8章「無意識過程への視線」として，フロイト，アドラー，ユング，そして精神分析の口語版ともいわれる交流分析を取り上げます。次に9章「関係性と気づきへの視線」として，ロジャーズ，ジェンドリン，パールズを取り上げます。そして10章「日本で生まれた心理療法」として森田療法と内観法を，この大河の流れに位置づくものとして取り上げることにします。

　ある理論・技法にすでに精通されておられる方には，当該の章は簡単すぎるかもしれません。そういう人には，むしろ他の理論技法に目を配る機会として本書を活用していただき，11章以降へと読み進めてください。

8章　無意識過程への視線

1. フロイトの精神分析

　若いときから連想による自己分析によって自己治療を心がけていたフロイト (Freud, S.) が開業医としてヒステリー患者の症例に取り組むなかで構築した理論が精神分析として広く知られるようになりました。精神分析は，今日まで人間の精神生活を理解するための大きな枠組みとして，心理学のほぼすべての分野，精神医学，芸術や哲学などに広く，長く，大きな影響を及ぼしてきました。カウンセリングと心理臨床の分野に学ぶものにとっては，ある人には直接の羅針盤として，ある人には批判の対象として，あるいは一般教養として広く影響を受けています。

1.1 基本仮定
(1)　心の3水準（意識，前意識，無意識）
　心の働きは意識 (conscious) と前意識 (preconscious) と無意識 (unconscious) の3水準に分けられます。意識はこの瞬間に見聞され想起されている精神活動で，前意識はこの瞬間には意識されていないが注意を向ければ容易に意識できる精神活動とされます。気がつけば虫の音が聞こえるようなとき，前意識から意識へと上がってきたといえます。それに対して無意識は，意識化が非常に困難で，通常の注意配分では意識に上ることはないとされます。ではその存在はどうしてわかるかというと，夢や失策行為のような平常の枠を超えた精神活動の中にその一部の姿を現すもので，検閲（センサー；censorship）と呼ばれる関門をすり抜けてはじめてそれとわかる精神活動であると考えられます。
　フロイトの無意識の概念は大きな前庭（前室）にたとえられます。そこには多くのエネルギッシュな人々で混雑していて，絶え間なく小さな待合室に入り込もうとしますが，大きな前庭（前室）と小さな待合室との間にはドアキーパ

ーが見張っていて，好ましくない人々をドアのところで追い返したり，すり抜けた奴を投げ出したりします。そしてその小さな待合室のはるか奥にはスクリーンを隔てて王様が座っています。待合室が前意識で王様の接見する場所が意識ということになります。

3つの水準の間にはドアキーパーによる検閲（センサー）があり，無意識レベルから前意識への検門を第一次センサー（primary censor），そして前意識から意識への検問を最終センサー（final censor）と呼びます。検閲の仕事は望ましくない，不安を引き起こしそうな記憶や知覚を意識からブロックすることですから，意識に入るには無意識過程が変形され歪められることになります。

(2) 心の3領域

フロイトは，また心をイド，エゴ，スーパーエゴという3つの領域に区分けしました。イド（id）という語は非人称代名詞のit（それ）に由来して，個人がまだ所有していないとする心の領域で，イドは本能のホームベースといわれるように，本能的欲望の満足を求め，快楽原則に従うとされます。イドは現実との直接のコンタクトをもたないため，現実に直面して変化するということがなく，子ども時代の衝動が10年後にも変わらずに残ることがあるとされます。イドは客観的現実と主観的知覚を区別しないので，不道徳ではなく無道徳といってよい性質を与えられます。イドは一次過程（無意識的で奔放な心の働き）を通して働くため，快楽原則によって，ひたすら要求しますが，その実現には外界とのコンタクトによる二次過程（意識の統制作用による合理的・論理的な心の働き）の発達によることになります。こうしてイドの欲求を実現するためのエゴの誕生が必要になります。

エゴ（ego，あるいはI；自我）は，現実とコンタクトする心の領域であり，子ども時代にイドから派生し，生涯を通じてイドの展開として，外的世界とコミュニケーションする役割を担います。エゴは現実原則に従い，可能か否かを判断し，可能な方法を実行します。たとえば親からほめられるにはどうすべきかを考え，親におもねることも，必要なら嘘をついて親からの罰を回避するすべを身につけます。イドが無意識のレベルで働くのに対して，エゴは，一部は無意識，一部は前意識，一部は意識のレベルで働きます。

エゴがその機能性を十分に発揮するためには，親の行動の基準となっている

価値を知る必要が生じます。こうしてエゴからスーパーエゴが派生することになります。その結果，エゴはイドの要求を満たすべく現実世界とコンタクトするなかで自らが生み出したスーパーエゴからブレーキをかけられて苦労し，自我防衛機制と呼ばれる心のからくりを発展させることになります。

スーパーエゴ（super-ego ; above-I）は，エゴから派生し，パーソナリティの道徳的倫理的領域で，理想原則によってガイドされます。スーパーエゴはエゴと同様にそれ自体にエネルギーをもっていません。しかしエゴと違って現実世界と直接のコンタクトをもたないため，スーパーエゴの要求は現実性を欠くことになり，エゴを介して活動することになります。

スーパーエゴには，良心（conscience）と理想自我（ego-ideal）という2つの下位システムがあります。フロイトは明確にしませんでしたが，良心は不適切行動に対する罰によって親の愛と承認を失う恐れから，後には親への同一視から生じると一般に考えられています。他方，理想自我は適切行動への報酬から，結果として生じると一般に考えられています。

よく発達したスーパーエゴは性的衝動と攻撃衝動を抑圧するコントロールとして働きます。そのコントロールは現実世界とコンタクトするエゴによる営みですから，エゴは自らが生み出したスーパーエゴの非現実的要求によってブレーキをかけられることになります。

こうしてエゴは一方ではイドの要求にしたがってイドのために現実に働きかける努力をし，それと同時に自らの努力によって生み出したスーパーエゴの要求（これも現実とのコンタクトのない要求であるため，非現実的なもの）によってブレーキをかけられます。

(3) **自我防衛機制**

フロイトによる防衛機制（defense mechanism）の着想は，娘のアンナ・フロイト（Freud, A.）と新フロイト派によって吟味され，種々の機制が提案されました。フロイト自身によって同定されたものは，抑圧，反動形成，固着，退行，取り消しと分離，投射，および昇華でした。

(4) **リビドー発達論**

フロイトのもっとも重要な仮定の1つはリビドー（libido）とその発達（stage of development）に関するものです。フロイトは，体の外側にある皮膚

と内側の内臓との中間地域に相当する粘膜部に本能的な快楽を追求する部位を仮定し，その性的本能に裏打ちされ，人を基本的に動かす精神エネルギーとしてリビドーという概念を作りました。リビドーは一定の発達段階を経過すると仮定されています。

- 口唇期（0〜2歳）：嬰児は母親の胸から母乳を吸って成長しますが，それと同時に母親との心理的接触を強めていきます。しかし離乳の時期を迎えると子どもは欲求不満を経験するようになります。また歯の生える頃から噛む行動が現れ，母親から罰を受けることにもなります。こうして欲求不満とその抑圧によって依存と攻撃の性格が形成されるとされます。
- 肛門期（2〜3歳）：いわゆる排泄訓練の時期になり，子どもの肛門による快楽の追求と親のしつけとの葛藤が発達のテーマとなります。この段階で欲求不満とその抑圧によって，攻撃，ケチと浪費の傾向が形成されるとされます。
- 男根期（3〜5歳）：次の粘膜部としてフロイトは男根に注目しました。女児は自分にはなくてお父さんにあることから自分は取られたと疑い（去勢コンプレックス），男児は取られる不安（去勢不安）を抱くと仮定されました。そして男児が母親を思慕し父親をライバルとみるエディプス・コンプレックスを指摘し，後の研究者から女児が父親に思慕し母親をライバルとするエレクトラ・コンプレックスが指摘され，きょうだい間葛藤のカイン・コンプレックスとともに家族の心理的関係がテーマとなる時期とされました。
- 潜伏期（6〜13歳）：フロイトは5, 6歳を過ぎてから思春期までの期間をリビドー発達の静止期とみて，潜伏期と名づけました。この時期は性的衝動が抑圧され，知性と社会性のトレーニングの時期となります。
- 性器期（13歳〜）：第二次性徴から後の段階で，リビドーは性的活動に向けられるようになります。

1.2 治療論

フロイトは臨床の実践者でありかつ理論家でもありましたから，実践と理論は循環的に影響しあっています。彼の実践家としての経験から彼の理論的枠組

みが形成され，その理論的展開が実践となったと考えることができます。

精神分析理論がよりどころとする3つの治療の柱があります。

(1) 夢分析

フロイトにとって夢は一貫して関心の主題であり，夢の解釈（dream analysis）に関する基本的考えは大きな変更もなく維持されました。彼は夢の顕在的内容よりもその背後に隠れている潜在的内容に興味を集中しました。顕在的内容は表面的な意味であり，夢見る当人による意識レベルの記述となりますが，潜在的内容は無意識の素材であり，精神分析によってはじめて解明されるべきものとなります。

フロイトによれば，ほとんどすべての夢は欲求実現であって，そのほとんどは無意識レベルの内容であるとされ，したがって夢の解釈という精神分析の方法によってのみその潜在的内容が理解できると考えました。ただし例外としてフロイトはトラウマ神経症の場合は願望実現の夢ではなく，外傷経験の反復強迫原理が該当すると考えていました。

夢の構成についてフロイトは，夢は無意識レベルで創造され，無意識的願望が意識への表現を求めているという視点を夢分析の基本仮定としました。そしてそのためには願望が第一次センサーと最終センサーを通り抜けなければなりませんから，たとえ眠っている間でも，変装しなければならないと考えました。

変装の第一の方法として，圧縮と置き換えが同定されました。無意識素材が短縮され，凝縮されて夢に具現化されると考えます。置き換えは夢のイメージが関連の薄い他のものに置き換えられると考えました。そして圧縮も置き換えもシンボルを用いて起こると考えたのです。一般的シンボルとしては，スティックや蛇やナイフのような長いものによって男性器が，小箱やオーブンによって女性器が，王や女王や市長や大統領によって親が，そして王子や皇女によって夢見る当人が象徴されます。また，女性は部屋に，性交は階段の昇降に，去勢不安は禿げ，抜歯，切断行為によって象徴されるというのです。

第二の方法が感情の抑制と逆転によって夢見る人を欺く方法です。強い不快な感情がドアキーパーから拒否されないように夢の作業によって感情を薄めたり逆転（敵意を愛に変換）したりすることによって意識への参入を図っているものと解釈されます。

夢を形成する無意識の願望は幼児期にその起源があると考えられます。そのわけとして，幼児期の性的願望が親から禁止されて無意識に抑圧され，その出口を求めて夢に現れるさいに夢の加工が行われると説明されます。大人の場合にも強い願望とその抑圧があった場合には夢の加工が行われるとされます。

そこで夢の解釈は，1つは連想によって，もう1つはシンボルによって次のように行われることになります。まず，夢を語るように，そして思い浮かぶままに何でも連想を語るように励まします。たとえ関係がなさそうなことでもばかばかしいことでも。これによって夢に潜む無意識を明らかにすることを目標にします。連想が進まない場合，フロイトは夢のシンボルを用いて表面の内容に隠れた無意識の願望を暴きだそうとします。

(2) 失錯行為

言い間違い，書き間違い，読み間違い，聞き間違い，名前や日程や意図のど忘れ，物の置き間違いなど，日常生活にときたま起こる現象に対して，フロイトは意識レベルの意図の背後に無意識レベルの力が作用して生じると考えました。「すべての言い間違い，やり間違いには意味がある」として，失錯行為（parapraxis）は単なる偶然ではない，重要な精神作用であるという独特の観点から，こうした過ち行為はFreudian slipと呼ばれます。失錯行為は，夢と同様，無意識と前意識の産物とされます。

(3) 心理療法

精神分析による心理療法の主たる目標は抑圧された記憶の蓋を開けること，無意識を意識に変換すること，エゴを強化することであるといえるでしょう。「イドあるところにエゴあらしめよ（"Where id was, there ego shall be"）という有名な言葉」（Freud, 1933/1964）がしばしば紹介されます。

技法として連想法と夢分析が主となります。自由連想法が患者にとって容易でないことから，夢の分析が使われることが多いようです。こうした作業において転移状況が重要な役割をもつことになります。

転移は治療過程において患者が治療者に向けて発展させる強い性的，攻撃的感情，肯定的（陽性）・否定的（陰性）感情で，患者の幼児期における親に向けた感情を治療者に転換させたと解釈されます。また治療者から患者に向けての転移を逆転移と呼び，解釈によって洞察をもたらすことを治療目標とします。

フロイトは精神分析の実施の制約を指摘しています。①すべての古い記憶を意識化させることはできないし，またすべきではない。②精神病や体質の疾病には効果的でないこと。③治っても他の神経症になることがあること。

精神分析はフロイトによって創始され，その後に大きな影響を残しました。次に取り上げるアドラーやユングはフロイトの弟子ではなく，むしろアンチフロイトによって独自な理論を構築していきます。

　＊この節の執筆には小川（1983）とフェイスト（Feist, 1987）を参考にしました。

2. アドラーの個人心理学

アドラー（Adler, A.）による個人心理学あるいはアドラー心理学は，ランディン（Lundin, 1979, 前田訳, 1998）やアドラー（Adler, 1924, 岸見訳, 1996）などによって紹介されています。この理論は6つの基本仮定によって構成されます。

2.1 基本仮定
(1) 人格の統一性

すべての心理現象は自己一貫的に個人の中で統合され，心と体，意識と無意識，理性と情動などに分離することはできない（in-divide）とされ，すべての行動は成功あるいは優れた存在という最終目標に関連づけられ，目的が個人に方向と統一を与えるとされます。一般医として心と身体を診ていたアドラーは心と身体は目標への努力の中で1つになると考えました。例として，ある器官に障害があるとその人全体に影響し，その個人の目標を方向づけることになります。また意識と無意識については，個人にとって成功という目標に有用とみなされるものは意識に，そうでないものは無意識へと追いやられると考えます。意識と無意識は対立でなく，ともに成功という目標の実現を目指すという意味で補償関係にあるとされます。また理性と情動の関係は究極目標によって統一性が与えられ，認知と思考には感情が，感情には認知と思考が連合するとされます。

(2) 知覚の主観性

パーソナリティの形成に影響するのは，器官劣等感や基本動因など外的な要

因によってのみでなく，現実に関する個人の主観的知覚（フィクション）にもよると仮定されます。そして人は未来についての予期によって動機づけられるという見解によって，虚構主義と最終ゴールという2つの面が強調されることになります。アドラーは，虚構は現実ではないが，あたかも（as if）現実に存在するかのように人に影響すると考え，もっとも重要な虚構は優越あるいは成功の最終ゴールであるとして，人の主観的目標がパーソナリティに統一を与え行動の理解を可能にすると主張します。

こうして現実は遺伝と環境による素材として最終ゴールの構成要素となりますが，決定要素は自由な創造力であり，幼児期に発達する創造性が注目されることになります。

(3) **優越あるいは成功への渇望**

アドラーは，はじめすべての動機づけの背後には攻撃があると見極め，それを男性的抗議と言い換え，そして優越あるいは成功への渇望として，これを動機づけの本質，基本エネルギーとし，この完成への動機づけが想像力によって独自な特徴を与えられると考えました。

(4) **社会的関心**

アドラー心理学において社会的関心・興味は成功への渇望と同じ重要な位置を与えられ，人間の誰にもあるコミュニティ感情であるとされます。発達の過程で母との一体感から父，きょうだい，社会へと興味の広がっていくことに注目します。

(5) **生活スタイル**

個人の生活の好みで，その個人の目標，自己概念，他者への感情，世界観が含まれ，パーソナリティの統合力になるもので，4～5歳頃にはかなりよく個性的スタイルが形成されているとみられます。

社会的関心の高低2水準と活動性（エネルギー水準）の高低2水準を組み合わせて4つの生活態度が同定されます。社会的関心も活動性も高い場合には社会的有用性，活動性は高いが社会的関心が低い場合は支配・攻撃となり，活動性が低く社会的関心が高い場合は考えにくいとし，活動性も社会的関心もともに低い場合は寄生型か回避型（神経症や精神病の心配）になるとされます。

⑹ 創造力

アドラーは，人は自分自身の生活スタイルを創造する自由を賦与されていて，どう行動するかの責任をもっていると考え，創造力によって最終目標，目標への努力の方法，社会的関心の発達がもたらされると考えます。遺伝と環境は個性にとって重要であるけれども，それらはレンガやブロックのような素材であって，それらを組み立ててその人らしい自由な知覚，記憶，創造，夢や空想が形成されるのは想像力によると考えます。そして，人は環境に反応するだけでなく，環境に働きかけ，環境を変える力をもつことを重視します。このようにアドラーの心理学は個性的で創造的な人間の像を描き出すことになりました。

そして創造力によって，不適応や性格上の問題も形成されると考えて，さまざまな形を示す不適応の本質は社会的関心の未発達によってもたらされると考えました。

2.2 不適応の形成と改善

なぜある人々は不適応を創造するのか，それには次の3つの要因が寄与すると考えます。1つは誇張された器官欠陥で，体質や怪我や病気（それ自体は不適応にならない）によって劣等感が生まれ，補償しようとする動機が大きくなり，それにとらわれることで不適応になると考えます。2つ目は甘やかされた生活スタイルで，甘えによって社会的関心も活動性も低くとどまり，自分のために他人がいるというような自分勝手な期待と誤った世界観をもつことによると考えます。3つ目は無視された生活スタイルで，愛されていないという認知から社会的関心が低くとどまり，活動性が高いと攻撃性が，低いと回避的傾向が促進され，結果的に社会不信と疎外感に陥るとされます。

アドラーは保護傾向（safeguarding tendencies）という重要な概念を用いて，神経症的徴候は個人の自尊心をガードするために創造されるとしています。この概念はフロイトの自我防衛機制と類似しています。これによって，弁解や言い訳，攻撃（他者批判と自己非難），回避（困難からの逃避，戸惑い，症状へのこだわりなど）の型が生まれると考えました。

治療は，クライエントと治療者との人間関係によって勇気と自尊心と社会的関心を育てることであり，それには治療者の温かい母性的態度によって社会的

関心を勇気づけ，父性的役割によって誤った生活スタイルに気づかせ，そして生活の3つの問題（性愛，社会的関心，仕事）について解釈を援助することであるとされました。

そして患者の生活スタイルを理解するための通路として，幼少期回想，夢，出生順，子ども時代の困難事，病気の外的要因をあげ，治療的コミュニケーションとして情緒的受け入れと一歩一歩の手続きを重視しました。

なお，アドラーの出生順による性格の記述については，その後，依田（1963/1990）によって日本での二人きょうだいの上の子と下の子の性格特徴の相違について研究が報告されています。その結果はアドラーの観察をほぼ支持するもので，長子的性格として，控えめでおとなしいこと，親や先生の言うことをよく聞くことなどが，そして次子の性格として，おしゃべり，積極的友だちづきあい，人の物まねが上手，言いつけ上手，などが指摘されています。

　＊この節の執筆にはフェイスト（Feist, 1987）を主に参考にしました。

3. ユングの分析心理学

3.1　心の構造

ユング（Jung, C. G.）によって提唱された分析心理学あるいはユング心理学は2つの主要仮定に立脚します。1つは，心（psyche）は意識の領域と無意識の領域に分けられるということで，この仮定はフロイトと同じです。もう1つは，無意識の最重要部分は個人的経験からではなく，人類の遠い過去から湧出するという集合的無意識の仮定で，この点で個人が誕生して以来の主に家族の心理力動に論及するフロイトと対立します。

ユングによれば，意識と無意識は明確に線引きできる関係ではなく，意識は自我との関係で区別される相対的な概念であって，自我によって感じられる心的素材が意識であり，感得されないのが無意識ということになります。つまり自我は，意識性の中心で，意識的な心によって同定される存在であって，全人格ではない，人格はより包括的な自己によってまとめられることになります。

無意識は全人格に深さと包括性を与える心の部分で，意識と相補的な関係にあると考えられています。一時的に意識の閾値の下にある無意識と決して意識に上ることがない無意識（したがってその存在は証明困難）があるとされます。

無意識は個人的無意識と集合的無意識に区分されます。個人的無意識は抑圧され忘却された個人的経験で，その内容は情動的なトーンのある連合観念のかたまりでコンプレックスと呼ばれます。集合的無意識はすべての種の過去にルーツをもち，遠い祖先の経験（神，母，水と大地など）から構成され，遺伝子によって代々受け継がれてきたと考えられています。それは眠っているのではなく，人の思考と情動と行為の中に現れ，神話や伝説の中に，また個人の夢のうちのビッグドリーム（個人の経験を超えた意味をもつ）に現れるとされます。これが元型（archetypes）と呼ばれ，原始時代のイメージ，神話的イメージ，集団的シンボルなどを指します。そして多くの元型が潜在力として個人の内にあってそれに対応する経験によって活性化されるといわれます。ユングの幼い頃の夢などはその一例です。それは4歳前の夢で草地にいると突然暗い穴がみえこわごわと降りていくと人食いがいるという夢で，このような夢は主に集合的無意識の存在によって説明できるとしています。
　多くの元型の中でペルソナとシャドウ，アニマとアニムスが注目されます。ペルソナは人が社会に対してみせる役割的パーソナリティの側面です。シャドウは人がそれと認めるのを好まない特質，隠そうとする特質，動物的側面を含み，暗さと抑圧の元型とされます。アニマは男の女性的側面で，その起源は男児が母や姉妹との経験によって女性像を形成し，それに集合的無意識が埋め込まれてアニマの元型が作られ，男性は自分のアニマを妻や恋人に投影し，妻や恋人の真の姿を超えたものをみているとされます。アニムスは女性における男性的元型としてアニマの対応部分として位置づけられます。
　これに加えて自己の元型が述べられます。これは他の元型と同様に自己（self）にも意識の成分が含まれますが，自己はほとんど無意識であるため，マンダラやマジックサークルによって表象されます。マンダラは集合的無意識が統一，バランス，全体性へと向かう力を表すとされます。またマジックサークルにおいては集合的無意識が大円で，その内円に接する正方形は個人的無意識で，ペルソナとシャドウ，アニマとアニムスがその内に区分され，中心に自我が位置づけられます。

3.2 心の力動

ユングは熱力学の第一法則と，第二法則を心的エネルギーに当てはめ，エネルギー等価原則とエントロピー原則という2つの原則を設定します。前者はたとえば抑圧された素材が意識に上ろうとするとき，抑圧を継続するためには他の領域からのエネルギーを使うことになり，その結果，知的活動や対人関係のエネルギーが奪われておろそかになると説明されます。後者については，異なる温度のものが出会うと熱が高いほうから低いほうに流れて等しい温度になる事態を説明することができます。

次に，動機づけは，過去原因からか将来の目的論によってわき出るのかという問題について，ユングは両方からであると主張します。そしてフロイトが大人の行動の原因を幼児期経験にあるとすることを一面のみの強調として批判します。そしてアドラーに近い距離を保つものの，すべての過去経験を最終ゴールに転換することには批判的で，因果論と目的論のバランスを主張しました。

心的エネルギーは2つの反対方向への流れによってバランスをとると考えられ，リビドーに2つの流れ，前方への流れ（progression）と後方への流れ（regression）が仮定されます。前方への流れは主に意識で，外的世界への適応を目指した流れになります。そして後方への流れは主に無意識で，内的要求の満足を目指す方向です。

2つのリビドーの流れは両方ともが個人の成長の実現に必要と考えられます。次のような例によって両者の関係が説明できるでしょう。子どもが離乳食に興味をもって食事に取り組むとき，あるいは幼稚園での活動に積極的に取り組むとき，親から温かい支持があり，子どもの行動は社会的場の中で形成されていきます。この経過は意識的レベルでの外界への適応を目指すリビドーの流れになります。ところが，幼稚園での不幸な経験や親の期待の水準に届かないことがあって罰的取り扱いを受けると子どもはフラストレーションを経験することになり，その時点で子どもの心は親への愛と憎に割れ，この両極のバランスをとる必要性が生じ，愛が意識，憎が無意識であると神経症的愛着に導かれるでしょう。また憎が意識で，愛が無意識の場合，子どもは親と他の人に対する不信をもつことになるでしょう。いずれの場合も心的エネルギーはブロックされ，それ以上の前への流れは停止します。ここで後方への過程によってリビドーの

ブロックを解くことによって心理的成長が求められることになります。したがって後退は必要な過程となります。

人生には後退の時期が必要であるともいえるでしょう。ユング自身が1913年から1917年の長い間，社会的場と活動から離れて無意識へと移行し，その後により大きなバランスを達成することになりました。意識（前進）と無意識（後退）の協働によって発達と個性化がもたらされると考えることができます。

ユング派のカウンセリングは，まずクライエントが内省を深めていくための器としてカウンセリングの枠組みを作ります。そして，無意識の立ち現れをイメージを通して把握することに主眼がおかれる段階が中心となります。カウンセリングにおけるカウンセラーの役割は，解釈や助言や指導ではなく，夢や箱庭や描画などに立ち現れるイメージも含めて，カウンセリングの過程に生起するあらゆる出来事を柔軟に取り上げていくことになります。そしてカウンセリングの終期には再び現実へと立ち返る準備を援助することになります。

＊この節の執筆には小川（1983）と河合（1967）を主に参考にしています。

4. 交流分析

フロイトを源流とする精神分析の流れは，新フロイト派と呼ばれる社会的文化的視点を取り入れた理論家たちを経て，今日にいたりますが，ここでは精神分析の口語版ともいわれる交流分析を取り上げることにします。

交流分析（transactional analysis，TAと略記）は米国の精神科医エリック・バーン（Berne, 1961, 1964）によって創始されました。

4.1 構造分析（自我状態）

自我心理学の観点を取り入れて，個人の心の体制を親的な心（P：parent），大人的心（A：adult），子ども的心（C：child）の3つに区分し，自我状態と呼びます。そして親的な心には批判的な態度（CP：critical parent）と養育的態度（NP：nurturing parent）が，子ども的心には自由な子ども心（FC：free child）と順応した子ども心（AC：adapted child）が区別されます。自我状態の診断は，言語的，行動的，社会的かかわりなどに注目して行われます。

CPは，「～すべきである」とか「～しなければならない」という言葉をよ

く使い，押しつけるような言い方や相手をさえぎって自分の考えを言うなどの行動，自分の意見に従う者を特別扱いするなどの関係性によって診断されます。

NPは，「〜してあげよう」「気持ちがわかるよ」などの言葉，笑顔で迎える，気配りをするなどの行為，人の話をよく聴く，世話をやくなどの社会的関係によって診断されます。

Aは，「誰が」「なぜ」「私の意見は」など状況を客観的に把握して自分のかかわりを明確化するような言動が特徴的で，論理的で能率的な行動，対等な冷静な対人行動によって特徴づけられます。

FCは，「〜がほしい」「好きだ」「うれしい」「〜したい」などの言葉を頻繁に話し，自由な感情表現，のびのびした態度と行動，そして人に素直に甘えられる，くったくのない関係を維持することを特徴とします。

ACは，「〜してもいいですか」「私には無理です」「教えてください」などの言葉を多く話し，遠慮がちで，いわゆるいい子の行動を示し，相手の同情を誘うような人間関係を特徴とします。

以上の自我状態について，5つのそれぞれが放出する心的エネルギーの量をグラフにしたエゴグラム（ego-gram）が創案（Dusay, 1972）され，質問紙検査として日本でも出版されました。最近では神経科学にもとづいてバーンの概念を支持する研究（Crichton, 2007）も報告されています。

4.2 交流パターン分析

対人関係における具体的なやりとり（transaction）をP，A，Cのベクトルによって分析します。そしてコミュニケーションの特徴について，非言語的メタコミュニケーションの動機と心理的意味について解明していきます。

4.3 ゲーム分析

交流パターンの中で，表と裏をあわせもつ二重構造のコミュニケーションが習慣化して，結果的に不快感と非生産的な結末をもたらす場合をゲームと呼びます。これは交流分析の中心部分となるもので，カウンセラーはクライエントが悪循環に陥った対人関係のパターンを理解し，再構成するように援助します。

4.4 脚本分析

人は人生の脚本をもっていて，知らず知らずにこれに従ってしまうので，その内容を「今，ここで」に書き換える作業が行われます。なお，書き換えを決断し新しい人生を歩み始めることにとくに重点をおく再決断療法がグールディングとグールティング（Goulding & Goulding, 1979）によって展開されました。

4.5 重要な概念

次の概念が重要なものとなります。

(1) ストローク

ストローク（stroke）とは，身体のふれあいや言葉がけなどによって愛情を示し，影響する行為を指す英語で，肯定的ストロークと否定的ストローク，条件つきストロークと無条件のストロークなどが指摘されています。

(2) 基本的構え（基本位置）

自尊感情や肯定的自己概念をもちたい欲求を自分への態度や他人への態度によってそれを確かめようとすると考えられます。各自の態度はOKかOKでないかによって表され，組み合わせて，自己肯定・他者肯定，自己肯定・他者否定，自己否定・他者肯定，自己否定・他者否定の4つに区分されます。

(3) ラケット

ラケット（racket）とは，幼児期にストロークを得る手段として身についた，現在のゲームを支配している不快感情をいいます。

交流分析はその簡潔明快性によって多くの関心を集めました。日本では桂戴作，杉田峰康，国谷誠朗，新里里春らが推進役を果たして多くの実践を導いてきました。産業分野などの多様な実践（繁田, 1999）もみられます。

【引用・参考文献】

Adler, A. 1924 *The practice and theory of individual psychiology.* Oxford, England : Harcourt, Brace.（岸見一郎・野田俊作訳 1996 個人心理学講義——生きることの科学. Adlerian Book.）

Berne, E. 1961 *Transactional analysis in psychotherapy.* New York : Grove Press Inc.

Berne, E. 1964 *Games people play.* Australia : Penguin Books.

Crichton, E. 2007 Transactional analysis : Ego state-What they are and how to diagnose them. *Australian Journal of Clinical Hypnotherapy,* 28, 37-41.

Dusay, J. M.　1972　Egograms and the "constancy hypothesis". *Transactional Analysis Journal*, 2, 133-138.
Feist, J.　1987　*Theories of personality*. Holt-Saunders International Edition. London : CBS College Publishing.
Freud, S.　1933/1964　*New introductory lectures on psychoanalysis*. In Standard edition (Vol. 22). Oxford, England : Norton & Co.
Goulding, M. M. & Goulding, R. L.　1979　*Changing lives through redecision therapy*. New York : Brunner/Mazel.（深沢道子訳　1980　自己実現への再決断――TA・ゲシュタルト療法入門．星和書店．）
河合隼雄　1967　ユング心理学入門．培風館．
Lundin, R. W.　1979　*Alfred Adler's basic concepts and implications*. Lexington, MA : Heath.（前田憲一訳　1998　アドラー心理学入門．一光社．）
小川捷之　1983　性格の理論1　精神分析理論．長島貞夫監修　性格心理学ハンドブック．金子書房．
繁田千恵　1999　産業カウンセリングにおける交流分析の活用．産業カウンセリング研究，2, 34-47.
新里里春・水野正憲・桂　戴作・杉田峰康　2000　交流分析とエゴグラム．チーム医療．
杉田峰康・国谷誠朗　1997　脚本分析．チーム医療．
依田　明　1963/1990　きょうだいの研究（現代心理学ブックス）．大日本図書．

9章　関係性と気づきへの視線

1. 人間中心理論

1.1 ロジャーズの基本仮定

　ロジャーズ（Rogers, C. R.）は，10年余にわたるカウンセリング経験をもとに，人間は成長の力を本来的に備えているという固い信念にもとづいて，人間中心理論（person-centered theory）を打ち出しました。

　2つの基本的仮定（basic assumptions）があります。1つは形成化の傾向（formative tendency）で，すべての事物は，有機体も無機物も，水蒸気が雪の結晶となるように，塵が集まって宇宙を構成するように，原始的無意識的動機がより統合された気づきになるように，単純からより複雑な形態へと進化する傾向をもつという仮定です。もう1つは，実現化傾向（actualizing tendency）で，すべての人が潜在力の完成あるいは実現へと向かう傾向をもつという仮定です。人は自分自身の中に創造的な力をもっており，問題を解き，自己概念を変え，しだいに自己指示的になることができる存在であるとされます。この2つの基本仮定の下で，自己，気づき，要求，そして不適応が論じられます。

1.2 自己と自己概念

　自己（self）は，有機体としての経験の全体の中からその一部として分化します。そして，IとMeというように分化し，個人化（personalize）されて，自己概念（self concept）と理想自己（ideal self）が生まれます。そして実現化傾向は自己実現化傾向として分化し，自己の潜在力を個性的に実現する力となります。

　自己概念は「私は……という人です（I am a person who…）」という叙述によって表され，正，負，両価的な自己陳述が……に充され，個人の意識の中で知覚される全側面が含まれます。つまり自己概念は個人が知覚したものであり，必ずしも真の自己あるいは有機体的自己（real or organismic self）とは一致しません。たとえば胸腺の活動は有機体としての自己の一部ですが，何かの事情

でとくに関心を向けない限り自己概念の一部にはなりません。同様に自己のある一面（悪意や嘘の経験）は自己概念に不一致（incongruence）のため，自己の一部としては受け入れられないことになります。こうしていったん自己概念が形成されると，自己概念と不一致な経験は否認や歪曲によって抵抗を受けることにもなります。では，どうすれば自己概念が柔軟に経験に対して開かれるのでしょうか。ここからロジャーズの気づき（意識性）の考え方とそこにいたるためのカウンセリング理論が展開されることになります。

1.3 気づき

　気づき（awareness），すなわち経験が意識化（consciousness）され，象徴化（symbolization）されるさいに，3水準があるとされます。第一は，考えごとに集中していると音や光景など多くの潜在的刺激が意識に上らないように，経験が閾値下におかれ意識に上らない場合（閾下知覚）です。第二は，正確な象徴化によって自己構造に自由に参入する場合で，「いい人ね」という小声の噂話がすぐに耳に入って正しい意味で聞こえる場合です。そして第三は，歪んだ形で経験が知覚される場合で，経験はその人の自己概念に一致するように変形されます。否定的な自己概念をもっている人はほめ言葉を率直に受け入れることができず，皮肉を言われたなどと歪曲して受け止めます。つまり経験が歪んだ形で知覚され，自己概念に同化できるように転換されることになります。

1.4 要求（欲求）

　人にはその内的な可能性を実現しようとする基本的な傾向があり，その傾向を維持しさらに促進するとみられる経験は正の価値を，そうでない経験は負の価値を与えられます。ロジャーズは，要求（need）には①維持と②促進という2面があり，愛情を今のまま受けたいという維持の要求とさらに愛されたいという促進の要求になります。また自己概念でいえば今の自己概念を維持しようとし，さらに大きな成長を成し遂げようとする促進の傾向が指摘されます。

　いろいろな要求があるなかで，ロジャーズは2つを人間の重要な要求と指摘します。1つは positive regard で，他人から愛され，好かれ，大切に受容されたいという要求で，尊重され敬愛を受けたいという願いです。もう1つは

self-regard で，自分を自分で尊重し大切な存在と思いたい要求，自分を好きになりたいという願いという意味になります。そしてこの2つの要求はロジャーズの不適応論と治療論の鍵概念となります。

1.5 心理的不適応

子にかかわる親の行動でも，あるいは他の人間関係でも，愛情と尊敬と受容には価値の条件が絡みます。あることをするとよい子，別のことをするとよい子でないことを，子どもは経験し価値と外的評価の条件を自分のものとして取り入れます。そして価値の条件を基準にして経験を判断するようになります。

こうして，社会的に取り入れた価値の条件が維持と促進への有機体的要求とずれていると，葛藤と不一致を経験することになります。ある子は水道の水をあたりかまわず撒き散らすとき，有機体的水準では楽しく，そういう自分を好きですが，他の人から批判の視線が注がれるため，自分を全体としてよい子ではないと感じ，あるいは真の感じ方を抑制し，一人の全体性を欠いて，「何か落ち着かない」「本当の私ではない」という不一致を経験することになります。こうして不適応への道へと導かれることになります。

心理的不適応の型として，ロジャーズは，自己と経験とのズレの大きさという連続線上の位置によって，次の4点をあげています。

(1) 不一致

自己概念と経験が不一致（incongruence）になるため，経験が正確に意識化されず，価値の条件と外部の評価によって時にいい子ぶり，時に真の子どもになって自分でも他人にも理解できない行動に陥ります。そうした状態は傷つきやすい（vulnerable）状態として概念化されます。

(2) 不安と脅威

自己概念と有機的経験とのズレが閾値下で感じられるとき，原因不明の緊張と不安（anxiety）が生じると考えられます。また自己構造が脅かされるようなことがかすかに感じられるとき脅威（threat）の経験となると考えられます。不安と脅威の感情は自己概念と真の経験との不一致を示唆するものと考えることができます。

9章 関係性と気づきへの視線

(3) 防衛性

自己概念と不一致になることを防ぐためのからくり（防衛性；defensiveness）が働くことになります。1つは，歪曲（distortion）で，有機体的経験を自己概念に合うように解釈する方法です。経験は知覚されますがその真の意味は理解されません。もう1つは，否定あるいは否認（denial）で，経験は意識に知覚されず，一般的に絶対的で硬い行動になり，合理化，補償，パラノイア，白昼夢といった神経症的，統合失調的行動に陥ることがあります。

(4) 統一の崩れ

経験を歪曲したり否定したりすることによって防衛努力が成功している段階では健常あるいは神経症的段階にとどまれますが，自己と経験との間の不一致があまりに大きく，明白で突然であった場合，自己構造は1つのゲシュタルトあるいは統一的全体を維持できず，統一の崩れ（disorganization）に陥ることがあると考えられます。

1.6 望ましい人格変容のために条件

ロジャーズのカウンセリング・心理療法の方法論はきわめて論理的で簡潔明快です。それゆえに，その実践は決定的に難しいといわれます。

カウンセリングの目標である心理的成長が生じるためには，傷つきやすく不安なクライエントが，ある条件を備えたカウンセラーあるいはセラピストと接触をもつことであるとされます。

ではどういうカウンセラーかというと，カウンセラーは①一致（congruence）の状態にあって，②クライエントがカウンセラーに対して無条件のpositive regardの態度と雰囲気を感じ，また③正確な共感的理解（empathic understanding）をしていると知覚していること，という3点が必要十分条件とされます。そして3条件がクライエント―カウンセラー関係の中に存在するならば，治療過程が進行し，これがある程度持続するなら，結果として予測可能な結果（カウンセリングの成果）が招来されます。そしてこの3条件については以下のように理解されます。

(1) 一 致

有機体的経験が，自己概念と調和している状態で，気づきと釣り合っていて，

173

かつ気づきをオープンに表現する意欲と能力に釣り合っているとき，一致（congruence）の状態にあるといいます。フィーリング（有機体的経験）と気づきと表現という3成分が無理なく自然に調和した状態といえるでしょう。

　不一致（incongruence）は2つの点から起こります。1つは，フィーリング（有機体的経験）と気づきとの分離です。ある人が「わたしはちっとも怒っていません。どうしてそんなことを言うの？」の言うとき，怒りを感じていることがカウンセラーにはわかるが，当人には気づけない状態であることが考えられます。もう1つは，経験の気づきとその表現との分離です。あるカウンセラーはクライエントの話にうんざりしている自分に気づいていますが，それを言えずにいます。ここで大事なことはクライエントの傷つきを考慮しながら，しかし場面を展開して不一致を持続させない工夫です。

(2)　unconditional positive regard

　この概念ほど日本語に翻訳することが困難だったものはありません。最初に「無条件の積極的尊重」とされました。無条件とは「相手が何を言ってもしても」という意味ですから，たとえば殺したいと言っても，学校になんか行かないと言っても，です。そして「積極的に尊重」することができずに「消極的に」振りをするという不一致に陥るでしょう。そこで積極的をカットして「無条件的尊重」となり，また「無条件の肯定的配慮」となり，配慮があいまいだということで「無条件的積極的関心」となり，そして最近は「無条件的受容」という言葉が使われるようになりました。辞書を引くと，regardは1つには尊敬，敬意の意味で，親密な関係の中でクライエントを一人の大切な人とみる意味，もう1つには思いやり，好意の意味があり，ロジャーズ自身が"non-possessive love"（非所有の愛）と説明しているように，愛情をもって温かく受容するという意味が的確かと思われます。筆者はあえて「敬愛」という表現を使うことにしています。

(3)　共感あるいは感情移入

　クライエントのもろもろの感情を偏見や投射や評価なしにカウンセラーが正確に感じとって，そのことをクライエントが自分の感情の世界に他者が入り込んだことを知るように伝えるとき，共感（empathy）が成立すると考えられます。共感ではなくクライエントの無意識的感情を解釈し露呈させようとするな

ら，クライエントは脅威を感じて心を閉ざすでしょう。共感によってクライエントは自分自身に耳を傾けるように導かれ，クライエントの感情→カウンセラーの感情→自分の内面をみる→気づきという関係の流れができるでしょう。なお，empathy は a feeling with another であって，クライエントの感情について単なる認知レベルでなく感情で反応するけれど，その感情はクライエントに属するものであってカウンセラーのものではないことを深く思い，他方 sympathy は a feeling for the client であって「かわいそうな人」というように外的評価から起こることに留意することが肝要となります。

1.7 クライエントの変化の過程

カウンセラーの3条件が十分に経験されてクライエントに伝わるならば，クライエントは固着から変化へ，固定的構造から流動へ，停滞からプロセスへという連続線上の変化をはじめ，その人らしい個性を生きるようになることが期待されます。カウンセリングの過程では，一般に次の7つのステージが同定されます。

- 第1ステージ（段階1）：クライエントは見方や考え方が固定され，動きがとれない状態であって，物事を白黒でとらえる傾向が顕著です。問題を認識していないし変わろうとしていない。自分について語らないという段階です。
- 第2ステージ（段階2）：カウンセラーに十分に受容されているという体験によって，クライエントは自己にかかわらない話題について話すようになります。しかし個人的・内面的なことにはほとんど触れない段階です。
- 第3ステージ（段階3）：さらにあるがままに受容されていると感じると，クライエントは自己や自己に関連した体験を客観的，報告的に述べ，過去や他者に反映された否定的自己を報告的に述べることが多くなります。しかし感情は多くは否定的なものにとどまります。今ここでの状態からは離れています。
- 第4ステージ（段階4）：さらにあるがままに受容されていると感じると，クライエントは自分や問題についてのとらえ方やそれにともなう感情をしだいに自由に表現するようになります。ときには今ここでの肯定的感情を

表現するようにもなります。そして個人的感情や意味についていっそう正確に言葉で表現しようとして，問題に自己が深くかかわっていることを感じ，自己と経験との不一致に目を向け，カウンセラーとの関係の中で自己を表現しはじめます。

- 第5ステージ（段階5）：さらにあるがままに受容されて，自己のとらえ方や個人的感情がカウンセラーによって細密に理解，受容されていると感じると，クライエントの中に開放感や安堵感とともに，有機体的な感覚が生じ，これまで抑圧していたことや意味について自由に話しはじめ，今ここでの肯定的発言が多くなり，新鮮な自己の発見がはじまります。
- 第6ステージ（段階6）：さらにあるがままに受容されているという体験が継続すると，はっきりした劇的変化が生じるでしょう。固定的・外的，否定的見方は消失し，今ここで経験している主体そのものとして生き生きしてきます。つまりかつて拒否し歪曲していた経験が自由に意識に入ることを許され，最初に主訴としていた問題は過去のものとして意味を失って，内面的コミュニケーションが豊かになります。この段階になって，クライエントは十全機能的，自己実現的な人になっていきます。
- 第7ステージ（段階7）：もはやカウンセラーの受容を必要とすることなく，生活の場で自然に経験していることを報告的に述べ，それとともに肯定的で生き生きした感情が安定して表明され，自分自身に対する信頼感が感じられ，外的評価基準よりも内的な評価基準で生きようとし，過去や将来にとらわれずに柔軟に今を生きるようになります。つまりクライエントは動いている，流動している，変化している，機能しているといった，統合され安定した躍動感をともなって，自己の生活や人生を主体的に引き受けているのです。

〈7本のより糸，7つの側面〉

ロジャーズは，カウンセラーのかかわりによるクライエントの変化について，7つの面から段階を記述しています。それは次のとおりです。

- 感情へのかかわり方（感情と個人的意味）の糸：自分の感情を意識できない状態→過去の感情について非人称的に語る→過去の感情の個人的意味についても語る→現在の対象として感情を取り上げる→わいてくる感情に心

を開く→新しい肯定的感情が豊かに経験され受容される，という経過です。
- 経験のあり方（感性的心＝体験過程へのかかわり方）の糸：今ここでの刻々の心の動きが自覚できず外部から眺めた過去が語られる→合理化などの自我防衛機制に依存し経験に対して閉じている→直接的に感じられる有意味な感性的経験に心を開く，という経過を辿ります。
- 不一致の程度の糸：体験と意識との間の大きな矛盾に気づかない（クライエントが体験していることとコミュニケーションの中に表現されていることとの間の矛盾に気づいていない）→矛盾がかすかに感じられるが明確に意識化できない→矛盾が実感され，関心をもつ→体験過程を受容し，不一致が減少する，という経過が指摘されます。
- 自己とのかかわり方（自己表現）の糸：自己を開示したがらない→自分にかかわらないことを話す→自己に関係した活動や役割を客観的に話す→自分にかかわる現在の種々の感情を語る→体験過程を語る，という順に変化するでしょう。
- 考え方（個人的構成概念）の糸：物事のとらえ方が硬く白か黒かの考えに固執する→自己と生活が外的条件によって規定されると考える→硬い考え方が揺らぐ→自己と体験の相対性，融通性に目が向けられる→思考が柔軟になり自由な自己内対話が行われる，という経過になるでしょう。
- 問題へのかかわり方（問題の認識）の糸：問題意識をもたない→問題を認めるが外部条件に帰属させる→自分の内部に目を向けるが感情をともなわない→動揺しつつ自己の主体的関与を自覚する→問題よりも自己のあり方生き方が焦点になる→新しい生き方が主題となる，という経過を辿るでしょう。
- 関係のあり方の糸：カウンセラーとの接触を避ける→カウンセラーへの信頼感が生まれ自由な発言が多くなる→感情が通じ合い人間関係が深まる→カウンセラーとの関係で，あるがままの自己へと進む→誰とも自由率直な関係を築くことができる，という展開が期待されます。

1.8 理想の人間像

ロジャーズは条件が最適であるときの人間像（理想の人間像；person of to-

morrow) について次のように指摘し，その結果として，より大きな統合性，適応性，人間性に関する基本的信頼感，そして実り多い人生がもたらされることが期待できると言います。
- 自己構造が流動的で柔軟性に富み，常に変化を続ける。
- 経験に心を開いている。
- 新鮮な気持ちでアプローチする。
- 自己の内的な心の動きに信頼をおく。
- 他者との調和的関係（嘘やごまかしのない，本物の関係）を築く。

1.9 ロジャーズの哲学（批判と対話）

エルサレム大学の実存哲学者マルティン・ブーバー（Buber, M.）の我─汝関係，出会いの概念とロジャーズの理論的背景との間には対応性があることが，ブーバーとロジャーズの対話（Buber et al., 1957）によって語られました。ロジャーズが生成しつつある（becoming）過程にある人としてクライエントに出会うことは，ブーバーが相手の潜在的な可能性の全体を受け入れ，その人がこれから成長し発展していく潜在的可能性との関連でその人を確証（confirming the other）するという姿勢に通じるようです。

他方，スキナー（Skinner, B. F.）との間では，ロジャーズ（Rogers, 1964）が「人間行動は刺激に受け身的に反応した習慣の寄せ集めのみではない。人は，自己理解，主体的選択など，価値を追求する存在である」として批判し，スキナーは "Beyond freedom and dignity"（1971）で批判に応酬しています。オペラントの意味は自発的能動的な働きかけであり，受け身ではないのですが，これもまた人間のとらえ方にかかわる基本的な哲学的論争となりました。

2. フォーカシング指向カウンセリング

2.1 フォーカシングとフェルトセンス

ジェンドリン（Gendlin, E. T.）は，ロジャーズの研究グループに入って心理療法の結果に影響する諸要因について実証的な研究に従事していました。そしていろいろな要因について吟味するうちに，ある特有な現象が重要であると気づくことになります。それは，クライエントが面接の最初の数回のうちに「あ

る特有の体験的内省」をすることです。

　それは次のようなクライエントの行動にかかわるものでした。クライエントは意識を自分の内側に向け，何か大切な意味がありそうだけれどそれが何かは明らかでないあいまいな感情の動きに意識を向けて，言葉を選び，カウンセラーからの応答を自分の実感に照らして「少し違う，むしろこんなふうな言葉に近い」などと修正しながら，言葉やイメージを探っていく活動であり，そのことがカウンセリングの基本であると考えました。いわゆるフェルトセンス（felt sense）に注目することです。なお，フォーカシング（focusing）の上手なクライエントはロジャーズの面接に適合するクライエントであったという面もあるように思えます。この点の吟味がこの立場を広げる道に通じるかと思います。

　このようにクライエント自身が自分の内側に起こる内的な心の動きに目を向け，問いかけ，答えを探っていく過程が体験としてのフォーカシングです。

2.2　フォーカシング指向カウンセリングの基本技法

　ジェンドリンは，フォーカシングを導くことを直接に目標としてカウンセリングの本質に迫ることと考え，フォーカシング指向カウンセリング（セラピー）を創始することになりました。

　彼はクライエントに「あなたがこんなふうに感じているかなと思うことを私があなたに伝えますから，それがぴったりするかどうか，そしてもっとこんな感じだというように，率直にあなたの感じを表現してください」と伝えます。あるいは「その苦しい感じを身体のどこでどんなふうに感じていますか（フェルトセンス）」というように感情と気分の場を身体に結びつけて問いかけ，クライエントのフォーカシングを促進することに努めます。

　この分野の研究・実践者に日笠（2003）や諸富（2003）らがいます。興味関心があれば，書物や研修会に触れてみるとよいでしょう。

3.　ゲシュタルト療法

　1950年代に精神分析家パールズ（Perls, F. S.）と妻らによって開発され，人間性解放運動としても展開していった，気づきのトレーニングを基軸とする理

論と実践の体系がゲシュタルト療法です。

ゲシュタルト（Gestalt）はドイツ語の形態とか意味のあるまとまりという意味（英語ではform）で，ゲシュタルト心理学として心理学史に必ず登場する言葉です。ゲシュタルト心理学は，部分が全体を構成するが，構成された全体は部分の集合以上のものであるとして，主に知覚心理学の分野で，図と地の反転や錯視の図で一般に知られています。パールズはこれを心理活動のすべてに拡大し，ゲシュタルト療法として，意識化，気づきの過程として体系化しました。

基本的観点は次のようです。人は自分の意識の全体という地の中から，知覚過程と同様に，明確で変化に富んだ図の実体を構成する能力をもっているけれど，人はしばしばその自然な意識の流れを自ら妨げ，気づきを制限することを選び，人間らしい豊かな生き方を制約している。よって自分と自分の生きる世界に対する気づきを得るためのトレーニングが必要であり，気づきによって治療上の変化がもたらされる，と考えたのです。

主な概念は次の4つです。まず①気づきの領域として内側（身体の感覚）と外側（外界の五感による知覚）と中間（記憶，想像，思考など）の3区分が分けられます。悩みや苦しみは現実には存在しない中間の領域へのこだわりから生じるとされます。②次が図地反転で，自然な図地反転が起こるのが健康で，それが固定化（固着）し反転しない状態が心の問題であるとされます。ではどうすれば治療に至るかというと，③「今ここで」（here and now）という現在性（presentness）と④接触（contact）が重要になります。すなわちクライエントの語りは多くが過去のもの（心的外傷体験と心残り），あるいは未来の先取り（神経症的不安と恐れ）であって，現在の感覚によって気づきにいたることが治療となります。また④接触は関係の仕方に関する概念で，「地に足がついている状態」，つまり自分の言葉と行動が統合され自分とコンタクトがとれて，かつ外界ともコンタクトがとれて感覚系（欲求）の手がかりと運動系の欲求充足とが機能的につながった状態がよい状態とされます。

ゲシュタルトセラピーの過程は，クライエントが自ら気づく機会を提供し，解釈は極力避けて，地（無意識，前意識）から図（意識）へと上がってきたものとコンタクトし，それを言語化したり行動化していき，いわゆる図地反転を

経験する過程によって，不統合から統合へと気づきを促進する過程ということになります。その方法としては，

① 今ここでの自明の現象を取り上げて第一人称で現在形の言葉で気づきを表現するように促し，「今，私は椅子にかけています」などとクライエントが言います。

② 非言語的な感覚に注目し，図に上がってくるものを言語化するように促し，「肩のあたりに力が入っているのを感じます」「今，ホットドッグがイメージに浮かびました。あ，腹が減っているのに気づきます」などとクライエントが言います。

③ エンプティ・チェアに自己の分身や重要な人や物をおき，対話という方法で過去や未来を現在化します。

④ ホットシート（想像する他者や自己を椅子に座らせ対話する経験をガイドする）技法によって，「今仮にこの椅子にその人が座っていたらどんなことを話しますか」と問いかけ，願いや感情，伝えたいことを今の形にして気づきを促し，心残りの経験の完結をガイドします。椅子を使うのでチェア・テクニック，グループワークで聴衆の前でホットになるという意味でホットという言い方が使われるようです。

⑤ イメージの旅（ファンタジー・トリップ）で未知の自分やすでに他界した人との交信を経験するようにガイドします。

⑥ 夢に登場する人や事物や雰囲気になって，夢を再現し言語化し行動化する夢のワークによって，夢を生きる経験から気づきを促します。

⑦ 身体と対話し，その部分になって言語化と行動化を導くボディワークを採用します。これらのワークあるいは実験と呼ぶ作業によって選択の自由と責任を自覚するようにガイドします。

わが国では，倉戸（1989）や岡野（1992）によって，紹介され広く普及するにいたっています。

【引用・参考文献】

Buber, M., Rogers, C. R., Anderson, R. & Cissna, K. N. 1997 *The Martin Buber-Carl Rogers dialogue : A new transcript with commentary*. Albany : State University of New

York Press.
Gendlin, E. T. 1996 *Focusing oriented psychotherapy*. NY : Guilford Press. (村瀬孝雄・池見　陽・日笠摩子訳　1998/1999　フォーカシング指向心理療法（上・下）．金剛出版．)
倉戸ヨシヤ　1989　パールズ．小川捷之ほか編　臨床心理学大系16　臨床心理学の先駆者たち．金子書房．
日笠摩子　2003　セラピストのためのフォーカシング入門．金剛出版．
諸富祥彦　1999　トランスパーソナル心理学入門．講談社．
諸富祥彦　2003　フォーカシング指向カウンセリングのプロセス．福島脩美・田上不二夫・沢崎達夫・諸富祥彦編　カウンセリングプロセスハンドブック．金子書房．
岡野嘉宏　1992　ゲシュタルト・セラピー──自己への対話．社会産業研究所．
Perls, F. S. 1973 *The Gestalt approach and eye witness to therapy*. Palo Alto CA : Science and Behavior Book, Inc.（倉戸ヨシヤ監訳　1990　ゲシュタルト療法──その理論と実際．ナカニシヤ出版．)
Rogers, C. R. 1964 Toward a modern approach to values : The valuing process in the mature person. *The Journal of Abnormal and Social Psychology*, **68**, 160-167.（諸富祥彦・末武康弘・保坂　亨訳　2005　ロジャーズ主要著作集3　ロジャーズが語る自己実現の道．岩崎学術出版社．)
Skinner, B. F. 1971 *Beyond freedom and dignity*. New York : Knopf.（波多野進・加藤秀俊訳　1972　自由への挑戦──行動工学入門．番町書房．)

10章　日本で生まれた心理療法
——森田療法，内観法

　森と川と海の恵みに支えられた漁労と農耕の生活の歴史を通して，日本人の精神的風土が醸成されたといわれています。それは自然環境や周囲の状況に調和して生きる知恵と習慣であり，自己の置かれた状況の中で自己反省と努力を重ねる生真面目な生活スタイルであろうかと思われます。また長い間人々の心の支えとなってきた仏教が現世の苦難を受け入れることによる心の救いを教え導いてきたことも日本人の生き方に影響してきたように思えます。それに対して，西洋の文化と人の気風の中から生まれた心理療法は神経症者の不安や葛藤を分析しそれを異物のように取り除くことを治療目標とする傾向があるという指摘を耳にします。この章は，日本に生まれて世界に広がった，東洋的思想と人間像に根ざす2つのユニークなアプローチについて概説します。

1. 森 田 療 法

　森田療法は，森田正馬（まさたけ）（1874-1938：書物によってはショウマと読まれます）によって1921年頃に創始された日本生まれの心理療法で，東洋思想に裏打ちされていることが特徴といわれます。すなわち，森田療法は，不安や葛藤は誰にも生活の中で起こることであり，これを除去しようとすること自体が矛盾であると考えます。そして不安を押さえ込もうとして症状にとらわれ症状を楯にして神経質症の世界に埋没しているクライエントが，不安や葛藤をあるがままに受け止めて，目的本位に生きるように援助することが治療の目標となります。

　森田理論では，ヒポコンドリー性基調，生の欲望，とらわれ，はからい，精神交互作用，あるがまま，目的本位という概念がキーワードになります。

1.1　森田神経質

　森田は不快気分や病気を気に病み取り越し苦労する心情を「ヒポコンドリー性基調」と呼び，これが森田神経質の基礎になると考えました。ヒポコンドリーは胸の下，みぞおちのあたりを指す言葉で，気分が不快で病気を恐れる傾向

を指します。森田は，神経症患者に多かれ少なかれ認められる共通の性格的特徴があることに気づき，神経質性格と名づけました。それは①内向的・内省的傾向，②心配性，そして③完全主義（理想家，頑固，負けず嫌い）の3点に集約され，森田神経質と呼ばれました。そして神経質の症状には，頭痛，立ちくらみ，心悸亢進，不眠，胃部膨満感，見られる羞恥，伝染病感染恐怖，その他偶然の不安発作などいろいろありますが，初めは誰でも経験する普通の程度のものであったのですが，次の発症論にあげられた特徴的な対処傾向によって症状になったと考えました。

1.2 発症論

森田神経質の性格特徴に加えて，発症のメカニズムが次の2つのとらわれのメカニズムが仮定されます。

(1) **精神交互作用**

たとえば人前で心臓のどきどきと冷や汗を経験した人は，再びそうなることの予期不安によって自分の身体に過敏な注意を向ける傾向があり，その注意によっていっそう心臓の鼓動や冷や汗が進行することになります。森田の説く精神交互作用とは，ある感覚に対して注意を集中すると，その感覚は鋭敏になり，その鋭敏化によってさらに注意を払うことになり，そのような注意と感覚の悪循環によって症状の固着と重篤化が進行することを指しています。

(2) **思想の矛盾**

気分や感情は誰にも起こる自然な反応であり，意志の力で排除したり押さえ込んだりすることはできないことなのに，とくに不安や恐怖などの否定的感情について「こうあるべきだ」「こうあらねばならない」「そうあってはならない」というように排除しようとして，不可能を可能にしようとする心の葛藤を生じやすいことが問題とされます。たとえば赤面やあがりを「情けない」「恥ずかしいこと」と考え，これをむりやり排除しようとすることによって，とらわれて，ますます不安や恐怖に苦労することになっていくものです。

1.3 治療論

森田の治療論は，①生の欲望，②あるがまま，③はからい，④なすべきこと

という鍵となる概念を軸に構築されています。その治療論は次のように要約的に説明できるでしょう。

　不安や恐怖は煎じ詰めれば死の不安や恐怖であって，限りある生を生きる人間にとって避けることのできない普遍的感情であるといえます。そしてなぜ不安や恐怖が起こるかといえば，①より良く生きようとする人間本来の欲望（生の欲望）があるためだと森田は考えました。そうであるなら，不安・恐怖を人間性の一部として受け入れることこそが人間本来の自然なあり方だということになります。したがって，②不安や恐怖を「あるがままに」「そのままに自然の赴くままに」任せ，不安になりながらもなすべきことをするのがよいということになります。なお，感情の特質として，森田はそのままに放任し，またはその自然発動のままに従えば，その経過は山型の曲線をなし，ひと昇りひと降りして，ついに消失するものであると指摘します。

　あるがままとは，一言でいえば，いたずらに人工的な拙策を弄することを放棄して，自然に従うべしということであると森田は説きます。「人為的な工夫によって，随意に自己を支配しようとすることは，思うままにサイコロの目を出し，鴨川の水を上に押し流そうとするようなものである。思う通りにならないで，いたずらに煩悶を増し，力及ばないで，苦痛に耐えなくなるのは当然のことである」（森田，2004）ともいいます。

　森田療法の特徴は，神経症になりやすい人の神経質性格（内向的，自己内省的，心配性，小心，敏感，完全主義的性格等）を基盤に，特有の心理的メカニズムで発症すると考えたことです。

　その心理的メカニズムとは，精神交互作用であり，思想の矛盾と呼ばれる不可能を可能にしようとする，心の葛藤であると説明したのです。

　そのような背景のある神経症の治療法とは，②「あるがまま」と呼ばれる態度であり，③不安や症状を排除する策（はからい）をやめ，そのままにしておく態度を養うことです。そのために，不安を抱えながらも生活の中で，④必要なこと（なすべきこと）から行動し，建設的に生きるということを教え，生活の中で実践するように導く治療方法であるといえます。

　つまり「あるがまま」という心を育てることによって神経症を乗り越えていくことが，森田療法の主眼です。癌などの重い病魔に侵されながら森田理論の

ままにあるがままに目的本位に生きた岩井（1986）の著書には，「神経質者のカウンセリングはとらわれからの解放から出発して，人間としての自由へと向かう一連の過程である」と述べられています。

1.4 森田療法の広がり

今日，森田療法は，対人恐怖や広場恐怖などの恐怖症，強迫神経症，不安神経症（パニック障害，全般性不安障害），心気症などを主たる治療対象として，いろいろな心の問題に適用されています。一般には一定期間一定の場で集中的に実施されることが森田療法の基本ですから，病院への入院療法を主として，その後にフォローアップ期や軽度の場合には通院治療が適用されました。

しかし，いろいろな背景と事情から，今日では通院による治療的カウンセリングが中心になって，他の方法と組み合わせて活用することも多いようです。その背景としては，生活を通して生き方・考え方を見直し，基本的に変えていこうというような本質論に立つ生活的アプローチが精神治療の分野で重視されなくなってきたことがあるかと思われます。入院加療には多くの制限がおかれ，経営経済面からも困難が増したようです。

そこで通院による方法がいろいろに工夫されて，今日では通院面接による方法の工夫によって高い治療効果をあげてきていると聞きます。

また書物や研修機会を通して，苦しい状況でがんばることによってストレスを抱えた多くの人に新しい生き方を導くことも多くなっています。森田療法関係の書物や電子情報が多数公刊されて，広く多くの人に活用されています。日本人，森田正馬が自らの苦痛を克服し身近な人々に長期にわたって実施しつつ構築した森田療法は，今日の日本の人と社会にその必要性を増しているように思えます。また欧米をはじめ諸外国にも森田療法に関心をもち，学び，治療として実施している人が少なくありません。

森田療法の基本的な人間観と治療論は，人間の心身の健康と不健康，悩みの克服の過程について論考するさいの重要な手がかりとなります。渡邉（2005）による倉田百三研究はその1つといえるでしょう。

森田理論は多くのカウンセリング心理学・臨床心理学者に影響を与えてきたように思えます。森田の考え方と似た発想や視点をもつ概念は，ロジャーズ

(Rogers, C. R.) の人間中心カウンセリングにおける純粋性あるいはあるがまま (genuineness), エリス (Ellis, A.) の合理情動療法 (RET) の不合理な信念 (irrational belief) などにもみることができます。また森田理論を基盤にして統合的なカウンセリングを展開する研究者（石山, 2005）も出現しています。

2. 内 観 法

2.1 内観と内観法

内観あるいは内省は自己の内に去来する意識の流れを観察する行為を指す言葉です。ヴント（Wundt, W.）が1879年にライプチヒ大学に心理学実験室を設けて，哲学からの心理学の独立を図ったさいに，心理学の対象は意識であり，それを直接観察する方法として内省あるいは内観 (self-observation) を用いたことが知られています。しかしこの章で取り上げる内観は，ヴントとはまったく独立に，吉本伊信によって開発された臨床的自己省察法を指します。

内観法は，吉本伊信 (1916-1988) によって，浄土真宗の修行体系のひとつ「身調べ」を土台に，一般人にも簡単にできるようにと宗教色を取り除き，試行錯誤のすえ確立された独創的な自己修養法です。「内観」(naikan)，「内観法」(naikan method) と呼ばれ，1960年代からの臨床への導入と展開により心理療法としての側面を強調する場合には「内観療法」(naikan therapy) と呼ばれます。

2.2 実施方法

実施の形態としては，1週間程度の宿泊によって内観に集中するように導く集中内観が原則ですが，1日内観や2泊3日の短期内観，また日常生活の中で分散的に書記的方法を使って行う日常内観，学校や家庭で行う記録内観，さらにまたカウンセリング面接と併用する方法なども工夫されています。

集中内観の方法はおおむね次のとおりです。まず内観を志す人（内観者）が自発的に申し込み，内観研修所や病院や施設に1週間の宿泊と一定の規則にしたがって生活をすることに同意することが求められます。この自発性と契約の原則はカウンセリングの基本に共通する点です。

内観の場と時間のルールがあります。日常の刺激を遮断し，屏風と呼ぶ2枚

合わせのスクリーンと壁に囲まれた約1メートル四方の空間にくつろいで座り，起床から就寝まで15時間ほど，生まれてから現在まで，3年程度の期間に区切って，身近な他者に次の3点を具体的に想起するよう求められます．
- してもらったこと
- して返したこと
- 迷惑をかけたこと

そして1時間半～2時間おきに回ってくる面接者（内観指導者）に3分程度で思い出した内容の要点を報告します．期間を区切っていること，課題が明確であること，どのクライエントにも同じ手順を用いるという特徴があります．そして，内観の課題を忠実に実行すれば，クライエントとカウンセラーに相当する内観者と面接者との関係性については特別な応答技法の規定なしに，問題の改善と関係の自己省察に効果があるとされています．

2.3 集中内観の特徴的なプロセス

内観者は，狭い仕切りから外に出るのはトイレと風呂と夜に寝るときだけで，食事は運ばれたものを仕切りの中でとりますし，ラジオやテレビもありません．ひたすら内観に集中することが求められます．

たいがいの内観者は，はじめの数日は雑念が浮かぶなどで，集中できないことがありますが，しだいにペースがつかめて，しみじみとした懐かしい感じで，過去の自分と身近な人とのかかわりを想起するようになります．

そして4日目の終わり頃から課題に対する集中度が高まり，いろいろな出来事とその時の心の状態が鮮明に浮かび上がってくるようになります．そして自分が大切にされ受け入れられている存在であることを実感できるようになります．ある事例ではお母さんに温かく見守られている病床の幼い自分をありありと思い浮かべます．いわば強い一体感の原点のような体験を思い起こし，自分の弱さや醜さをみつめ，より深い自己理解を経て，自己受容へと進むことができます．

さらに内観が進むと，自分を大切にしてくれた人の願いを気づかずに傷つけてきたこと，その人の犠牲の上に自分が生きてきたことに気づき，深く心を揺さぶられ，愛されてきたことを深く自覚し，生きる責任感を実感することが多

くなります。

2.4 実施上の配慮

　日常生活の中で人々は「誰それに何々をしてあげた」とか,「迷惑をかけられた」と不満を言うことが多いものです。また最近は親の拒否と放置的対応の中で成長し,親とのよい関係をもてないまま大人になった人も少なくないようで,親に恩返しなどしたことは思いつかないのが現実の生活のように思えます。
　しかし,内観では「してもらったこと」「して返したこと」「迷惑をかけたこと」をなるべく具体的に想起することが求められます。
　そのため内観者の中には,戸惑いと抵抗を感じ,具体性のない抽象的形式にとどまる人がいます。つまり内部から浮き上がってくる感情をともなう想起経験にならないことがあります。あるいはまた具体的な問題意識をもって相談に訪れた人は,失望し途中で帰りたがることもあります。このようなとき内観指導者の柔軟で我慢強い対応が課題となるでしょう。そのような人も内観を続けるならば,やがて親に心配してもらったこと,迷惑をかけたことをあれこれと思い起こすことができ,それに対して感謝することなしに独りよがりの反発をしてきたことを内省するようです。
　後半になると内観が深まり,世話になったことをあれこれ考え,それにともなって自分を責める辛さを経験することになって,続けることに抵抗を感じる人が少なくありません。また苦痛や下痢や頭痛などの身体症状を表す人もいます。こうしたことは内観が深まっていることの指標とも考えられます。面接者はこのような内観者の苦痛を共感し,理解し,尊重し温かく見守る態度が必要になります。逆に内観が進まない場合もありますから,その人なりの内観を温かく受け止め,支えていくことが必要になるでしょう。

2.5 適用対象と特徴

　内観療法は自力で自己洞察を深めていく自己探求のための方法ですが,心の問題で悩んでいる人々が短期間で回復した例が数多く報告され,心理療法としての効果も高いといわれます。現在ではさまざまな分野で研究や実践が行われ,国内だけでなく,ヨーロッパやアメリカなどにも広がり,国際的にも評価され

ています。

　内観は，実施の方法が単純明快であることと適用範囲が広いということが特徴としてあげられます。やる気さえあれば中学生でもできますし，苦労はするかもしれませんが，一人でやれないことはないともいわれています。

　対象となる範囲も，健康な生活は送っているが生きがいが感じられないという人や日常生活の中のストレスから解放されて自分の生き方を考えてみたい人などさまざまな動機で内観をして，自分自身を見つめることを通じて，真の自己を発見することを目指しています。また精神科や心療内科などの対象となる深刻な心の問題を抱えた人も内観によって自己省察を得ることができます。

　内観を比較的多く用いる臨床上の問題としては，非行や犯罪，うつ状態，アルコール依存・薬物依存，摂食障害，心身症，不登校，家族間の問題などがあげられます。また薬物依存や摂食障害，心身症，抑うつ，神経症など比較的広範な精神疾患に対する効果も報告されています。しかし内観療法は本人の意欲に加え，しっかりした自我状態が必要なため，統合失調症や境界性人格障害などへの適応には意見が分かれているようです。本人への適用が困難な場合，家族に内観してもらう家族内観によって，病状の好転がみられるという報告もなされています。また，重度のうつ病の場合には内観を機に自殺願望が高まる可能性がありますから，寛解期になってから行うなど慎重にしなければならないことも指摘されています。

2.6　自己理解のための日常内観

　カウンセリングの経過の中でカウンセラーからの助言によって，あるいは日常の生活の中で自己の生き方を顧みるために，内観をすることができます。そのさいの手がかりになるよう，以下の記述を付加することにします。

　日常内観において大切なことは安定した実施を継続することです。それには，続けやすいようにノートなどを用意して1日ごとに記録をつけるとよいでしょう。一般的にいえば，書くことによる自己カウンセリング（福島, 2005）という働きにもなるでしょう。

　内容として，実施の日時，誰に対して何時の自分を調べるのかを書き，3つのテーマ（してもらったこと，して返したこと，迷惑をかけたこと）について，

できるだけ具体的な経験や情景を思い出しながら調べていきます。

内観の進め方は次のとおりです。

① 実施に支障のない時間と場所を工夫します。電話などの気が散る場所や慌しい時間帯は避けたほうがよいようです。

② 楽な姿勢で座り方は自由です。座禅を組むような形をとる必要はありません。

③ さて、誰からはじめるかですが、とくに抵抗がない限りは最初に母親もしくは母親代わりからはじめ、父、兄弟姉妹、祖父母など生育家族について、年代を区切って具体的な事実を調べ、次に配偶者、子ども、友人というように自分とかかわりのあった人に対して、自分自身の気持ちや態度がどうであったかを時間が許す範囲で調べていきます。ただし、両親またはどちらか一方の親に対して強い否定的な感情をもっている場合は、それ以外の人からはじめて、ある程度内観になじんだ上で、両親もしくはそのもう一方の親へと進むのがよいといわれています。

筆者の「自己理解と成長」の授業を受けた学生の一人が書記的方法によって内観をして、その経験を話してくれました。その例をあげてみましょう。

ある男子学生はアルバイトをしながら自分で学費も生活費も稼いでいますから、母親に「してもらったこと」よりも「してくれなかったこと」ばかりが浮かびました。しかし静かに瞑想を続けていくと、幼い頃のある出来事が浮かび、やさしい母の心を気づきました。そして母親に「して返したこと」が何も思いつかないことに驚き、むしろ、母親に「迷惑をかけたこと」があれこれ浮かびました。それを契機に、小学校時代、中学高校時代、そして最近のことなど、時代を追って次々と自分と母との出来事が回想され、自分が母に支えられてこれまで成長してきたことに気づき、不思議な安心感に包まれて明るく前向きな気持ちになり、その後は苦手な父親と自分とのかかわりを調べ、父親への反発と軽蔑の感情が、父に似ている自分への感情の投影であることに気づきました。そして、さらに対象を広げて内観を続け、自分をしっかり見つめて、積極的に生きていく決心をしていると話してくれました。

2.7 内観法の展開

内観法はその心理臨床的効果が一般に注目され，1960年代から精神医療現場に導入されるようになりました。民間の内観研修所などが医師の依頼で行う場合と，医師が中心となって病棟内で行う場合があります。そして1978年には日本内観学会が発足し，1991年には国際内観学会（International Naikan Association；略称 INA）も設立され，東京で開かれた国際サイコセラピー学会・アジア国際サイコセラピー学会（2006）では多くの発表と活発な討論が行われました。内観法や森田療法の背景となる東洋的発想に対する欧米人の関心も高まり，アメリカのデイヴィット，K．レイノルズ（Reynolds, 1985）は内観療法と森田療法の要素を取り入れた新しい心理療法として「建設的生き方」（constructive living）を提唱しています。

内観法による自分と周囲の重要な人々とのかかわりを年代を区切って回想し，自己の内面を省察するアプローチは，社会構成主義（Gergen, K. J.）の視点から，自己と他者とのかかわりを回想して物語ることによる自己再構成の営み（森・福島, 2007）としてとらえ直すことによって，さらなる意義と展開の可能性を含んでいるように思えます。内観法とは異なる背景をもつ有意義なアプローチとして，回想アプローチ（reminiscence, life review）が注目されています。黒川・斉藤・松田（1995）や松田（2006）によると，高齢者の生きがいの探求を主題として回想法がいろいろに工夫実施され，その効果についても注目されており，今後のさらなる展開が期待されるところです。

【引用・参考文献】

福島脩美　2005　自己理解ワークブック．金子書房．
石山一舟　2005　森田療法の応用・拡大領域と今後の発展課題——森田療法に基づく統合的なカウンセリングのモデルの開発に向けて．日本森田療法学会雑誌，16(1)，51-56．
岩井　寛　1986　森田療法．講談社現代新書．
北西憲二　1998　実践森田療法——悩みを活かす生き方．健康ライブラリー．
国際サイコセラピー学会・アジア国際サイコセラピー学会抄録集　2006．
黒川由紀子・斉藤正彦・松田　修　1995　老年期における精神療法の効果評価——回想法をめぐって．老年精神医学雑誌，6(3)，315-329．
高良武久　2000　森田療法のすすめ——ノイローゼ克服法．白揚社．
松田　修　2006　高齢者に対するメモリートレーニング．精神療法，32，22-27．
森美保子・福島脩美　2007　心理臨床におけるナラティヴと自己に関する研究の動向．目

白大学心理学研究，第3号，147-167．
森田正馬　2004　神経質の本態と療法——森田療法を理解する必読の原典．白揚社．
三木善彦　1976　内観療法入門——日本的自己探求の世界．創元社．
三木善彦・潤子　1998　内観ワーク——心の不安を癒して幸せになる．二見書房．
Reynolds, D. K.　1985　*Constructive living*. Honolulu : University of Hawai Press.（吉坂忍・遠藤博因訳　1999　建設的に生きる——「森田と内観の展開」．創元社．）
Reynolds, D. K.　1995　*A handbook for construtive living*. New York : William Morrow & Co.
渡邉　勉　2000　On the meaning of the recovery from neurosis in the case of Hyakuzo, Kurata. 森田療法学会雑誌，**11**(1)，244-247．
吉本伊信　1989　内観法——四十年の歩み．春秋社．
吉本伊信　2007　内観法新版．春秋社．

Ⅳ 働きかけの手がかりを求めて

　臨床心理学の大きな流れの中で，身体と行動に主たる働きかけをするグループがあります。この流れは，精神分析を深い流れ，人間学派を静かな流れとすれば，急流にたとえられるでしょう。活発な学会活動によって支えられる積極的な技法で，最近も目新しい療法の提案が相次いで出されています。

　これからの3つの章は，11章「身体への定位と注意集中」として，催眠，自律訓練法，動作法，そしてマインドフルネス・ストレス低減法を取り上げます。そして12章「行動論的アプローチ」として，行動療法，認知療法，認知行動療法，そして最近のものとしてEMDRとACTを取り上げることにします。このグループは，学習心理学と認知行動科学に基礎をおく方法として心理学出身者にはなじみやすいのですが，科学的装いが魅力に感じる人と苦手に思う人がいるでしょう。このグループの最後に，統合的カウンセリングを志向するものとして，13章「カウンセリングの多面的アプローチ──ラザルス」を取り上げることにします。

　カウンセリング実践を主たる任務とする人には，その機能性をさらに高め広げるために，他の理論・技法にも目を配ってほしいと思います。また臨床の諸理論・技法にまだ触れる機会が少なかった方には，この機会にいろいろなものに目を向けて，カウンセリングと心理臨床の力をさらに高めるための理論技法を探す手がかりとしていただきたいと思います。

11章　身体への定位と注意集中

1. 催　眠　法

1.1 催眠による臨床心理学のスタート

　催眠による心理療法は，精神医学者メスメル（Mesmel, A.：動物磁気説）を創始者として，ブレイド（Braid, J.）によって催眠と命名され，フロイト（Freud, S.）の精神分析の発想を生み，その後も自律訓練法などの心理療法の母体ともなって，精神医学と臨床心理学の中にその位置を保持し続けてきました。実際，フロイトは催眠による治療を手がかりにして，意識性を欠く状態から無意識の心に注目して精神分析という力動的理論を編み出したのでした。

　しかし一般の人々には初期の催眠術という言葉から意識性を奪って意に反する行為を強いられるという誤解を招き，恐れと好奇心の対象ともなっていました。催眠に関する研究が進んだ今日においては，かつての恐れや好奇心は妥当な理解でないということが広く理解されるようになりました。

　わが国では，成瀬（1968）や林（1965）によって学術的な研究と応用が広く展開され，主要な学会においても取り上げられ，催眠についての理解が学会でも一般でも進みました。また催眠誘導の基本的方法・手続きの書が多湖・加藤・高木（1968）によってまとめられ，宮城音弥と池見酉次郎によるはしがきを添えて出版されました。

　今日では，医学や心理学における研究の対象として，あるいは方法として，催眠が広く採用されるようになっています。また教育催眠という言葉で教育と発達の分野でも催眠が活用されています。そしてカウンセリングにおいて催眠を導入することも不思議ではないように広く理解されるようになっています。

　カウンセリングの領域においては，催眠誘導による内的注意集中の促進を通して心身の弛緩をもたらし，また催眠がもたらす被暗示性によって症状の改善を図り，催眠下でイメージ活動が活性化することを活かしてメンタル・リハーサルを行い，あるいは催眠の手続きと効果を織り込んだ面接が工夫されるなど，

さまざまな形で催眠の現象と方法が用いられるようになっています。その1つの目覚しい展開が3.で取り上げる動作法です。

1.2 催眠誘導の方法

カウンセリングも臨床心理も面接を主たる手段としていますが，催眠面接を特異的なものとして，あるいは共通性を見出すことによって，自己の面接の特徴を考える参考になるかもしれません。催眠誘導あるいは催眠への導入は次のようなものが代表的なものとなっています。

(1) 準　備

催眠誘導のさいに誘導者がどういう身だしなみや態度が望ましいかということについて，一般に，信頼感を抱かせるようなきちんとした身なりと態度がよいとされます。この点では一般のカウンセリングの場合と同様ですが，催眠の本には権威のある雰囲気や態度がよいと書かれています。その理由は催眠の性質に関係があります。催眠の場合，カウンセラー（催眠誘導者）の言葉にクライエントが素直な気持ちで耳を傾けることが重要です。誘導者の言葉を心の中で反復して「そうかもしれない」と受け止めることが催眠への第一歩です。

したがって誘導者の社会的位置や経験の印象が催眠誘導の成否に大きく影響します。大学や研究所のスタッフに対しては一般に信頼感がありますから，ごく自然な態度でよいのですが，個人臨床の場合や若い臨床家が催眠を誘導する場合には少し工夫が必要になるかもしれません。しかし大仰な態度で不安や恐怖を感じさせることは望ましくありません。

部屋については普通のカウンセリング・ルームでもよいのですが窓にカーテンを引くとか，換気扇の音を止めるとか，照明を間接照明にするなどによって集中を妨げないように工夫が必要でしょう。

そして最初の面接で十分にラポールをつけ，体の力を抜いて，椅子にかけさせ，深い呼吸によって心身のくつろぎと注意集中を導きます。

(2) 被暗示性テスト

催眠への準備として被暗示性テスト課題を導入します。これには両手を固く組んで2つの人差し指を立てて2本が付いていくことを暗示，開いた両手の間を見詰めていると両手が近づく暗示，閉眼でつま先をそろえて立たせて身体の

揺れの暗示，眼を閉じて両腕を肩の高さに上げて右手に風船がついていて上昇するイメージ，あるいは左掌に本が乗ったイメージを教示し，観念運動の働きをチェックするなどが用いられます。

(3) 催眠誘導法

凝視法や両手の開閉や片手の上下動など，いろいろな手続きが開発されていますが，催眠状態を安定して形成する上で効果的なものとしてブレイドによって開発された凝視法を応用したものが好んで使用されるようです。これは物や光を凝視しつづけるうちに，自然に目が疲れてくるのを待って閉眼させ，時間をかけて睡眠状態を深めていきます。

(4) 催眠深化法

催眠を誘導してもすぐに深い催眠状態に入ることはめったになく，クライエントの催眠状態を見ながら深化法の技法によって催眠トランスを深める必要があります。たとえば浅い状態のときは身体の揺れなどの運動暗示や深呼吸法，数を数える方法などが導入されます。そして比較的深い催眠状態が生じていた場合には「イメージ法」や数を数える方法などでさらに深い催眠状態へと導きます。なお，トランスとは意識の変容による平常とは異なる心理状態を指して用いられる言葉です。

(5) 覚醒法

催眠状態は長い時間経過の後には自然にもとの状態に復帰しますが，通常は一定の覚醒化技法（私が数を数えるうちにだんだんともとの状態に戻っていきますと言いながら）によってじっくりと解除を図ります。催眠解除の際はリラクセーションの暗示と心身爽快感をともなうことを暗示します。また，誘導したすべての暗示を解除することを忘れないように注意する必要があります。ある若手の臨床家は暗示の一部に「お尻が椅子についてしまって離れません」という暗示をしましたが，解除の際にこれを忘れていたところ，そのクライエントは下車駅で椅子から立てずに乗り越したという話があります。

表11-1 催眠深度表

類催眠	：催眠状態への準備状態
軽催眠	：暗示による運動支配が可能になる
中等度催眠	：感覚支配が可能になる
深催眠	：年齢退行や後催眠暗示が可能になる

2. 自律訓練法

2.1 成立の背景と位置

自律訓練法（autogenic training）は催眠と睡眠の相違に関する研究に刺激を受けたシュルツ（Schultz, 1933）によって創始されました。彼は催眠によってトランス状態を誘導するのではなく，覚醒状態のままで催眠と同様の効果を得ることを模索しているうちに，重い感じと温かい感じが重要であることに気づき，それを自己暗示によって導くような練習を着想し，体系化したものが自律訓練と呼ばれることとなりました。なお，自律訓練の語義は直訳的には「自身に（auto）適した（genic）練習，自己練習」というほどの意味で，催眠誘導者から誘導される催眠との相違が明らかになる概念です。また，これが自己催眠（autohypnosis）と異なるところは，自己催眠が催眠誘導を自身で行うという意味で，催眠誘導の基本に即していますが，自律訓練は催眠誘導を用いずに，意識レベルのままで，覚醒暗示という自分に適した訓練によって，その本質的効果を得ようとすることにあるといえるでしょう。また一定の公式によって筋を通している点ではフロイトやユング（Jung, C. G.）の自由連想とも明確に異なるといえます。いわば自律訓練は臨床的援助の本質を簡潔に取り入れた方法といえるでしょう。

シュルツは神経系の働きと無関係に心理的影響を操作することはありえないという考えから，身体の状態を重視した心理的方法として自律訓練法を編み出しました。そしてその目指す効果としては，緊張から弛緩へ，興奮から沈静へ，交感神経支配優位から副交感神経支配優位へと変換することによって，心身全般の安定を得ようとすることにあります。

2.2 方　法

環境設定と準備段階を踏まえて，中心となる基本的な標準練習，その上での黙想練習，そして特定の問題と器官に絞った特殊練習（たとえば夜尿症に対する膀胱のあたりが温かい，禁煙に対するタバコをすわずにいられる，など）がありますが，ここでは標準練習についてポイントを解説しましょう。

準備段階として自律訓練法を実施する環境を整えます。場所として，静かな

落ち着ける場所，雑音のない，やや暗い照明の部屋がよいでしょう。姿勢としては仰臥姿勢または腰掛姿勢で，ソファーや椅子にかける姿勢が採用されます。目は外的刺激を減じて集中するために閉眼します。そして終了時には平常の状態に戻すために腕と脚を強く反復して屈伸し，深呼吸の後に開眼します。

(1) 背景公式

「気持ちがとても落ち着いている」という公式を与え，心身の状態を整えます。この公式は以降の各練習公式の間に背景として随時挿入されます。「気持ちがとても落ち着いている」の後に次の標準公式が提示されます。

(2) 重感練習

「右手（利き腕を用いて）がとても重たい」（左利きの場合は左手をまず用います）。そしておよそ30秒から1分の注意集中の後，右腕に重い感じが現れたら，これを強め，次に「左手がとても重たい」に移ります。重くするような意志を用いないように，重いかな？と注意が向いて，その感じを感じ取るように教示します。そして重感が身体の他のところに広がったなら（般化したなら），それを公式の中に織り込んでいきます。一般には，右腕→左腕→両腕→右脚→左脚→両腕両脚の順に公式を繰り返して進めます。あるいは右腕→右脚の順でもよいとされています。こうして3～6週間で重感を獲得して全身の弛緩をもたらすようになったなら，次の温感練習に入ります。

(3) 温感練習

「右腕がとても温かい」という公式を繰り返します。すでに重感が出ている上ですから温感も実は起こっていた可能性もあります。重感練習と同じ順序で全身の血管拡張を目指して4週間から8週間がかかります。この場合も温かいかな？と自身に尋ねて，そうなっていることを感じる態度が重要です。

すでにここまでの段階で多くの効果が現れてくることが期待されます。そして次には，心臓調整：「心臓がとても静かに規則正しく打っている」，呼吸調整：「とても楽に息をしている」，腹部温感：「胃のあたり（太陽神経叢のこと）が温かい」，額部冷感：「額がちょっと冷たい」と展開して標準練習を終わります。実施の具体は書物や市販のVTRなどが参考になるでしょう。

2.3 適用範囲

自律訓練法の適用範囲は広範にわたり，心身の健康状態を促進することが知られています。

3. 動作法

3.1 動作法の成立

動作法は，脳性麻痺によって動かなくなった体の一部が催眠暗示によって動くようになるという臨床経験（小林，1966）を蓄積するなかで，成瀬（1985, 2000）によって編み出されました。そうした一連の研究によって，脳性麻痺の人の体は動かないどころか動きすぎるほど動くが，自分の思ったようには動かせないという意味で不自由なことがわかってきて，動作の結果が意図とは食い違ったものになっているのだから，意図を実現しようとする努力を適切に援助することが治療の目標となりました。また障害のある子の介護にあたる者の肩こりや腰痛の軽快にも応用できることがわかって，この方法の適用可能性の広がりにも注目されるようになりました。

3.2 動作法の広がり

その後，動作法をいろいろな問題に適用することが試行されて，その効果が自閉や多動の子ども（今野，1993, 1997），不登校の生徒（最上，1995），成人の不安神経症や対人恐怖（藤岡，1992），強迫神経症（窪田，1992），書痙（入江，1992）などにも認められるようになって，広く注目され認知されるようになりさまざまな人たちが実施するようになりました。

動作法は，その適用対象群によって2つに分けることができます。1つは，肢体不自由の改善や身体運動の向上など体の動きそのものを対象として，その動きが望ましい方向に変化することを目的とするものです。もう1つは，体の運動や動作を扱いながらそれを手段として，感じ方や活動の仕方など生活体験のあり方の変化を目的とするものです。

こうして脳性麻痺者の動作訓練，障害者のリハビリテーション，あるいは健康法や高齢者の動作法に加えて，心の問題の改善にも効果が認められました。

3.3 動作体験をともなう体験

このような広がりをもつようになった動作法の効果について，どうすれば一貫した説明ができるかということが重要な検討課題となります。そこで，動作法では動作体験とそれにともなって起きるさまざまな体験，つまり動作にともなう体験を分けました。先の2つの適用でいえば，動作法による身体活動そのものへの支援が動作体験に焦点を当てたもので，不登校や不安の改善効果は動作にともなう体験による効果と考えることができます。

普通，カウンセリングの場面はクライエントが自己の経験を語り，カウンセラーがそれを聞いて理解をフードバックするというように，言葉による経験の開示，理解の交流を主題にしています。ところが動作法ではクライエントの動作をカウンセラーが導き，支えや補助の手をそえてやり，目標とする動作と現在の動作とのズレをフィードバックし，動作の調整を支えることになります。例として椅子から立ち上がる場合をあげれば，立とうと意図し，そうなるように努力して意図どおりに立つという身体運動が実現されます。そのように，日常の動作は「意図─努力─身体運動」という一組の図式でとらえられます。その場合，自分が今こうしていると直に感じ取っている認知的活動を体験するということで，その体験には，はっきり意識に上っている意識的意思的体験と何となく「ある感じ」としてわかるもの，つまり意識下の体験とがあります。動作法はこの日常の動作図式に課題を加えて，「課題─意図─努力─身体運動」とすることによって動作を通して治療効果をあげることといえます。

動作法の手続きによって例示すれば次のようになります。

「さて，今から動きを始めましょう。それにはまずよけいな緊張をほぐしましょう。（ここのところはよけいな緊張です）無駄な力を抜いて，必要な力はしっかり入れるようにしましょう。そうです。今の努力の仕方は意図のとおりに役立っているかな？　自分の身体の感じに注意を向けてみましょう。この動きは意図したものと違うかな？　食い違っていたらここでこう修正してみましょう。もう少し力を抜くと感じがわかります。どうですか。ではもう少しここに力を入れないと目指す動きになりませんよ。さあやってみて，どうですか？　はい，その調子です。」

このように動作の進行に応じてカウンセラーから言葉と動作支援が与えられ

ます。クライエントは瞬間瞬間の動作とそのフィードバックのやりとりの過程を体験しつつ，刻々の変化に対応していきます。そしてときには意識化によって，またときには意識下化によって動作をスムーズにやりとげるこつを学び達成経験を味わうことができます。

　こうした動作体験と同時に，クライエントは動作するという目的達成的な体験とあわせて，さまざまな感じや気持ちを体験しているものです。たとえば身体を動かそうとする意志，自分の身体の感覚に注意を向けて微妙な感じをつかみ取ろうとする態度，こうした心理活動の高まりは単にその動作のためだけにとどまらず，それ以外のさまざまな事象，たとえば自分の身体の状態への気づき，心身の緊張と弛緩の体験による実感をもって感じる「自体感」，そうした心身状態への定位とリラックス，周囲との息の合わせ方のようなかかわり方，などが，ともなう体験のうちの主なものとなるようです。

　ところで，ある動作と取り組んでいるときに，クライエントの体にピクッと緊張が走ったり，動きが重くなったりすることがあります。あるいは補助の手に抵抗するような動きが現れることがあります。そのようなときは気持ちが不安定になっていたり，何か気になることが浮かんだり，嫌な気分が出たりしていることが多いようですが，特段の面接のテーマに拾いあげたりしないで，動作法の相互作用を継続することがよいとされています。

3.4 意識化よりも意識下化

　フロイトは無意識の意識化を治療の鍵としましたが，動作法は意識化よりも意識下化を治療目標とします。どういうことかというと，動作は変に意識すると不自然になり不自由でかえって奇妙な癖が出たりすることがありますが，適切な意識化によって動作訓練をすることによって柔らかい自然な動作がすっとできるようになります。そうなると意識しなくてよい状態になります。つまり意識化してそれから意識下化にもっていくことが理想と考えるのが動作法の基本的な立場のようです。

　なお，フロイトの意識，前意識，無意識の区分は心を実体化してとらえていると指摘されますが，動作法での意識，無意識は単に動作の主体者によってその動作努力が意識されているかいないかの区別であり，いわば現象を記述する

ための用語となっています。

　動作法は動作による相互作用ですから，動作によるカウンセリングということができます。動作法を研修会などで実際に学ぶことは言葉によるカウンセリングのこつにも通じますから，実際に動作法を採用しない場合にも，普段のカウンセリングに大いに参考になることでしょう。

4. マインドフルネス・ストレス低減法

　カバットジン（Kabat-Zinn, J.）は，マサチューセッツ大学メディカルセンターのストレス・クリニックで，医学的治療が困難な慢性疼痛の対処法としてストレス低減リラクセーションプログラムを実施しているなかで，独特な方法を編み出しました。それがマインドフルネス瞑想法で，適用範囲が摂食障害，不安神経症，パニック障害などに拡張しました。マインドフルネス（mindfulness）は注意深さの意味で，注意集中瞑想法という意味になります。

　カバットジン（Kabat-Zinn, 1990）によれば，不健康は，たとえば食欲はもう十分という信号があってもそれを無視してやけ食いをするように，体のフィードバック・メッセージに注意を払わないことによって，体内の各部分の結びつきを壊して体内システムが非制御的状態になった結果，生物システムの機能に混乱が生じている状態であり，逆に体のフィードバック・メッセージに注意深くなることによって体内システムの正常な制御的状態が保たれ，生物システムの機能の秩序が維持された状態が健康な状態であると考えます。

　したがって，体の状態に注意深くなるトレーニングが主題となります。マインドフルネス瞑想法は，実践として，今の瞬間に意識を集中することを基本として，呼吸，静座瞑想，ボディスキャン，ヨーガ瞑想，そして日常生活の中での歩行瞑想などが取り入れられます。

　彼の著作が春木豊によって『マインドフルネス・ストレス低減法』として翻訳されました。また，この方法が抑うつ対処法として認知行動療法家（ティアズデール Teasdale, J. D.）に取り入れられ，また行動療法の第三の立場（ヘイズ Hayes, S. C.）の注目するところとなって，あらためて関心が高まってきています。カウンセリングと心理療法の統合への歩みを刺激する新たな動向といえるように思えます。

【引用・参考文献】

藤岡孝志　1992　神経症者への動作療法．成瀬悟策編　現代のエスプリ別冊　臨床動作法の理論と治療．至文堂．

林　茂男　1965　催眠入門．誠信書房．

入江建次　1992　動作法による書痙の治療例．成瀬悟策編　現代のエスプリ別冊　臨床動作法の理論と治療．至文堂．

Kabat-Zinn, J.　1990　*Full catastrophe living.* New York : Delacorte.（春木　豊訳　2007　マインドフルネス・ストレス低減法．北大路書房．）

小林　茂　1966　脳性マヒのリハビリテーション．成瀬悟策編　教育催眠学．誠信書房．

今野義孝　1993　慢性緊張への気づきと心身の体験との関連性．行動療法, **19**, 1-10.

今野義孝　1997　「癒し」のボディ・ワーク．学苑社．

窪田文子　1992　強迫神経症者．成瀬悟策編　現代のエスプリ別冊　臨床動作法の理論と治療．至文堂．

最上貴子　1995　不登校女子小学生への動作法の適用．臨床動作学, **1**, 28-29.

成瀬悟策　1968　催眠面接法．誠信書房．

成瀬悟策　1985　動作訓練の理論．誠信書房．

成瀬悟策　2000　動作療法：まったく新しい心理治療の理論と方法．誠信書房．

佐々木雄二　1999　自律訓練法．ごま書房．

Schultz, J. H.　1935　*A practice manual of autogenous training.* Oxford, England : Thieme.（成瀬悟策訳　1963　自己催眠．誠信書房．）

多湖　輝・加藤隆吉・高木重朗　1968　催眠誘導の技法．誠信書房．

12章　行動論的アプローチ

1. 行動論的アプローチの基本的立場

1.1 アイゼンクの主張

アイゼンク（Eysenck, H. J.）が，当時の心理療法の中心的支柱でもあった精神分析療法に対して批判的な論議を展開して以来，科学的心理療法の旗手として行動療法（behavior therapy）が脚光を浴び，行動論的アプローチがカウンセリングと心理療法の主要な理論的支柱の1つとなりました。

アイゼンクの主張は，不適応行動も適応行動と同じ学習の産物であり，学習過剰あるいは学習不足によるとして，実験的に確かめられた技法による明確な効果を目指したもので，行動療法の基本的立場となりました。

初期の行動論は，古典的条件づけに基礎づけられた行動療法（behavior therapy）とオペラント条件づけに基礎づけられた行動変容法（behavior modification）によって展開され，のちに認知的側面が加えられました。

1.2 拮抗制止原理

ワトソンとレイナー（Watson & Rayner, 1920）によって例示された感情の条件づけの説明は次のようなものでした。はじめに生後11か月の子どもにラット（白い大型のネズミ）を近づけたところ，興味を示して手を伸ばしました。次に手を伸ばすや耳の後ろで金属音を鳴らすことを繰り返したところ，7回で子どもはラットを避け，見て泣くようになりました。ラットに対する恐怖反応が形成されたことになります。そして，ウサギや白いものにまで般化しました。ワトソンの研究所の女性の子どもがその後どうなったか明らかではありませんが，その恐怖はその部屋に限られていたことから考えて，心配する必要はなかったようです。

その後，偶然にもジョーンズ（Jones, 1924）が動物恐怖の子どもたちの治療を行ったさい，ワトソンの実験事例によく似た怖がりの子どもがいました。ジ

ョーンズは子どもが十分に楽しい気分でいるときに遠くにウサギを見せ，子どもが泣いたりしないのを確認しながら徐々にウサギを近づけるようにしたところ，やがて子どもはお弁当を食べながらウサギをなでるようになりました。この方法は，のちに，ウォルピ（Wolpe, 1954）の拮抗制止原理による具体例と見られるようになりました。

　拮抗制止原理（reciprocal inhibition）は，不安と安心は拮抗関係（対立関係）にあって，一方が強く起こっているときは他方は起こりにくくなるという関係を利用する行動療法の原理です。たとえば，不安と緊張が大きいときは，そうでないときなら笑えるようなことでも楽しく感じることができません。その反対に，大きな喜びや楽しい気分でいるときは，ちょっとしたことでは悲しくなったり不安になったりしません。

　このような関係は次のように説明されます。もしも100の安心状態のときに，10の不安を起こす刺激が提示されるなら。不安は生じない。不安は0になったと考えられます。そこで次に，20の不安を起こす刺激が提示されても以前の10が0になっているので実質は10の刺激になり，これは不安を起こしません。こうして大きな安心刺激のもとで，不安刺激が段階的に強められ，不安誘発力を失っていくことになります。このような漸次的ないし漸進的手続きは系統的脱感作法と呼ばれて広く活用されています。

　不安に拮抗する大きな安心反応として，いろいろな活動や刺激が用いられます。その1つに筋肉弛緩や呼吸があります。その代表的な技法としてリラクセーション法があります。これは，不安と緊張に拮抗する反応として筋弛緩を採用し，不安刺激をイメージしてもリラックスしていられるように訓練します。

　また自律訓練法は催眠に似た心身の状態を教示によって誘導していきますが，右手右腕の重たい感じから入って温感に進め，徐々に全身の脱力状態を誘導し，その経過の中で不安を制止していく方法と考えられます。そのさい「受動的注意」ということがとくに重視されます。重くするとか温かくなるように努める態度ではなく，自分に「どうかな」と問いかけて，重く，あるいは温かくなっていることに自然に注意が向くことが大切にされます。

　拮抗制止成分としては，他にもいろいろ工夫があります。子どもに対してはトランポリンのような体を動かす活動が有効です。筆者がかかわった事例（松

村・福島, 1977) ではサイレン音恐怖の幼児にトランポリンのジャンプが有効でした。また好きな映像上のヒーローイメージもそれがプラスの感情を喚起できる程度に応じて効果的に活用できます。また, パーティや食事会などの社交的な集まりをイメージすることも効果的な方法とすることができます。

1.3 強化随伴性操作

　人と環境の間には行動を介した相互作用過程が進行します。人は環境に対して能動的に働きかけ, それに対する環境の応答を受けて, 行動を変えていきます。たとえば教室の子どもは手を挙げて教師からほめられると繰り返し手を挙げるようになり, 手を挙げても教師から認めてもらえないと, 子どもは手を挙げることをやめます。このように環境から肯定的結果を引き出す行動は維持され, そうでない行動は捨てられていきます。スキナー (Skinner, 1957) は生体の環境に対する自発的行動をオペラントと呼び, オペラントに対する環境の応答を強化随伴性と呼び, オペラント強化の枠組みを提案しています。

　この枠組みからカウンセリングをみるならば, ためらいがちにやってきたクライエントはカウンセラーの温かい歓迎によって再び来談する確率が高まるでしょう。またあるクライエントのある発言に対してカウンセラーが温かく関心を向けて応答するならば, クライエントはその話題についていっそう話すようになるでしょう。つまりカウンセリングにおけるクライエントとカウンセラーとの相互影響過程はオペラント強化の枠組みによってとらえることができます。

　オペラント強化によって目標とする複雑な行動を形成するさいには, 今の段階でも実行可能なやさしい行動, あるいは複雑な行動の基礎となる行動を強化して, 漸次, 複雑で高度な行動へと展開していく方法が有効とされます。その手続きには継時近接法とかシェーピング法という方法が提案されています。両概念は基本的には同義に使われますが, シェーピング (形成化) 法は標的行動 (仲間とのコミュニケーション) をいくつかの基礎となるパーツ (たとえば友人の近くに行く, 声をかける, 声をかけられたら応じる, 自分の考えを言う, 相手の意見を聞く, 質問する, 質問に答えるなど) に区分けして, それらを順次学習して, 最後に総合するというように, 総合化と形成化に力点がおかれます。他方, 継時近接法は現状から目標へと近づけていくという意味合いが強く,

学校へ行けないでいる現状から，安定的起床と就床，午後の相談室登校，学習参加，学校滞在時間帯の拡充へと展開していくという，目標への漸次的接近をガイドする働きに力点がおかれます。

カウンセリングにおいては，クライエントがどうなりたいかを具体的にもって来談する場合やカウンセリングを通して現実の行動を変えたいと思うようになった段階で，行動的アプローチが有効性を発揮するでしょう。

1.4 自己制御と自己調整

人は自分の行動を評価して行動を自分で調整する能力をもっています。その評価の基準は意図した行動のイメージや行動の結果に対する自己判断であろうと思われます。こうしようと思ったのにそうならなかった，こういう結果になるとは思わなかったというような，意図あるいは目標と現実の行動とのズレがマイナスの場合にはマイナスの自己評価をします。その反対に意図したように行動が実行できた，よい結果が得られたと思ったというような，意図あるいは目標に適合する場合はプラスの自己評価をします。こうした自己の行動に対する評価的反応によって行動は自己制御あるいは自己調整されることが知られています（Bandura, 1971）。

カウンセリングにおいてクライエントが語ることは，意図した目標と行動プランによってどのように行動を展開したか，そして意図したとおりに行動できたか，どういう結果になったかということが主要な語りになります。そして，カウンセラーはその語りを聴いて意図と行動と結果を理解し，ともに考えることになります。つまりクライエントの自己調整過程がカウンセリングによって吟味されることになります。

あるクライエントは高い目標にこだわりつづけて実際には行動を起こしていません。またあるクライエントは行動プランが細密でないために効果的な行動を実行できずに苦しみます。そしてあるクライエントはカウンセラーからみたら十分によい達成をしているもかかわらず否定的に自己評価して自己非難を経験しています。またあるクライエントは自己の不得意な面にのみ目を向けて「自分はてんでだめだ」などとマイナスの自己概念を保持して苦しみます。こうした自己評価の問題を抱えたクライエントに対しては，カウンセラーの役割

はクライエントが適切な自己調整をできるよう援助することであるともいえるでしょう。

2. 認知行動療法

行動療法は，強化によらない観察による学習の成立や自己評価による行動の自己調整過程（Bandura, 1971, 1977），自己教示訓練（Meichenbaum & Goodman, 1971）などへと拡張され，初期の観察可能な行動への限定からしだいに内的過程を取り入れるようになりました。そしてエリス（Ellis, 1962）によって論理療法，すなわち合理情動行動療法が提唱され，またベック（Beck, 1976）によって認知療法が提唱されました。

2.1 認知療法

認知療法は，人のものの見方，つまり認知の枠組みとプロセスを変えることによって，感情と行動の変容を図ることができると考えます。したがってカウンセリングの目標はクライエントの認知の歪みの是正に向けられます。

認知の修正の直接的ターゲットは否定的自動思考とされます。クライエントは気がつかないうちに習慣的な思考様式によって否定的感情を喚起され抑うつ気分になります。その否定的自動思考の背景には，幼児期からしだいに形成されたスキーマ，仮説，信念などと呼ばれる上位の概念があって，それらの歪みも認知療法の重要な治療の対象および予防の対象となります。

認知療法は主にうつ病に有効であるということが一般的に確かめられていますが，さらに恐怖症や全般的不安障害といった従来の不安神経症や強迫性障害あるいは強迫神経症，身体化障害にも適用され，さらにまた統合失調症や人格障害にまでその範囲を広げつつあります。誰にも情動や行動というものが認知の関数であるとすれば，人は多かれ少なかれ認知に歪みがあると考えることができます。

認知療法は否定的自動思考の修正を目標としますから，まず否定的自動思考についてクライエントが十分に意識するように具体的によく説明します。次に，その認知の歪みを修正するように援助します。否定的自動思考については，一般に次のように指摘されています。

① 選択的情報抽出：自分にとって辛くなるような特定の情報のみに注意を向けて，全体的な状況把握をおろそかにしがちです。
② 独断的推論：ああだとするとこうだというようにある特定の結論に短絡的に到達します。矛盾する情報があってもそれは無視されます。
③ 過剰な一般化：ある一部の出来事をとらえてたちどころに一般化して，その不合理な面に気づかない傾向があります。
④ 過大視と過小視：ある出来事やある面については大げさに受け止め，他の出来事や面については極端に低く評価する傾向があります。
⑤ 個人化あるいは自己関連づけ：関係のない出来事を自分に関連づけて，自分のことと思い込む傾向があります。
⑥ 絶対的，二分法的思考：白か黒かに決めつける考え方です。

こうした硬直した思考をクライエントが見直すためには，カウンセラーはコラボレーション（共同作業，共同研究）のような共同的経験主義（collaborative empiricism）の姿勢で，ともに探していくことが重要とされます。カウンセラーのそのような態度でのクライエントとのやりとりによって，クライエントは自己の認知の歪みに気づき，修正するようにガイドされることになります。

2.2 論理療法

認知行動療法のもう1つの枠組みとして論理療法をあげることができます。これはアルバート・エリスによって，1950年代後半に rational psychotherapy（合理的，あるいは論理的思考による心理療法）として提案され，その後に1970年代には情動（emotive）を加えて RET（rational emotive therapy）として広く知られるようになりました。また行動療法からの評価に乗るかたちで，行動を加えて REBT（rational emotive behavior therapy）と改称されました。日本では合理情動療法，論理情動行動療法などと紹介されています。

この理論（Ellis & Harper, 1975）は，行動理論の刺激—反応の間に認知を媒介させる，刺激—認知—行動の図式に従い，認知の部分に信念（belief）をおき，非合理的な信念（irrational belief）が情動の問題を引き起こすとし，非合理な信念を合理的信念（rational belief）に変えるべく，クライエントに働きかけることになります。

そして中心になるのが，ABCシェマで，A（activating event）という賦活事象によって，B（belief）という信念が賦活され，その結果C（consequence）として情動的あるいは行動的問題が生じるという枠組みになります。
　したがって問題の原因は出来事（刺激事象）自体ではなく，出来事をどう認知・解釈するかによると考えられます。したがって，治療のターゲットとしては信念が非合理的であることが問題とされますから，カウンセリングの中でその信念，あるいは思い込みを取り上げて，これを合理的なものに変えるにはどうするか，それが方法論になります。
　非合理的信念は2つに分けられます。1つは推論の誤りです。推論とは「地震が起こると津波が襲う」というように2つの事象の間を原因と結果の糸で結ぶことですから，地震が起こると必ず津波を起こるとは限らないことに注目することが治療の鍵となります。「友人からメールの応答がなかったのは嫌われたとは限らない」ことに目を向けます。もう1つは不適切な評価で，「嫌われたとしても自分がダメ人間ということはないし，この世の終わりでもない」と否定的な評価や絶対的な評価の姿勢を柔軟化することが目標となります。
　非合理的信念を合理的な信念に変える方法として，エリスは異なる考えを示して反論する行為，つまり論駁（dispute）を重視しました。この方法の具体的手続きは次のようになります。
　まず，ABCシェマの構造について，ある出来事が契機になって，ある考えが起こり，それによって感情の混乱や不適切な行動が起こるという関連性について具体的に例をあげて説明します。そしてクライエントの考え方に焦点を当て，非合理的な信念を取り上げ，それによって情動や行動がどのようなマイナスの影響を受けているかを考えるように導き，苦しまないための合理的な考え方を教え，それをクライエントが自分の認知スタイルにするように，援助します。
　このように，クライエントの硬い考え方を取り出して，合理的に考えるように援助するエリスの方法は教育的働きかけを基本にすることになります。
　のちにエリスは個別のカウンセリングによるよりも集団でABCシェマを論じ合い，教え合うことの利点をあげ，論駁する歌を全員で歌うことを提案し実行しました。たとえば一方が「俺は仕事を失った」と歌い，他方が「それがど

うした，仕事だけが人生じゃない」と応じ，「どう生きていけばいいかわからない」と歌う相手に，「自分らしく生きればいいのさ」と歌い返します。エリスは多くの賛同者を得て認知行動療法の普及に貢献しました。

認知行動療法の具体的展開については岩本・大野・坂野（1997）が参考になるでしょう。

3. 新たな展開（EMDR，ACT）

3.1 EMDR

EMDR（eye movement desensitization and reprocessing）は，シャピロ博士（Shapiro, F., Ph. D.）によって，夢を見ているときの眼球運動の事実や臨床経験からヒントを得て，眼球運動による脱感作法（EMD：eye movement desensitization）として開発されました（1987年）。当初は不安刺激をイメージしながら眼球を左右に動かす運動が不安を制止するという行動論の枠組みによるものでしたが，脱感作と同時に記憶の認知的再構成（reprocessing）が起こり，自発的な洞察と自己効力感の促進がもたらされることに注目し，より統合的な情報処理パラダイムの中に位置づけ，EMDRと改称されました（1991年）。

シャピロ（Shapiro, 1995/2001）や市井（1999），市井・熊野（1999）によるとEMDRによる成果は顕著で，これまでに非常に多くの症例報告が蓄積されています。主なものとしては，フラッシュバック，悪夢，その他のPTSD症状に苦しむ戦争帰還兵や災害による心的外傷への適用，恐怖症とパニック障害への適用，事件の後遺症に苦しむ犯罪被害者や警官，職務上の事故や失敗によって自己非難を続ける人々への適用などに，短期間（90分セッションで3～5回程度）に目覚しい症状改善を得た報告が目を引きます。なお，最近は適用範囲がさらに広げられて，子どもにEMDRを適用する方法についてキャロリン・セトル（Carolyn Settle）による招待講演（日本EMDR学会第3回学術大会）が行われました。

その中心的技法は，クライエントが現在の刺激（眼球運動や掌のタッピングなどの両側性の刺激））の追跡と過去の心的外傷のイメージへの対面という両方に同時に注意を向ける，二重焦点化による情報処理の賦活とその促進としてとらえられます。この二重注意刺激の意義については神経生物学的研究に期待

が寄せられていますが、詳細の説明は今後に待つことになるようです。大まかにいえば、思い出、思考、イメージ、感情、感覚などが記憶のネットワークに貯蔵され、相互に影響し合うと考えて、それらの整理なり再構成にEMDR技法が有効に作用すると考えられています。

この技法についての具体的に理解が得られるよう、概略を説明します。実施には学会による研修と認定が必要です。

(1) EMDR手続きの基本要素

この技法の適用の必要性と留意点を吟味し、またクライエントの生育歴と問題歴の聴取、セッション中とセッション間の対処方法、EMDRへの耐性などについて吟味し、リラクセーションと安全な場所（楽しめる場所）のイメージ、両側性の刺激の選好性（眼球運動か音刺激かタッピングかなど）などについて調べる必要があります。

この技法を構成する要素として次の項があげられます。

① イメージ（映像）

クライエントの体験の中でもっとも動揺させられる部分についてイメージするようにガイドします。必ずしも鮮明なイメージを求めず、断片的で不明確でもよく、その体験に意識を向けることが重要とされます。

② 否定的認知と肯定的認知

イメージを浮かべたさいに生じてくる否定的信念あるいは不適応的な自己評価（EMDRではこれを認知と呼ぶ）を表す陳述「私は……である」を見つけ治療の標的とします。要はその出来事に関連して自分をおとしめているような考え（私が無力だ、私はだめな人間だ、など）を探すことで、情景を細かく描写するのではなく、そのことにかかわって浮かんできた負の自己イメージ（私は無力、私は愛される価値がない）がこれから取り扱うターゲットです。事実についての陳述や描写には再処理効果が期待できる余地は少ないけれど、その出来事から浮かぶ自己についての否定的認知あるいは評価が再処理のターゲットとなります。

次にクライエントが望む肯定的認知を同定します。たとえば、私は価値がある、魅力的だ、自分を信頼できる、よい人間など、「私は……である」形式の表現で、自分の内面でコントロールできる性質のものをあげてもらいます。

「私は……ではない」のような否定形の表現は避けます。クライエントがもっとも肯定的な自己帰属を可能にできるものが選ばれます。

③ 妥当性尺度

次にクライエントに肯定的認知の妥当性尺度（validity of cognition scale：VOC）について，完全な誤り1点〜完全に正しい7点までの評価を求めます。この値がベースラインとなって，今後の治療の効果をみる指標となります。

④ 感情と障害レベル

クライエントにその記憶の映像と否定的認知を心に浮かべるように求め，イメージしつつ今感じている感情がどのようなものであるかをあげて，その主観的障害単位（subjective unit of disturbance：SUD）の評定を求めます。

⑤ 身体感覚

たとえば首の筋肉のこわばりや腹部や肩のあたりの緊張を感じたり，あるいは動悸を感じるかもしれません。そのような身体感覚に注意を向けるように求めます。

(2) 情報処理システムの活性化

クライエントの映像や認知のいろいろな広がりについて先の基本要素をていねいにアセスメントしながら，次の手続きが実施されます。

① 脱感作（desensitization）

基本的には治療者が手を左右に水平移動させクライエントの眼球運動をガイドします。筆者は練習のときから肩と腕の疲れに困りましたが，左右の掌で膝や上腕を交互にタッピングする手続きや左右の指で音を鳴らすことなどでよいとされ，クライエントの好みを聞くことになります。また両手に一定の間隔で振動を与える器具も開発されています。このような両側性の刺激によって，クライエントの障害となるイメージと否定的認知と身体感覚を脱感作する手続きを継続し，感情とそのSUDの報告を求め，SUDレベルが0に近づくまで反復します。クライエントの障害と否定的イメージのすべてについて十分に吟味した上で，次の植え付けと呼ばれる手続きに入ります。

② 植え付け（installation）

ターゲットとした出来事について感情のレベルがSUDで0か1にまで下降したなら，植え付け段階に入ります。治療者は，もっともぴったりする肯定的

認知をターゲット記憶とともに思い浮かべるように求めます。そして，クライエントの肯定的認知が VOC 尺度で 6 ないし 7 点になるまで，両側性の刺激のセットを続けます。

③　ボディスキャン（body scan）

肯定的認知が十分に植え付けられたなら，クライエントはターゲットと肯定的認知の両方を頭に思い浮かべ，自分の身体を上から下まで心の中でスキャンし，身体感覚の形で残っている緊張感がないかどうか確認し，緊張感が残っていたら，ターゲットとして両側性の刺激のセットを実施します。

④　セッション終了と次回への課題

各セッションは安定した状態で終了すること，また帰宅後に苦痛なイメージや思考や感情がわき起こる場合は，それは好ましいことであると助言しておく必要があるようです。さらに積極的に夢や記憶についてメモを取り日誌をつけることを指導することもよいとされています。

EMDR は，幼少期の記憶の重要性に注目する点では精神力動モデルと共通性があり，また現在の機能不全に陥っている行動に注目し重視する点では行動理論の一般化のパラダイムと一致します。さらにクライエントとの関係性を重視する点ではクライエント中心療法に，肯定的・否定的自己評価に働きかける点では認知行動療法の流れに即しているともいえるでしょう。

この方法は，誰でも任意に実施できるものではなく，一定の教育と研修を受けて承認された者のみが，助言を受けながら実施することが強調されています。日本では日本 EMDR 学会によって研修と技法適用についての情報交換の場が設けられています。

　＊EMDR の記述については市井雅哉日本 EMDR 学会理事長の助言を得ました。

3.2　ACT

ACT（acceptance and commitment therapy）は，行動論に立つ新しい展開として1999年以降になって注目されるようになりました。

行動主義の流れはパヴロフ（Pavlov, I. P.）の古典的条件づけとスキナーのオペラント強化をよりどころとする初期の厳格な行動療法から，バンデューラなどの社会的，自律的学習理論の影響などを受けながら，ベックやエリスらの

認知行動療法へと展開しました。認知行動療法は行動理論の枠組みに認知・思考という行動原理の適用が困難な活動を取り込むことによって臨床の範囲を拡大して多くの臨床実績をあげてきました。

　しかし理論的には異質な2つの木を接木したような面が否めないという問題を担うことにもなりました。行動主義は生活体と環境との結びつきの機能的関連を分析しその修正を図ることを基本としていますから，二分法のような合理性を欠く，つまり環境との柔軟な相互作用を欠く硬い思考習慣がどう形成されたのか，そしてどう修正可能かについての十分な検討がないままに，認知・思考の内容への治療的働きかけをすることに，当初から疑問があったのです。そして，今，あらたな展開に注目が集まりつつあります。それはスキナーのオペラント強化の視点から新たに再構築を志向する臨床行動分析であり，行動理論の第3の波とも呼ばれるヘイズ（Hayes, S. C.）のACTの提唱です。

　武藤・高橋（2007）は，ヘイズとビセット（Hayes & Bissett, 2000）による臨床行動分析の定義「外来の治療・援助場面で働く臨床家が一般に直面する問題，場面，事柄をその対象とし，現代の機能的・文脈的な行動分析の前提・原理・方法を応用する応用行動分析の一分野」を紹介し，この定義の中の「現代の機能的・文脈的な行動分析の前提・原理・方法を応用する」点をとくに取り上げて，この定義の意義について説明しています。

　この立場は，内容よりも文脈，形態よりも機能を重視し，ある問題がどのような文脈で生起し，どのような機能をもっているかという面から，人と環境との接点を機能的かつ帰納的に記述し，新しい簡潔な手続きを開発し洗練化することを目的とします。つまり行動的ということになります。このことから派生して，アセスメントは，医学的な疾患と障害モデルに必ずしも依存せず，行動分析によって行い，またクライエントとカウンセラーの今ここでの関係性を重視します。そして，認知行動療法のように適応に支障となる非合理的な感情や認知を抑制するのではなく，受け入れて文脈の中でとらえ，それに対面（exposure）していくことを目指します。

　クライエントが語る主訴は言語行動としてとらえられ，仕事の性質への不適合，職場の仲間との意思疎通の抵抗感，苛立ちと孤独感，否定的・悲観的な人生観といった主題の単位に応じて，それらに機能的に関係している環境事象や

文脈が探索の対象となります。つまり主訴だけを文脈から抜き出してその内容を検討するのではなく，主訴に関連する文脈つきの情報を分析し，そこに援助の手がかりを求めることになります。

　ACTは，心理・行動的問題に重要な影響を及ぼしている要因として，言語に注目します。すなわち，認知は言語行動であって，言語行動は任意の事象を関連づける行動であり，認知は一度学習されると個人のレパートリーに存続し，新しい経験は既存の関係枠のネットワークに何らかの形で融合（fusion）されます。ある認知を消去・変容する試みは，そのネットワークをいっそう複雑にし，その機能を強化し，否定的な認知をいっそう否定的にする可能性があります。そのため認知を消去・変容させる試みは有効な解決策になりません。認知の意味合いは，その認知が起きる文脈の統制下にあるから，文脈に変化をもたらすことで認知の意味合いを変えることができる，という論旨を展開します。要するに，人間が言語をもったことに起因する心理的非柔軟性が人間の不幸な学習ヒストリーをより複雑化し悪化させることになったと考えたのです。

　ACTは，心理的非柔軟性と心理的柔軟性に関する6つのプロセス次元を設定します。各項目において左が非柔軟性であり，右が柔軟性に通じるものです。

　① 認知的フュージョン 対 デフュージョン（de-fusion）

　過去の学習による言語的文脈に溶け込んで変形された経験を文脈から分離するような援助を行います。真の経験へのガイドといえるかもしれません。自伝の文脈的書き直しなども用いることができます。

　② 体験の回避 対 体験の受容（acceptance）

　否定的感情を押さえ込もうとする自己説得の努力や体験すること自体を回避することが不適応であるとみなされ，体験を受容するように援助するプロセスが重視されます。

　③ 概念としての過去・未来 対 今この瞬間との接触（contact）

　過去の出来事へのとらわれや将来への恐れや危惧へのとらわれによる非柔軟性を，刻一刻と変化する体験の流れにいっそう十分に接触して今を生きるように援助します。

　④ 概念としての自己へのとらわれ 対 文脈としての自己（self as context）

　概念化された自己と文脈としての自己が対比されます。私的事象（認知，思

考，感情）に対する柔軟な受容を促進する技法と手続きが取り入れられることになります。

⑤ 価値の明確化不足 対 価値の発見と再確認（values）

問題を取り払おうとする方向から「いかに生きるか」へと変換することが必要になります。クライエントが生きる上での価値を発見し再確認することをカウンセラーは援助します。

⑥ 行動欠如 対 コミットメント（committed action）

日常の必要な行動，つまり環境事象との円滑な相互作用を回避し，あるいは衝動的に振る舞うことや不行為をやめて，価値づけられた目標に向けて能動的建設的行動を起こすことが志向されます。

要するに，機能的文脈の中に位置づけられるはずの経験が言語行動の概念的枠組みの中に埋没して混乱が起きると考えて，体験を文脈の中でとらえなおし，行動自体に意味をおき「今ここで」を柔軟に生きるように援助することがカウンセリングの目標となると考えることができます。

このような考え方は，これまでの心理臨床のいろいろな理論的・技法的枠組みの中で，しばしば指摘されたいくつかの概念や技法を連想させるものがあります。実際，ACTによる援助の手続きには，メタファー，パラドックス，体験的エクササイズが多く用いられます。それゆえ，フォーカシング（Gendlin, 1978），ゲシュタルト療法（Perls, 1973），さらにブリーフ・セラピー（de Shazer, 1994）などに含まれる技法と手続きと類似のものが含まれているといえるでしょう。先にみたEMDRとの共通点も認められるように思えます。またカウンセリングの基本にかかわる諸技法が，言語の文脈的な視点から，吟味される可能性を感じさせます。ACTによる問題理解と援助法について今後に期待したいと思います。

＊ACTについては高橋稔氏からコメントを受けてまとめました。

【引用・参考文献】

Bandura, A. 1971 *Social learning theory*. General Learning Corporation.（原野広太郎・福島脩美訳 1974 人間行動の形成と自己制御――新しい社会的学習理論 金子書房.）

Bandura, A. 1977 *Social learning theory*. Englewood Cliffs, NJ : Prentice-Hall.（原野広太郎監訳 1979 社会的学習理論. 金子書房.）

Beck, A. T. 1976 *Cognitive therapy and the emotional disorders*. New York : International Universities Press.（大野　裕訳　1990　認知療法．岩崎学術出版社．）
de Shazer, S. 1994 *Words were originally magic*. New York : W. W. Norton & Co., Inc.
Ellis, A. 1962 *Reason and emotion in psychotherapy*. New York : Lyle Stuart.
Ellis, A. & Harper, R. A. 1975 *A new guide to rational living*. Englewood Cliffs, NJ : Prentice-Hall.（北見芳雄監修　國分康孝・伊藤順康訳　1981　論理療法――自己説得のサイコセラピー．川島書店．）
Hayes, S. C., Follette, V. M. & Linehan, M. M. 2004 *Mindfulness and acceptqance : Expanding the cognitive-behavior tradtion*. New York : Guilford Press.（春木　豊監修　武藤　崇・伊藤義徳・杉浦義典監訳　2005　マインドフルネス＆アクセプタンス：認知行動療法の新次元．ブレーン出版．）
Hayes, S. C. & Bissett, R. T. 2000 Behavioral psychotherapy and the rise of clinical behavior analysis. In J. Austin & J. E. Carr (Eds.), *Handbook of applied behavior analysis*. Reno, NV : Context Press.
市井雅哉　1999　EMDRの理論と実際．精神療法，24, 329-336．金剛出版．
市井雅哉・熊野宏昭編　1999　特集：EMDR……これは奇跡だろうか！　心の臨床，á la carte 改訂版，18(1), 3-97．星和書店．
岩本隆茂・大野　裕・坂野雄二編　1997　認知行動療法の理論と実際．培風館．
Gendlin, E. T. 1978 *Focusing*. New York : Bantum Books, Inc.
Jones, M. C. 1924 A laboratory study of fear : The care of Peter. *Petagogical Seminary*, 31, 308-315.
松村茂治・福島脩美　1977　幼児の恐怖行動の変容．相談学研究，10, 36-44．
Meichenbaum, D. H. & Goodman, J. 1971 Training impulsive children to talk to themselvrs : A means of developing self control. *Journal of Abnormal Psychology*, 77, 115-126.
武藤　崇編著　2006　アクセプタンス＆コミットメント・セラピ――臨床行動分析におけるマインドフルな展開．ブレーン出版．
武藤　崇・高橋　稔　2007　成人の応用行動分析――オトナにも行動分析は使える．大河内浩人・武藤　崇編　行動分析――心理療法プリマーズ．ミネルヴァ書房．
Perls, F. S. 1973 *The Gestalt approach and eye witness to therapy*. Palo Alto, CA : Science and Behavior Book, Inc.（倉戸ヨシヤ監訳　1990　ゲシュタルト療法――その理論と実際．ナカニシヤ出版．）
Shapiro, F. 1995/2001 *Eye movement and reprocessing : Basic principles, protocols, and procedures*. 2nd ed. New York : Giford Press.（市井雅哉監訳　2004　EMDR 外傷記憶を処理する心理療法．二瓶社．）
Skinner, B. F. 1957 *Verbal behavior*. Century Psychology Series. East Norwalk, CT, US : Appleton-Century-Crofts.
Watson, J. B. & Rayner, R. 1920 Conditioed emotional reaction. *Journal of Experimental Psychology*, 3, 1-14.
Wolpe, J. 1954 Reciprocal inhibition as the main basis psychotherapeutic effects. *Archives of Neurology & Psychiatry*, 72, 205-226.（アイゼンク, H. J. 編　異常行動研究会訳　1965　行動療法と神経症．誠信書房，所収．）

13章　カウンセリングの多面的アプローチ
——ラザルス

1. より柔軟に対応する傾向

　これまで8章から12章までの5つの章で、人間理解の枠組みとして分析理論の系譜（8章），人間学派（9章），東洋的アプローチ（10章），身体への定位と注意集中（11章），行動論的アプローチ（12章）を取り上げて簡単な紹介をしてきました。それらはクライエントが自己の姿を新しい視点からとらえなおして問題を乗り越え，さらなる成長へと向かえるように，カウンセラーとして支援するさいの手がかりとして参考になることを願って編成したものです。

　しかし，それらすべてに精通することを薦めるのかというとそうではありません。ある1つの理論の流れに乗って仕事をする人もあってよいのですが，多くの人はできるだけ複数の理論技法に触れて，クライエントのニーズに応じて幅広く柔軟に対応できることがよいと思います。専門店志向のクライエントもいますが，多くはある流派を選ぶよりも地域の便宜性から相談機関を訪ねます。そして多くのカウンセラーはケースを選り好みすることができずに，クライエントのニーズに応じていろいろと工夫しているのが現状です。また筆者は新し物好きのせいもあり，多くの理論技法を学んでカウンセリング実践にできるだけ活用することを試みてきましたが，理論技法はカウンセラーが不安と迷いに揺れたり消極的になったりすることを予防し，それによってクライエントに安心感を与えることに大きく貢献するのであって，技法そのものよりも，技法を1つの資源として，人間であるカウンセラーが援助することで，クライエントが自ら自分を理解し自分の道を勇気をもって進んでいくように思えるのです。重要なのは，個人的問題を抱えた人がカウンセラーを信じられる人と見立て，その人に支えられる安心感によって安定した感情と柔軟な思考と行動への勇気をもてることであろうかと思うのです。

　この章では，カウンセラーがクライエントの特徴に応じていろいろな技法を取り入れる傾向，つまり折衷主義の動向を紹介するとともに，折衷から統合へ

の志向の1つを紹介することにします。

2. 折衷と統合への胎動

1970年頃には心理療法のアプローチが130を超えて急増したことに触れて，ソル・ガーフィールド（Garfield, 1980）は，もはや特定の理論技法に執着することはやめて，それらの間の共通性や相違を比較分析し，適応援助の本質を追求することによって援助の成果を高めるべきとして，折衷的アプローチ（eclectic approach）を説きました。彼の説く折衷は単なる寄せ集めではなく，クライエントに応じてそれなりの一貫性をもって対応することで，高橋夫妻による訳書は「統合的」というタイトルが付きました。その後，彼はクライエントの問題に応じて折衷的アプローチをとれば，20セッション程度かそれ以下で目標とする効果が得られるようになり，それがクライエントの望みでもあるとして，ブリーフ・セラピー（短期療法）を唱導しました（Garfield, 1989）。

1985年の心理療法の発展会議において，ロロ・メイ（May, R. R.）は心理療法が300を超える治療法に分かれていることを指摘し，人間学と人間援助学としての再構成を必要とすることを論じています。この15年の間に数が倍増したことになります。この会議をまとめた編著書（Zeig, 1987）はわが国を代表する各分野の心理学者たちによって直ちに邦訳され大きな影響を残しました。

そして20世紀末には400以上の異なる心理援助的アプローチが林立していることが指摘（Dryden & Mitton, 1999）されました。それからほぼ10年の歳月が経過して多様性はさらに進んでいるように思われます。

こうして早くから期待された折衷と統合への歩みは，しかし，現実には簡単に進行しません。その原因について考えると，多くの理論技法を学ぶことが容易でないこと，また拠って立つ理論技法から距離をおくことへの抵抗感に加えて，カウンセリングと心理療法に携わる人々の主張性が関係しているように思えます。特定の主義主張を謳いあげることが華々しく感じられた風土があるようです。特定の主義主張の唱導者の多くは現実にはすでに実践から離れていても，その教えを受けた実践家はその人から離れることにためらいがあるようです。昔，ある先輩から筆者の自宅に電話があり，「君，何をしているの？　ロジャーズこそカウンセリングの本流ですぞ，人間中心を離れてはいかんよ」と

いう小言に対し，「もちろんロジャーズは大切にしていますが，行動から社会的認知への動きが魅力です」と応じたものでした。

その他いろいろな背景から，現実には，あれこれを取り入れて自分なりに折衷を工夫していながら，ごく部分的な取り入れにとどめ，折衷ですとは言わない実践家が多いように思えます。

今日のカウンセリング実践においては，クライエントに応じて，主訴と問題によって，可能なあらゆる道具を駆使することによって，より短期に一定の効果をあげることが期待されているように思えます。

にもかかわらず特定の主義主張が今もカウンセラーを支え続けている背景には，折衷から統合への道筋の困難さをあげることができるように思えます。統合とは，異なる理論技法からいろいろな要素を取捨選択し，筋を通して，新しい体系を構築することであるとすれば，実践的には折衷的に，理論的には統合を標榜する立場になるでしょう。

これまでの理論技法の提唱の経緯にも，統合の過程をみることができるでしょう。行動療法に認知の要素を組み込んで認知行動療法が作られた経緯にみられるように，今後はさらなる統合の過程を辿って適用範囲の広い効力の高いものが編み出されていくように思えます。カウンセリングと心理療法の分野に限らず，分化と統合の過程を繰り返して新しい理論と技法が創造されていくもののように思えます。

現実に多くのカウンセラーは自分の好きな理論や得意な技法をもちながら，同時に他のいくつかの技法にも通じているようです。そして興味深いことに，ある理論技法に堪能なカウンセラーは実はそれ以外の理論技法にも通じる基本的資質を備え，かつ現実的で柔軟な考え方ができるように思えます。

そうした折衷と統合への試みのなかで，明確な立場を表明した人がアーノルド，A. ラザルス（Arnold A. Lazarus）です。彼はアメリカにおける行動療法の普及に大きく貢献した人物として知られます。筆者は，以前，子どもの不安の拮抗制止成分として情動イメージ（emotive imagery）を活用したラザルスの研究を参考にして子どもの行動療法を行いました。行動療法にイメージをもち込むことによって，ラザルスは行動療法の多彩な実践を導いてアメリカにおける行動療法の展開に大きく貢献した人としても知られます。彼の主張する多

モードには方法論の統合としてはさらなる検討が求められるかもしれません。

3. 多モードの概念化

3.1 多モードあるいは多様式アプローチの着想

　ラザルスは南アフリカの出身でヨハネスブルグの大学で英文科に入学した後，ロンドンの病院での3か月インターン期間にアドラー派の医師から強い影響を受け，臨床心理士として働きながら博士論文「恐怖症治療における新集団技法」をまとめました。この研究に注目した社会的学習理論のバンデューラ（Bandura, A.）からスタンフォード大学に1年間の客員准教授として招かれ，その後カリフォルニアのソーサリトでの行動療法研究所所長を経て，フィラデルフィアのテンプル大学医学部でウォルピ（Wolpe, J.）と一緒に働き，エール大学を経てニュージャージーのラットガー大学で退職まで長く実践と研究と教育に従事しました。このように彼の経歴はきわめて多彩であることが多面的カウンセリングの提唱の背景にあると思えますが，ソーサリトの行動療法研究所でのあるクライエントへの支援の経過が直接の契機となったといわれています。

　転機になったクライエントは精神力動派による18か月の治療によって十分な成果が得られずに中断した女性で，担当者はこの女性が前エディプス期に固着して受動的依存性格であるため，治療困難であると意見を述べていました。ラザルスはこの女性に系統的脱感作と主張訓練という行動療法の技法を適用して顕著な改善をみるにいたりましたが，クライエントが自分はまだ生き生きとは生きていないとして終結に抵抗したため，自己否定的な認知を変えるべく論理情動療法を適用することになったようです。その後，ラザルスはイメージの活用に手を広げ，「道具箱の道具」を広げていき，行動療法のブロードスペクトラム化を唱え，最終的には7つ道具（7つの様式）を提案しました。

3.2　7つのモダリティ

　ラザルスは，クライエントに真に適合できる援助を考えて，人間のパーソナリティの側面あるいは様式を7つ同定しました。行動（behavior），感情（affect, feeling），感覚（sensation），イメージ（imagery），認知（cognition, thought），対人関係（interpersonal relation），そして薬と身体生理（drugs

/biology）の7つで，頭文字をとってBASIC-IDと覚えやすい配列を作りました。そしてこの7つのモダリティ（側面あるいは様式）によってどのクライエントも完全に測定できる，つまり個性は7つのモダリティの複雑な組み合わせによって説明できると考えたのです。そのためカウンセラーの最初の仕事はBASIC-IDによって，クライエントのパーソナリティのアセスメントをすることになります。

　BASIC-IDにおいて，行動には行為や発言など，各種の刺激に対する反応として，あるいは環境への働きかけとして，また感情や認知など他のモダリティの表現としての行為が含まれます。感情には，不安，後悔，失望，怒り，罪悪感などの情動・感情が含まれ，刺激によって起こり，行動によって表現されます。感覚は，味，嗅，触，視，聴の五感による反応で，心地よいものも不快なものもあります。イメージは心に描く像で，心像と呼ばれ，回想や想像によって脳に生ずる画面状の活動です。認知は思考，観念，意見，態度，価値観などの総称で，人間の心の働きの主要なモダリティとなります。そして対人関係は，家族，友人などの個人的関係，上司や同僚や部下などの職務上の関係などの社会的関係の特徴を表します。そして薬と身体生理は睡眠，食事，運動など身体的活動と問題の特徴のすべてに関係しますから，腹痛や腰痛や動悸なども含みます。頭文字が身体であればBとなるので，Dとなるようあえて薬（drugs）の文字を持ち込んだようです。

　ラザルスは，7つのモダリティによって，クライエントのどんな側面も逃さずに援助できる包括的アプローチを提供することができ，カウンセリングの対象と問題を広げ，どんなクライエントにもより効果的に援助することができると考えたのです。

3.3　パーソナリティ形成の要因

　ラザルスは，パーソナリティ形成について実証科学としての心理学の知見を総合的に活用します。人は遺伝的素因と生活環境の基礎的影響下で社会的経験による学習を積み重ねて個性を形成していくと考えられます。そのさいの学習の型としては，古典的条件づけによる刺激—反応連合学習，道具的・オペラント学習による環境事態への適合的行動の形成，認知レベルでの学習，それにモ

デリングを含む社会的学習があげられます。

　それに加えて，意識していない過程として，無意識（unconscious）ではなく，非意識（nonconscious）の過程があることにも注意を向けます。またシステムズ理論による家族や職場の集団的影響力にも，さらにコミュニケーション理論による言語的，非言語的メッセージとしての問題の理解と治療的介入にも目を向けています。このように十分に実証された心理学の知見を基礎にして，多面的に心理的援助の過程と方法が検討され実行されます。

3.4　問題の発生と持続の7要因

　では問題はどのように発生したか，そして人々はその問題をどのように持続させているか，という臨床的主題について点検します。ラザルスは次の7点を指摘します。

①　間違い情報
②　情報の欠落
③　防衛的反応
④　機能的でない習慣
⑤　外傷経験
⑥　自己受容の不足
⑦　他者との関係

　一般に，不適応の基本にはクライエントの硬いパーソナリティがあるとみてよいでしょう。ラザルスは，そうした柔軟性を失うことになった原因として，まず①間違い情報と②情報の欠落という情報面を重要なものとして指摘しています。

　人々は社会的学習の過程を通して，人生に関する仮説あるいは信念を獲得しますが，それが現実の生活を束縛するものであったり，互いに矛盾したり，以前の信念が今の状況に適合しないために混乱したり，役立たなかったりすると，問題の発生と持続を結果として引き起こすと考えられます。あるいはまた，必要な情報が欠けている場合にも，問題の発生に結びつき，また問題を持続させる要因ともなります。当然のこととして情報を確かめずにいたために，人生の重要な選択を間違ったというようなことも多くの人が経験するようです。

次に反応あるいは行動面について，③防衛的反応と④機能的でない習慣に注目します。ここで防衛的反応という言葉には分析学派の心理力動的概念を連想しがちですが，ラザルスは人々が社会的学習の経験を通して獲得した反応に注目します。そして，腹立ちや罪悪感などの耐え難い負の感情を逃れることに役立つ否認や否定などの認知的反応に代えて，柔軟に現実的に状況をとらえるようにガイドします。また機能的でない習慣は，たとえば怖いから目をつぶる，いらいらすると貧乏ゆすりをするような習慣は，それによって一時的に不安を低め苛立ちを緩和することによって機能的に維持され，しかしそれゆえに真の解決から遠ざかっている無益な行動の事態として，行動論的に説明されます。

そしてそれらと関連して問題の引き金になるような重要な要因として⑤外傷経験，⑥自己受容の不足，⑦他者との関係があげられます。

犯罪の被害者になったり殺害場面を目撃したなどの不幸な経験は，外傷経験となって，その後の積極的な対人行動と社会生活を阻害し，不適応の重要な背景要因となります。この点について，ラザルスは，環境事態に対する当人の認知の傾向（たとえば「男はみな狼だ」「事件は自分の不注意のせいだ」などの認知傾向）を問題とするよりも，「閾値」によって理解すること，つまり不幸な経験によって過敏になったという面を重視して，問題を理解しようとします。

自己受容が低い，あるいは基本的に欠けている場合は，傷つきやすい状態であり，情緒的な問題をもたらし，また情緒的な問題を強め持続させることになると考えられます。自己受容の重要性については多くのカウンセリング心理学が共通に指摘するところです。カウンセリングによって自己受容が高まり，他者をも受容できるようになると，情緒の問題が顕著に改善されることは一般に広く知られています。

人間は社会生活を営む生活体ですから，集団と組織の中での相互作用はきわめて重要になります。あるメンバーの行動は他のメンバーに影響します。また各メンバーの間の対立葛藤はそのメンバーにとって大きな影響を及ぼします。たとえばまたある集団が他の集団との間に対立葛藤を起こした場合，それによって集団構成員の心理的問題が引き起こされることは不可避的に起こりうることです。

職場不適応の問題をめぐるカウンセリングにおいては，職場の状況を的確に

把握する必要が出てきます。それには個別面接の間に，もしクライエントの同意があれば，家族や職場の人への働きかけが重要になることが少なくありません。集団の変化を引き起こし，それによってメンバーに影響することも可能なカウンセリングの形態になるでしょう。

4. 多面的アプローチの導入

4.1 アセスメント（見立て）

多面的アプローチ，すなわち多面的カウンセリングは，クライエントのパーソナリティを多面的かつ総合的に把握するために，7つのモードから見立て（アセスメント）をすることから始められます。その上で必要な援助の手立てが選ばれますが，見立てはカウンセリング過程を通して継続的に実施されます。

初回の面接か次回までに，カウンセラーはクライエントが親和・信頼感をもって安心して自己開示できるように配慮しつつ，次の12項目の設問に答えを得ることが必要とされます。それらはどの理論技法によるカウンセリングであれ，最初にカウンセラーが点検したい項目として参考になるでしょう。

① 重い精神疾患の徴候（奇異な思考，行動，妄想など）がないか？
② 気質的問題の徴候（見当識の欠如，記憶喪失，奇妙な癖など）がないか？
③ 抑うつ，自己非難，自殺あるいは殺人の傾向はないか？
④ 主訴とする問題とそのきっかけとなったものは何か？
⑤ 今来談した理由や背景は何か？ 何か危機が生じたのか，誰が勧めたか？
⑥ その問題のそもそものはじまりは何か？
⑦ クライエントの問題の持続と解決の障害になるのは誰か，何か？
⑧ クライエントはこのカウンセリングに何を求めているか？
⑨ ある方法がとくに役立つ，あるいは無益と思える指標は何か？
⑩ 個別かグループか関係者の参加がよいかにかかわる指標は何か？
⑪ ここでのカウンセリングが適当か，他にリファーすべきか？
⑫ このクライエントの強さ，資源は何か？

なお，他の相談機関でカウンセリングを受けたクライエントの場合は，その

さいの方法と結果についてのクライエントの考えを聞くことも必要となるでしょう（Palmer & Dryden, 1995）。

次に肝心の7モードによるアセスメントになります。これは初回面接の終わりにクライエントは，多面的生活史質問紙を渡されて，次回に記入して持参するよう求められます。

第一の行動面では，得意な活動や活動傾向（じっくり取り組む傾向）自分の意見を通す傾向など多くの項目があり，それに応えることによってクライエントは自分の行動傾向を知ることにもなります。

第二の感情面では感情の傷つきやすさ，回復しやすさ，気分の傾向などについていろいろ質問します。また，否定的感情と肯定的感情の傾向について質問し，怖いと感じることを5つ，不安になることを5つ，自分の感情を抑えきれないと思う状況を3つ，楽しみと喜びを感じることを5つまで，などについても書き出してくるように求めます。

第三の感覚の面では，めまい，頭痛，腹痛，痺れなど，身体感覚のリストをあげておき，それらについて，普段感じるものに○印を付けるよう求めます。

第四のイメージでは，よく浮かぶイメージ，楽しいイメージ，空想の旅などについて絵のように情景を想像することを求めます。また気がかりなイメージ，心を乱すイメージなどが尋ねられます。

第五の認知と思考の面では，自分について繰り返し思うこと（たとえば，好かれない，能力がない，いくじがないなど）について，思いつくままに書き出してみるよう求めます。

第六の対人関係では，親しい友人の名前，親しくなる方法，気まずい関係，競争相手，両親との関係，また家族についてもっとも好きな点，もっとも嫌いな点について書き出してみるよう勧めます。

第七の薬と身体生理面では，ふだん服用している薬，食事の習慣，規則的な運動，本人と家族の医療上の問題などについて書き出してもらいます。

以上の具体的点検を求めた上で，全体的な傾向を知る手がかりとして，以下の項目で7側面についてその程度を1～7の7点法で自己評定するように求めます。

〈7項目評価〉
① 行動面：あなたは行動的ですか　　　1　2　3　4　5　6　7
② 感情面：あなたは感情的ですか　　　1　2　3　4　5　6　7
③ 感覚面：体の感覚に気づきますか　　1　2　3　4　5　6　7
④ イメージ：空想や想像をしますか　　1　2　3　4　5　6　7
⑤ 認知面：よく考えるほうですか　　　1　2　3　4　5　6　7
⑥ 関係面：社会生活はどうですか　　　1　2　3　4　5　6　7
⑦ 薬生理：健康に気を配っていますか　1　2　3　4　5　6　7

　次に，自己評定の傾向について話し合った上で，「望ましいと思う程度」について，再評定を求めると，現実の傾向と望む傾向のズレからカウンセリングの課題を考える手がかりになります。

　質問票の結果をふまえて，クライエントの問題についての説明を聞きます。そのさいクライエントの話のつながり順に注目することがラザルスのやり方です。ある若い研究者はたくさんの技巧的に高度な論文を多数学会誌に発表していますが，大学の講師に採用されて教壇に立つことが決まってから胸のあたりに締めつけられるような感じ（感覚）を覚え，人前で話すのが苦手な自分（認知）のことだからきっと緊張して（感情），腹痛を起こし（感覚），教壇でうずくまってしまう（行動）自分の姿を想像（イメージ）しました。この話の順序は感覚―認知―感情―行動―イメージの順でつながっていることがわかります。そのことから，このクライエントの場合，感覚面から取り上げるカウンセリングが重要になると考えることになります。

　また別のクライエントは，自分は何をやってもうまくいかないだろうという予期（認知）がいつも起こって，実際に行動する前から笑われている想像（イメージ）が頭に浮かび，試験問題を落ち着いて読むこと（行動）ができず，やっぱり自分はダメな人間だ（認知），きっとみなに馬鹿にされるだろうと考え（認知），身近な人に心を開いて悩みを打ち明ける（関係）ことができず，一人で悩んで（感情）いました。このクライエントの場合は，認知―イメージ―行動―関係―感情の順でつながっていて，まずは認知とイメージに焦点化して援助主題とすることにより，その上で人間関係と感情に光を当てていくことによって，カウンセリングの成果が得られると考えることができるでしょう。

次にカウンセリングによってどうなりたいかという，カウンセリングの目標についてクライエントと話し合います。カウンセリングの一般的な目標は問題解決と人間的成長への援助ということになりますが，クライエントが特定的な目標を明確に設定できるようにカウンセラーとして援助することがカウンセリングを成功に導くことに大きく貢献します。

目標を立てるにあたって，7つのモダリティに沿ってみていくと，現在の状態像から目標の姿との間のズレが重要なヒントになるでしょう。先ほどの例では感覚の過敏さを克服することや他者との関係性について取り上げていくことがカウンセリングの意義を理解できるように支援していくことが，カウンセリングの課題になるでしょう。

4.2 クライエントとカウンセラーの関係性

クライエントとカウンセラーとの関係のあり方については，一般に理論技法の唱導者によって異なる面が強調されます。フロイト（Freud, S.）は患者と分析医との間の感情転移の関係を，ロジャーズ（Rogers, C. R.）は無条件の温かさと共感的態度を伝える関係を重視し，行動療法家は関係性よりも問題の形成過程の理解と治療手続きの説明に力を注ぎます。パールズ（Perls, F. S.）であればクライエントの気づき（一種の図地反転）の機会を逃さず鋭く直面化を求めることでしょう。そうした理論技法によるカウンセラー・心理療法家の態度によって，クライエントは，カウンセラーあるいは心理臨床家の拠って立つ理論技法の相違に応じて異なる関係性に気づくことになるでしょう。

多面的アプローチにおいては，関係性についてカウンセラーには柔軟で臨機応変な態度が奨励されます。クライエントに応じて技法と手続きを変えることはもちろんで，一回の面接の中でも焦点の当て方を途中で変えることがよいとされます。この点でも特定の理論技法への執着をもたないことが望まれることになります。ドライデンとミットン（Dryden & Mitton, 1999）は，ラザルスが多面的カウンセラーが自分の姿を変える様子を説明するのに使った言葉として「究極のカメレオン」という比喩を用いたことを紹介しています。

そうはいってもクライエントの好みのままにということではないようで，モードの間に橋をかけるという意味でブリッジング（bridging）と呼ばれる技法

が示されています。面接を通して，あるクライエントに感情面の硬さに課題が感じ取れましたが，感情への直接介入は困難であり，理屈で考える認知面に好みが強いことから，認知にともなう身体の感覚に注意を向けて語らせることを媒介として，緊張と怒りの感情面へとつなぐ例をあげています。

筆者の考えでは，クライエントの状態に応じて柔軟に対応できるにはクライエントとカウンセラーの間に適切な親和信頼関係が形成されていることが必要で，またクライエントの関心に応じてカウンセラーが自分の立場に執着しないことで，カウンセリングの基本関係が形成されるともいえるでしょう。

ラザルスはカウンセリングを情報提供を含む教育的活動とみるため，カウンセラーとして指示的な役割を担うことが多いと思われますが，ときにはロジャーズのような温かい受容的カウンセリングになることもあるようです。

5. 多面的アプローチの諸技法

多面的アプローチにおいては必要とあれば何でも使うのが原則ですが，ラザルスは技法の道具箱に入れるものについて，有効性が実証されていて，注意すべきこともわかっている方法に限るという，慎重な見解をもっています。基礎的な実証研究により有用性が確認されたものをクライエントの査定の上で慎重に適用することによってはじめてカウンセリングは有効性を保証できるという立場です。またその使用においても聞き知った程度の理解と知識で使うことに警鐘を鳴らして，未熟な技法の適用は効果がないだけでなく，危険であり有害でさえあると指摘します。つまり多面的カウンセラーが方法として用いる技法については一定の識見と準備経験を必要とするということになります。

多面的カウンセリングの技法としてラザルスがあげるものを中心に，次に項を分けて説明します。

5.1 行動的技法

行動面の技法，つまり行動的技法としては学習理論を背景とする行動療法の技法が取り入れられています。以下の7つの技法について簡単な説明を行います。

① 行動リハーサル

② モデリング（示範）
③ 強化制御
④ 記録と自己モニタリング
⑤ 反応コスト（ペナルティ）
⑥ 刺激制御
⑦ 段階的再体験

　まず，①行動リハーサルは，たとえば挨拶や依頼や断り方などクライエントが必要とする行動を事前に予行練習するように場と機会を用意する方法で，②モデリング法は手本を示す社会的モデルを導入することによって，モデルの行動を手がかりとしてクライエントが適切な行動を学び，実行することができるように援助します。どちらも行動の手がかりをつかみ，必要なときに実行できるように援助する方法です。

　次に，③強化制御は，1つには不適切な行動に随伴する強化的な結果を撤去する方法，つまり非強化になるようにする方法，もう1つは増強が望まれる適切な行動には強化刺激を随伴させるようにする方法です。④記録と自己モニタリングは，カウンセラーや親や教師からほめられたりしかられたりする代わりに，それを本人が引き継いでクライエント自身が自分で行動を記録しモニターする方法です。自分の行動を自分でモニターすることによって，行動を自分で管理できるようになることが目標です。そして⑤反応コスト法は不適切な行動が出現したらペナルティを課すことによってその出現を抑える方法です。

　次に⑥刺激制御については，アルコール依存者がバーのある駅前を避けてバスに乗り，過食者が冷蔵庫に自分の写真を貼り，あるいは勉強部屋に目標を掲示するように，行動を引き起こす刺激事態をコントロールすることによって行動を促進したり抑制したりする方法です。そして⑦段階的再体験では，不安や恐怖のために回避しているがしかし避けていることで事態がさらに悪化するような場合，一歩一歩段階的に困難に直面するように援助する方法です。

5.2　感情面の技法

　カウンセリングと心理療法の目指すところは一言でいえば感情の安定化と肯定化にかかわっているといってもよいでしょう。つまり感情はカウンセリング

の影響を受けてどうなったかを知る手がかりになります。ラザルスは感情面にかかわる技法であっても、方法という操作の対象は行動や感覚面になることから、感情面としてではなく、行動や感覚やイメージの技法として紹介しています。

なるほど、感情それ自体を操作することは困難であり、感覚や行動や身体から感情へと働きかけることになる点はそういえるでしょう。しかし、筆者からみると、刺激制御にかかわるいくつかの技法は感情面の技法として枠付けするのが妥当なように思えます。たとえば、①不安刺激に身をさらし続けることによる馴れの効果を期待するフラッディング法（flooding）法や、②大きな安心とくつろぎの感情気分のもとで不安階層表の小さい不安刺激から漸次的に大きい不安刺激を提示して、不安の低減と解消を目指す、拮抗制止原理による方法、③EMDRによる脱感作と再処理、④モデリングによる感情の代理抑制効果などがこの項に入れられるように思います。また、⑤描画や文字による経験の表現も感情の肯定的感情を促進し否定的感情を緩和する効果が期待できます。

5.3 感覚的技法

このグループには次の技法が含まれます。

① リラクセーション法
② 催眠誘導法
③ バイオフィードバック法
④ 感覚焦点的訓練

このグループの中で、①リラクセーション法と②催眠誘導法はもっとも一般的な方法であり、きちんとした手続きと心得によって実施することができます。また③バイオフィードバック法は簡便な生理学的指標を使って自己コントロールを学ぶ方法で、機器の普及によって多くのカウンセラーが応用できるようになりました。

なお自律訓練はイメージと組み合わせて身体の温感や重感に注意を向ける方法であり、ゲシュタルト療法の実験と呼ばれる方法には瞑目して音の感覚を探るなどの手続きが含まれていますが、これらも感覚的要素を取り入れたものということができるように思います。また筆者は、両手を開いて近づけて体温を感じる方法や掌のぬくもりを膝で感じるように導くなどによって自己への定位

を導入することに感覚的技法を応用しています。

5.4 イメージを活用する技法

イメージの活用には，クライエントのイメージの性質をよく理解してトラウマなど不快な記憶の想起に結びつく可能性について慎重に吟味する必要があります。またイメージを十分に喚起するための工夫も大切です。

次のことが指摘されています。

① イメージ練習
② イメージトリップ
③ 想像的再体験
④ 肯定イメージ
⑤ ステップアップ技法
⑥ 時間移行イメージ

このうち①と②はイメージのリアリティを高めるための基礎的練習です。まず①イメージ練習で，気の散らない静かな場所で，くつろいで椅子にかけ，身体の力を抜いて，瞑目し，静かにゆっくり呼吸するように誘導します。そして心に浮かぶ画像を浮かぶままに流していく態度が大切であることを教示します。その上で②イメージトリップに入り，安心できる場所や行ってみたい場所にイメージで行くように教示し，どこで，どういう情景が浮かび，どんなことをしているか，そしてどんな気持ちになっているかを報告してもらいます。これが基本です。次に未来の自分の姿と場所を想像したり，過去の自分のことを想起したりするように導くこともできますが，それにはクライエントのパーソナリティ，生活史や将来の心配などについてある程度の理解をしておくことがよいように思います。またイメージ中のクライエントの様子を姿勢や呼吸に注目して見守ることが大切です。筆者がイメージを誘導した経験では不安が高まり，イメージをストップしたことがあります。

イメージを活用する技法のうち，③想像的再体験法はイメージよってクライエントの生活上の恐怖や苦しい出来事に出会うようにガイドする方法で，クライエントはそれがイメージであること，その鮮明性と具体性を自分で調節して初期にはあいまいに想像し，しだいに鮮明にできることから抵抗が少ない利点

があります。しかし，怖いがゆえに鮮明に想像し，そのイメージに圧倒されていっそう恐怖が高まる恐れもありますから，クライエントと話し合って恐怖イメージの階層表を作成し，低い段階から少しずつイメージ刺激を高めていくことが必要です。また④肯定イメージは，たとえば少年時代のサッカーのゴールのシーンや親しい友人との楽しい思い出などのような，クライエントが楽しくなるような情景をイメージさせることです。こうして高められた肯定的感情の中に小さな心配事を包みこむようにする方法が拮抗制止原理による感情の改善方法です。そしてもう1つの方法として⑤ステップアップ技法という名によってイメージ上の対決技法が紹介されています。これは起こりえる限りの大きな困難にイメージの中で遭遇し何とか克服するシナリオによって現実の不安やためらいを克服する方法です。また⑥時間移行イメージがあげられています。これはイメージによって過去に遡ってみたり未来に移行してみたりすることによって人生を展望する方法です。カウンセリングは人生コースの点検と選択を重要なテーマとしていますから，生き方を振り返りこれからの生き方を考えることを通して，現在の問題の解決に活かすことが重視されます。なお，EMDRでもイメージは重要視されます。

　象徴モデリングもここに加えたい技法です。これはクライエントにとって関心が強いモデルをイメージさせ，モデルがある状況を適応的に対処することを想像し，次には自己モデリングによって，モデルのように自分が行動することをイメージするように教示し，どういうイメージが作れたか，そしてどういう感情がわいたかなどを質問します。こうした方法を用いるさいには，イメージの鮮明さや具体性について評定を求めることがよいでしょう。

5.5 認知的技法

多面的カウンセリングでしばしば用いられる認知的技法としては以下のものがあげられます。

① 論駁
② 意味の吟味
③ 合理的モノローグ
④ 文字・映像の活用

⑤　自己教示法
⑥　問題解決
⑦　誤解の修正

　このうち，①，②，③は論理療法（合理情動行動療法）の認知的技法としてよく知られているもので，①論駁あるいは反論は，クライエントの硬い考え方，たとえば「私は誰からも賞賛されなければならない」という考え方に対して経験的，論理的，あるいは実践的立場から自分で反論を試み，合理的な考え方（誰からも賞賛されるに越したことはないが，賞賛しないやつがいても，私の価値は少しも変わらない）に修正するように教え，自宅で実施するように励ます方法です。また②意味の吟味では，クライエントが普段使う絶対的な表現，たとえば不可能，絶望的，できないなどの all or nothing 的な言葉に注目して，そうとは言い切れない，そういう面がある，できないのではなくしないのだ，などと言い換えることによって不合理的信念に気づき，柔軟に考えることによって硬い考え方の緩和を目指します。③合理的モノローグ（monologue）は，クライエントに柔軟な考え方による言葉を声に出して繰り返し言うことによって，合理的でない独白を抑える方法です。たとえば「絶対にうまくやるというのは合理的でない，うまくやれないことがある，そういうときは自分が人間という失敗しやすいことが示されただけだ」という言葉を口に出し，頭の中でも繰り返し唱えることによって，合理的な現実対応を導こうという方法です。

　この方法を展開すると⑤自己教示法になります。これは自分に対して自分の言葉で適切な行動を導くことによって，不適切な自己教示による失敗を予防する方法といえます。たとえば「ダメだ，きっとまた失敗する」という自己敗北的な予言によって行動がガイドされて実際に失敗に終わるという事態を防止し，成功的に事を運ぶ手順を自分で作成し反復的に自分に言い聞かせ，その結果として成功する事態を頭に描く方法です。また④文字・映像の活用によって，不適切な認知が行動を失敗に導くことを予防し，適切な認知（考えや言葉）によって，適切な行動を導くことができます。最近のカウンセリング実用書にはそのようなものがあります。

　次に⑥問題解決では，問題解決の手順を定めて，クライエントの問題解決を助けることをします。第一は問題の定義で，何が困るのか，どうなることが目

標かといった吟味をします。第二はその目標にいたる複数の道筋を考え，どの道筋がよいか話し合いで検討します。第三は可能性のある道筋について長所と短所を検討し，第四にもっとも現実的な可能性の高いものを決め，実行を励まします。そして第五はその評価で，期待する結果が得られなかった場合には最初の段階にもどり，適切であったなら次回への参考にできるようにメモします。なお，人生には小さな誤解から大きな失敗を生むことがありますから，⑦誤解の修正の機会としてカウンセリングの場があるともいえるでしょう。あるいは誤解からの選択であったが，そこから真が生まれることがあれば，それはそれが人生ということになるでしょう。

　認知的諸技法は多面的カウンセリングの主要な技法として活用性が高いものとなります。そのことは，ラザルスが行動から認知行動へと技法を広げていった結果として，多面的カウンセリングへと辿りついたことを反映しているように思われます。多面的アプローチに含まれる諸技法として，彼が実証されたものに厳選しようとしたことも，彼が行動理論の流れの中から，いろいろな工夫によって，また彼の柔軟なパーソナリティも関連して，総合的にこのアプローチとなって結実したように思われます。

5.6　対人関係技法

　人とのかかわりのスキルを知らないために，あるいは適切でないスキルに頼ったために，当事者間に誤解が誤解を生み，決定的に関係がこじれて，一方は相手へのうらみと憎しみと自己不満を抱え，他方は後ろめたさと懺悔の気持ちを抱えることになる，そうした重大な関係の問題と心の問題が，今日の重大な社会問題となり，またカウンセリングを求める人々を増大させているように思えます。

　対人関係技法は，クライエントが他者とのかかわり方の問題を感じる場合に主として用いられます。また感情や行動上の問題を主訴とする場合でもクライエントの人とのかかわりを改善することによって，主訴の改善がもたらされることも少なくありません。

　対人関係技法はその性質上対人関係が展開される社会的場において習得し変容を図るものですから，小集団を編成したグループワークによって参加者の対

人関係スキルを涵養することがもっとも自然であるといえます。しかし個別のカウンセリングの中で対人関係を取り上げることはできます。その場合，社会的な場における行動と関係性について対人関係技法の視点から点検し行動の修正を導く方法とカウンセリングセッションの中でモデリングとロールプレイによって具体的に取り扱う方法があります。

次のものが対人関係技法として指摘されます。

① アサーション・トレーニング
② コミュニケーション・トレーニング
③ 親交トレーニング
④ ソーシャルスキルトレーニング

これらの間には，関係を開く，関係性を調整する，相手の期待や意図を読み解く，こちらの期待や意図を表現する，関係を閉じるといった社会関係に関する共通な要因が含まれることになります。

まず①アサーション・トレーニングは主張訓練という訳語が使われることもありますが，主張という言葉に一方的な自己主張の意味合いがあることからカタカナでアサーション・トレーニングといわれることが多いようです。アサーションの定義は，相手の立場への敬意と理解を表しつつ，こちらの意見や立場について効果的に相手に伝え，相手の理解を引き出スキルというような意味で理解されます。つまり攻撃でもなく相手の言いなりになるのでもなく，対等な人間同士として折り合いをつけるスキルといってもよいでしょう。

次に②コミュニケーション・トレーニングについては，コミュニケーションというメッセージの伝達と受け止めという観点から，上手な伝え方と上手な聞き方のトレーニングをすることになります。メッセージ伝達のスキルの向上を援助するには，視線の向け方，姿勢，身振り手振り，声の調子，言葉の使い方などが話し合われます。このさいカウンセラーはクライエントにとって重要な生きたモデルとなります。また相手の不十分な点や好まない面に触れなければならないときは1つの見方として，意見としてという提示をして，それに対する相手の反論にていねいに耳を傾けるなどのスキルが必要になります。

また③親交トレーニングは，一緒に楽しく騒ぐが互いに心を許していない今日の社会において多くの人がとくに必要とするスキルの練習といえるでしょう。

相手の個性を理解しよさを認める相互のかかわりを持続すること，親しくなっても相手のプライバシーへのかかわりを慎重にすることなどの心得を面接と実際場面で学び修正していくことが必要になります。

　最後の④ソーシャルスキルトレーニングは以上の３つを集約するスキルとなるものと理解してよいでしょう。しかし，実際にはそれぞれが個別に扱われているのが実情です。SST（social skill training）は主に精神科領域で患者のアパート探しや職場での問題の指導を含む，デイケアの活動として実施されることが多く，また教育分野では葛藤解決スキルとして子どもの喧嘩やいじめへの取り組みにおいて，あるいは集団活動指導の素材として実施されています。

5.7　薬／身体生理的技法

　カウンセリングを求める人々の中には現に医療機関に通院している人がいます。医療機関から紹介や助言を受けてカウンセリングを受けることになった人もいますし，カウンセラーからクライエントの状態によって医療機関を紹介したり勧めたりすることが多くなっているように思います。

　したがって精神医学の知識と薬の知識はプロのカウンセラーには必要なこととなっています。

　カウンセラーとして，次の点について，技法として使用する場合とクライエント理解の視点として考慮しておきたいこととして提示されています。

　①　身体運動
　②　食事
　③　睡眠
　④　レジャー

　身体生理の面からクライエントを理解し，また技法として取り入れることができます。①適切な身体運動は，心身の健康を促進し維持する上で好影響になるでしょう。同様に②食事の習慣についても規則的，安定的にバランスのよい食事を社会的場で摂る習慣に心身の健康を持続的に支えることが期待されます。③睡眠の習慣についても同様なことがいえるでしょう。また④レジャーについても，どの程度，どういうメンバーと，どのように行っているかを知って，適切な助言をすることが心身の健康を支えることになるでしょう。

13章　カウンセリングの多面的アプローチ

　この章では，折衷と統合に向けたカウンセリングの動向を紹介するとともに，ラザルスによる多面的アプローチを取り上げてできるだけ具体的に説明することを試みました。ラザルスの提案はパーソナリティ理論としては不十分と思う人もいるでしょう。しかしカウンセラーとしてクライエントにかかわるさいに必要な視点として受け止めるなら，役に立つ要素が少なからず含まれているように思います。またアセスメントの観点としても有用であろうと思います。しかし技法については，幾分かの疑問や今後の統合へのステップとしての理解にとどめようとする読者もおられたことでしょう。

　この章をⅣ部の最後に位置づけました。このような多面的総合的カウンセリングが今後の発展の方向を示唆していると考えるためです。読者の方々がラザルスの大胆な挑戦を参考にして，カウンセリング実践において各自が使える折衷的技法を工夫することによってクライエントへの対応の幅を広げ，効果を高め，それによって，理論的には統合的カウンセリングの展開に貢献されることを切に願うしだいです。12章で紹介したEMDRやACTについては，統合への流れにそったものと考えることができるでしょう。

【引用・参考文献】

Dryden, W. & Mitton, J.　1999　*Four approaches to counseling and psyhcotherapy.* New York : Routledge, A Member of the Taylor & Francis Group.（酒井　汀訳　2005　カウンセリング／心理療法の4つの源流と比較．北大路書房．）

Garfield, S. L.　1980　*Psychotherapy : An eclectic approach.* New York : John Wiley & Sons Inc.（高橋雅春・高橋依子訳　1985　心理療法——統合的アプローチ．ナカニシヤ出版．）

Garfield, S. L.　1989　*The practice of brief psychotherapy.* Psycholgy Practitioner Guidebooks. New York : Pergamon Press.

Lazarus, A. A.　1992　Multimodal therapy : Technical eclecticism with minimal integration. In J. C. Borcross & M. R. Goldfried (Eds.), *Handbook of psychotherapy integration.* New York : Basic Books.

Lazarus, A. A.　1997　*Brief but comprehensive psychotherapy : The multimodal way.* New York : Springer.

Palmer, S. & Dryden, W.　1995　*Counselling for stress problems.* London : Sage.

Zeig, J. K. (Ed.)　1987　*The evolution of psychology.* New York : Brunner/Mazel.（成瀬悟策監訳　1989　21世紀の心理療法Ⅰ．誠信書房．）

Ⅴ カウンセリングを学ぶ

　カウンセリングは生身の人間が生身の人間に対して行う援助的活動です。生身の人間に向き合うとき，カウンセリングのテキストを読み，講義を聴いて得た知識を役立てることがどれほど難しいことであるかを思い知ることになるかもしれません。たとえ演習の授業で仲間同士がカウンセラーになりクライエントになるロールプレイを行っていても，いざ本物のクライエントに対面すると，模擬的なカウンセリング演習で得たイメージとはかけ離れていることに気づくでしょう。

　もう1つ付け加えるなら，あなたのカウンセリング経験はあなたの個性によって影響されているのですから，生身の人間としての実際の出会いの体験を通して学び，自己理解を深めていくことが真のカウンセリングの力をつける道といえるでしょう。

　カウンセリングの実践の力は，実践の中から学ぶほかはありません。それでは不安でしょうし，クライエントに申し訳ないはずです。そこで必要になるのがスーパービジョンという実践を通した助言です。経験豊富なスーパーバイザーの監督と指導の下でカウンセリングを行い力をつけることができます。そしてカウンセリングの終結を迎えることができたなら，事例をまとめて経験者から意見をもらう機会も大切です。事例検討会や事例研究会への参加について触れることにします。

14章　専門家として学ぶということ

1. カウンセリング実践から学ぶ

　どんなに時間をかけてカウンセリング心理学と臨床心理学と心理学の書物を読み，講義を聴いて知識を蓄えたとしても，実際にカウンセリングができる保証はありません。そのため，演習によって模擬的な場面を作って面接技法について体験的に学習することや先輩のカウンセリングの場に陪席して学ぶことに多くの時間と努力を傾けることも必要でしょう。しかし，それでも自分がカウンセラーとして実際のクライエントと対面すると，それまでに学習したことがどこかに飛び去ってしまうのを経験することになるでしょう。真のカウンセリングの学びはここから始まるといってもよいかと思います。書物の知識は一般論であって，先輩のカウンセリングを観察してもそれは傍観者にすぎないからです。生きたカウンセリングの学びは本物のクライエントと対面するところからはじまります。

1.1 個別的助言者の必要性

　カウンセリングは実践の学ですから，自分がどんなふうにクライエントと対面し，相手からどういう印象をもたれたか，その場その時の状況に応じて待ったなしの判断と行動を必要とするのです。そしてその経験を通して学びを深めて自分の血肉としていくことが重要です。

　カウンセリングはクライエントの個性とカウンセラーの個性との出会いから成り立ちます。あるカウンセラーが出会う困難が別のカウンセラーでは難なく通り過ぎることがあります。たとえば若い女性のカウンセラーがクライエントから贈り物を持って来られて困惑することがあっても，別の女性のカウンセラーはそういうことが起こらないということがあります。また，あるクライエントへの対応が効果的であったことが別のクライエントには通用しないことがあります。たとえば「カウンセリングでは贈り物は受け取らない方針ですから」

と言って断って理解してもらえるクライエントがいますが，その言い方では関係がこじれる場合もあります。したがって，カウンセラーに対する助言は基本的に個別仕立てになります。

初心者が実際の場で経験しながら学びはじめるには一人では心配です。クライエントに対する責任もあります。そのため，現場のコーチや監督のような実践指導者が必要で，その役割を担う人をスーパーバイザー（supervisor）と呼び，その指導を受ける初心者をスーパーバイジー（supervisee）と呼びます。

そしてスーパーバイジーとスーパーバイザー両者の間の指導助言の相互作用的活動をスーパービジョン（supervision）と呼びます。

スーパービジョンとは，カウンセラーが自分の担当する事例について，カウンセリング経験の豊富な助言資格のあるカウンセラーに報告し，カウンセリングの具体に即して，適切な助言を受けることを指します。ですから一人前のカウンセラーとなるには経験のあるスーパーバイザーによるスーパービジョンを受けることが必須の要件となります。またすでに一人前のカウンセラーであっても，必要に応じてスーパービジョンを受けるべきです。カウンセラーはどんなに経験が豊富でも自分の枠を見直す機会を必要としているのですから。

スーパーバイザーの資格の認定や規定は各学会によって行われ，あるいは大学等の教育研究機関によって決められています。またスーパーバイジーとしてスーパービジョンを受けるためには，それ以前の学習経験のチェックを経て，スーパービジョンを受ける条件つきでクライエントをもつことを許されます。また，そのことをクライエントにも理解してもらうことも必要です。スーパービジョンを受けるには，自分のカウンセリング実践の経過を具体的に助言者に報告しなければなりません。

1.2 面接記録のとり方・まとめ方

スーパービジョンは，通常はスーパーバイジーがカウンセラーとしてクライエントとの面接を担当した記録をスーパーバイザーに提示して受けることになります。スーパーバイザーが面接に立ち会うことや別室から面接の経過を視聴することはごく特別な場合に限られます。多くの場合，スーパーバイジーは自分のカウンセリング実践の経過を整理して報告し，それによってスーパーバイ

ザーから指導を受けることになります。

　きめこまかく助言を受けるためには面接経過を録音や録画によって提示して助言指導を受けます。大学院などで行うスーパービジョンでは，学生は録音によって逐語録を作って指導を受け，指導者から指示された箇所については録音の再生をすることが多いようです。面接場面の録音録画には昔は大きなリールに記録する磁気式の装置を使ったものでしたが，最近ではICカードなどに直に記録しパソコンによって再生できるようになりましたから，目立つことなく手軽に録音できますが，それゆえにこそクライエントに説明と同意を得て，個人情報を慎重に扱うことが求められます。

　機器を使う場合でも，面接過程を自分なりにメモする習慣を作っておくとよいでしょう。面接後にメモをとるさい，筆者は次の点を心がけています。

① 直後の10分
② 感情語を拾う
③ こちらの言葉も思い起こして
④ 印象の率直なメモ
⑤ 反省点メモ

　まず①直後の10分が大切です。クライエントが帰った直後，ざっと面接全体の流れを振り返ってメモします。出会いの様子，切り出し方，問題をどういう声の調子でどういう言葉で語ったか，帰るさいの様子などを想起します。

　そのさい，②感情語をそのままの言葉で記録することに慣れるとよいでしょう。クライエントの「嫌になっちゃう」を「抵抗感」と変換することなく，拾い出します。カウンセラーが「抵抗を感じているのね」と返した場合と「嫌になっちゃうんだね」と返した場合の相違に注目すれば，クライエントが使う生の表現はクライエントの個性的経験の世界に入り込むことのできる言葉であることがわかるでしょう。またクライエントの言葉の内容だけでなくその表現の仕方に注目して，全体としてのクライエントの状態を把握することが大切です。

　また③クライエントの言ったことは記録してもカウンセラーが自分で言ったことは記録しないカウンセラーが少なくないようですが，それはよいことではありません。どちらも大切な言葉を拾ってメモすることがよいでしょう。また自分の受けた④印象の率直なメモと，その回の面接の⑤反省点についても，印

象が薄れないうちに手際よくメモする習慣を身につけるとよいでしょう。

1.3 逐語録の作り方・読み方

　クライエントの言ったこととカウンセラーの言ったことを時間経過に沿ってできる限り忠実に記録したものが逐語録です。毎回，その日時，場所，天候，クライエントの状態象などを書いた後，録音を丹念に逐語に落とします。

　クライエント発言をcl.1,　cl.2,　…,　cl.13,　というように，そしてカウンセラー発言をco.1,　co.2,　…,　co.13,　というふうに表記し，できる限り忠実に文字化します。そのさい，発言番号の付け方はcl.1を受けてco.1へ，cl.2を受けてco.2へとつながる場合と，co.1からcl.1へとつながる場合がありますが，前者の場合はクライエントの主導性にカウンセラーが反映などによって応じていく関係がよく表れ，後者の場合はカウンセラーが質問してクライエントが応えるようなカウンセラー主導の印象がよく表れます。

　次のように，クライエント発言を受けてカウンセラー発言があるというように流れができると，両者のかかわりの流れが自然に表現できるように思えます。

co.0：どうぞお話しください。
cl.1：この前は聞いていただいて，ほっとしたような感じで家に帰りました。
co.1：安心できたということでしょうか。
cl.2：というか，少しほっとして……。
co.2：そうか，ほっとしたものがあった。
　（略）
cl.13：職場の上司のことばかり気になっていたけど，"自分だって"という感じもしています。
co.13：なるほど，自分の気持ちにも焦るものがあったということですね。その辺の気持ちをもう少し探ってみませんか？
cl.14：そうですね。何というかまわりのことばかり気をとられて自分は被害者だって気がして，イライラして，今もそういう気持ちがありますけど，でも……少し違う面もありそうな気がちょっとしていて……。
co.14：なんかその辺のところが新しく感じられているのでしょうかね。

この一連のやりとりを，次のように，カウンセラー発言1を受けてクライエント発言1があるというように流れができると，印象が少し異なるものになることでしょう。

co.1：どうぞお話しください。
cl.1：この前は聞いていただいて，ほっとしたような感じで家に帰りました。
co.2：安心できたということでしょうか。
cl.2：というか，少しほっとして……。
co.3：そうか，ほっとしたものがあった。
　（略）
cl.13：職場の上司のことばかり気になっていたけど，"自分だって"という感じもしています。
co.14：なるほど，自分の気持ちにも焦るものがあったということですね。その辺の気持ちをもう少し探ってみませんか？
cl.14：そうですね。何というかまわりのことばかり気をとられて自分は被害者だって気がして，イライラして，今もそういう気持ちがありますけど，でも……少し違う面もありそうな気がちょっとしていて……。
co.15：なんかその辺のところが新しく感じられているのでしょうかね。

実際，クライエントとカウンセラーとのやりとりの経過を読み，聞くことを通してカウンセリングが自分のことを語る者とそれを理解しようと努める者との自然な深い心のコミュニケーションであることがわかるでしょう。

なお，上の引用部分で「というか」というクライエント発言があって，「そうです」ではないのですが，その直前のカウンセラー発言はクライエントにとっては少しずれて理解されているように思えたのでしょう。もちろん一概にズレが悪いと決めつけることはできません。このようなズレが理解を深める契機になることがありますから。ともかく，こうしたお互いに近づきあいの経過がカウンセリングの流れを作るといってよいかと思います。

スーパーバイザーは，このカウンセラーがこのようなクライエントとこのような経過を迎えているという事実を具体的に把握して，その事態に応じて適切な助言をすることが任務です。

スーパービジョンを通してカウンセラーはクライエントとのかかわりを修正しますが，ときにはそのカウンセリングを停止することを命じることもあります。スーパーバイザーは単なるコーチではなく監督としての権限を所持しているのです。

1.4 事例報告

毎回の面接のたびにではなく，一人のクライエントとの一連の面接をまとめてスーパービジョンを受ける場合もあります。その場合には，事例の中間報告としてスーパーバイザーに資料を提示して助言を受け，その後のカウンセリングに活かすことが目標になるでしょう。また，まれにカウンセリング終了後にスーパービジョンを受けることがあります。その場合にはスーパービジョンの本来の目的，つまりこのクライエントを理解し援助するための手がかりを得てクライエントへの今のかかわり方を修正するということとは別になりますが，カウンセラーが自分の見立てやかかわり方を総点検する機会となるでしょう。あるいは終了事例を事例研究としてまとめるためのヒントを担当スーパーバイザーから求める意味もあるでしょう。

一般に事例報告には次の内容が情報として含まれます。
① 主訴：どういうことで相談に来たのか
② 臨床像：身体特徴や衣服の特徴や出会いの態度などの印象
③ 年齢，所属，リソース（資源）
④ 相談歴：どういう相談をこれまでにしてきたか，してこなかったか
⑤ 問題の経過：いつからどうなってこのような状態になったのか
⑥ 生育家族と生育上の特徴：育った家庭の特徴と生育史
⑦ 現家族：今の家族構成と心理社会的関係など
⑧ 見立て：医者のいう診断に相当する問題の背景と問題解決の見通しなど
⑨ カウンセリングの方法：どういう理論・技法で実施しているか
⑩ 相談の経過
⑪ 助言を得たいこと

こうした内容を手際よくまとめて，事例報告書を作ります。その目的はこのクライエントへのさらなる効果的援助のあり方を探索するためであり，そのた

めのカウンセラーのかかわり方を検討する資料となります。スーパービジョンはそのための1つのルートですが，他に相談所や学校における事例検討会に提案して組織としての理解についても検討できます。なお，この報告書は個人情報をふんだんに含みますから，その取り扱いは当然ながら慎重でなければなりません。事例検討会に参加したメンバーにも同様な注意が求められます。

2. スーパービジョン

2.1 スーパービジョンとは

ここであらためて整理してみましょう。スーパービジョンとは，監督訓練の意味で，カウンセラーが，自分の担当する事例について，スーパーバイザーに報告し，適切なカウンセリングの具体について助言を受けることを指します。

スーパーバイザーの機能として，学派により著者により相違はあり，たとえば認知行動のレドリーほか（Ledley, Marx & Heimberg, 2005）は①新人訓練，②クライエントへの責任，③メンターシップ（身近なモデル）の3点に絞っていますが，一般的には次の4点を指摘することができます。

① 監督・評価（対応の適切さを評価，指示し，担当を替える場合もある）
② 指導・助言（適切なかかわり方をガイドする）
③ モデリング（自然にあるいは意図してお手本を示す）
④ 動機づけ（クライエントに対面し，機能するように励ます）

スーパーバイザーは，豊富なカウンセリング経験に加えて助言にかかわる研修などによって資格を得ている人で，カウンセラーがクライエントとの最初の接触からアセスメント，援助方針と実施，終結にいたる過程を不適切な不安をもつことなく，あるいは独りよがりに流れることなく，ケースに取り組めるようナビゲーターの役割を担います。

したがってスーパーバイザーは，カウンセラーが事例を担当するときから終結にいたるまで，カウンセラーの後ろに控えて，継続的にカウンセラーを支えることが基本です。カウンセリングと臨床心理学を専攻する大学院生が事例を担当するさいは，この基本にしたがって，教員あるいは外部委嘱の実践家によって，一貫して継続的に監督兼コーチの役割が担われています。スーパービジョンのあり方については各臨床心理士養成指定大学院において，いろいろな改

善努力（たとえば，小早川, 2008）がなされています。他方，教育センターなどの専門機関では，カウンセラーはとくに困難な事例を抱えたときに顧問の専門家から助言を受けることが多いようです。

ところで，アメリカ結婚と家族療法学会（American Association for Marriage and Family Therapy, 2002）の認定スーパーバイザーの基準では，候補としての2年以上の訓練が要求されます。

2.2 スーパービジョンの6つの観点

効果的なスーパービジョンはどうあるべきかについて，カウンセリングとスーパービジョンの先進国であるアメリカ合衆国では活発な研究が行われています。ウィスコンシン大学のネルソンほか（Nelson et al., 2008）は，有能なスーパーバイザーと評価されている12人へのインタビューによって，彼らが経験にオープンであることを見出しています。柔軟性と積極性こそが優れた臨床スーパービジョンを支える重要な資質であるといえるでしょう。

スーパービジョンにおけるスーパーバイザーの側から効果的にその役割を担うためになすべきこととして，筆者は従来のいろいろな意見を参考に，以下の6点を心がけることにしています。

① スーパーバイジーとスーパーバイザーとの関係の構築
② クライエント―カウンセラー関係の点検
③ クライエントの問題，背景，リソースの把握
④ カウンセラーのリソースの考慮
⑤ カウンセリングプロセスの把握
⑥ 上記と領域，役割などの認識による影響力の行使

まず，①スーパーバイジー―スーパーバイザー関係の構築と維持に両者が協力することが大切です。一方的受け身・依存―指示・命令の関係では事例の理解と対応に関する生産的コミュニケーションが不可能になります。たとえばスーパーバイザーが権威のある人であるとスーパーバイジーはその権威に服従して，カウンセラーとしての自分の経験を開示することをやめ，ただただ受け賜りました，おおせごもっともという態度になり，現実の役に立ちません。また不信と嫌悪の関係になってもスーパービジョンは形式的でおざなりなものに終

わるでしょう。信頼と親和的関係が両者の間で構築される必要があります。それは，ちょうどクライエント―カウンセラー関係の基本と同じといえるでしょう。しかし，その関係はあくまでも1つのケースへのかかわりを基軸した関係であって，スーパーバイジーの個人的問題を分析するようなクライエント―カウンセラー関係に入るべきではないこと（たとえば，ニューフェルツ〔Neufeldt, 1999〕）が言われています。

　その上で，②クライエント―カウンセラー関係の点検が行われます。そのさい，スーパーバイザーの態度がスーパーバイジーにとって重要なモデルとなります。スーパーバイザーはよきカウンセラーとしての力の持ち主であることが必要なゆえんです。スーパーバイジーがカウンセラーとしての基本ができていないとみるとスーパーバイザーはとかく非難がましくなりますが，それではスーパーバイジーは自己防衛に走って真の学びを避けることになるでしょう。あたかも多くのクライエントがそうであるように。スーパーバイジー―スーパーバイザー関係はクライエント―カウンセラー関係の複本であるともいえるかもしれません。そうした適切な関係の上にスーパーバイジーは冷静に自己の姿を理解し，一歩離れて関係と経過の見直しをすることができます。

　さらに，③クライエントの問題，背景，リソース（自我強度，環境資源活用可能性）の把握が両者のテーマになります。とかくカウンセラーはクライエントの心情と立場に寄り添うあまり，クライエントの問題と背景を冷静に見極めることができなくなりがちで，クライエントの資源としての自我の強さや環境の中にある利用可能な資源を探索することがおろそかになりがちです。アセスメントをガイドすることはスーパーバイザーの不可欠な仕事となります。

　次に，④カウンセラーのリソース（知識・経験・技能・柔軟性，助言・協力資源）を探します。適切なスーパービジョン関係の下で，スーパーバイザーはスーパーバイジーのよさを探し，それを資質としてカウンセリング関係の中に活かせるように工夫します。筆者は大学院生のスーパービジョンにおいて，ある学生には社会的知恵と大人の物腰を，別の学生にはやさしく柔軟な態度を資源として活かせるように助言をすることによって，どちらもカウンセラーとしての自信と勇気を得て次の面接に臨み適切な関係を回復しました。そのさいのスーパーバイジー―スーパーバイザー関係はクライエント―カウンセラー関係

に基本的重なり合うように思えます。

　そして，⑤カウンセリングプロセスの把握に努めます。スーパーバイジーはカウンセラーとして今現在のことにとらわれてカウンセリングの全体の流れがどのようになってきたか，そしてこのカウンセリングがこれからどう運ばれていくかというプロセスの視点を見失いがちです。スーパーバイザーは，まさにsuper-visionの字義どおりの，上空から事の成り行きを鳥瞰するように，カウンセリングプロセスの把握に努め，スーパーバイジー（カウンセラー）がカウンセリングの全景を見渡すように，そして適切にクライエントにかかわりを展開するようにガイドすることが必要です。

　そして⑥以上の5つのポイントによって，かつそのカウンセリングの領域と期待される役割などの適切な認識の下で，柔軟に臨機応変に影響力を行使することによって，スーパービジョンの成果をあげることができるでしょう。教育相談領域，発達支援領域，医療関連領域，成人一般適応相談の領域など，それぞれの分野と領域によってカウンセラーの役割も異なり，スーパービジョンの要点も自ずと異なることになります。したがって，誰がどの領域に精通したスーパーバイザーであるかを学会などの情報誌に開示される時代が近くにきているように思います。

　これからは多くのカウンセラーがいろいろな段階・時期にスーパービジョンを挟むことによって，有効有意義なカウンセリングにする努力が必要になります。またこれまでのカウンセラーは生きたクライエントにかかわる不安と緊張から，とかく直面化を避けて無難な聴き方に，あるいは理論と机上の解釈に逃げ，あるいは頑なな技法傾倒に走る傾向がありました。真のカウンセリング学習の経験はスーパーバイザーつきカウンセリング実践によってもたらされるでしょう。なお，初心カウンセラーにはきめ細かなスーパービジョンが必須ですが，熟練カウンセラーにとっても要所でのスーパービジョン（あるいはケース・カンファレンス）によって，自己のカウンセリングの姿を他者の視点から見直すことが望ましいといえます。

2.3　スーパービジョンの4つの必須要件

　スーパービジョンにおける必須の機能には，スーパービジョンの必須4要件

とされる以下の項目が含まれています。
　①　ケースの概念化（case conceptualization）
　②　見立て（differential diagnosis）
　③　援助プランづくり（treatment planning）
　④　施行（implementation）

　まずは，①ケースの概念化は，ケースの特質を把握し「このケースをどう担当していくのがよいか」について考えることで，カウンセラーが学ぶべき最重要スキルの1つとなります。つまり，受け付けた相談事例がどのようなものであるか，どういう点に配慮が必要か，どのようなカウンセリングをどう行うのがよいか，それによってクライエントはどうなっていくかといったケースについての大づかみな把握をした上で，アセスメントの要点，カウンセリングの方法，担当者の決定と助言指導方針を立てます。

　スーパーバイザーは，自分の考えを一方的に押し付けるのではなく，スーパーバイジー（カウンセラー）と意見交換して共通の視点をもつようにします。その上で，まさにsuper-visionの字義どおり，上空からあるいは一歩はなれた位置からカウンセリングの成り行きを見守り，カウンセラーを援助することになります。

　次に，②見立ての援助を任務として，アセスメントの視点からクライエントの概念化をします。つまり，クライエントの主訴と問題，その背景要因とともに，性格面，情緒面，社会性の面，社会的位置や資源についても大づかみにして，解決の手がかりを探り，どういう方法が適切であるかを考えます。

　その上で③どういう援助が望ましいか，そしてどうできるかという援助プランを検討します。そして④施行あるいは実行管理を任務として，援助過程を観察し，実行の様子をモニタリングします。

　他方，スーパーバイジーの役割としては，クライエントの様子のみならず，カウンセリングの過程でのカウンセラーの迷いや不安やためらいなど，クライエントと自己にかかわる諸事項についてもスーパーバイザーに向けて率直に開示し，自己のカウンセリングに主体的に役立てるようにすることが望まれます。

2.4 スーパーバイザーが自らに注意したい点

スーパービジョンを行うさいにスーパーバイザーが注意すべきことがいくつかあるように思います。私が心がけているのは以下のような点です。

① 自己満足に陥っていないか
② 受け入れの限定
③ スーパーバイジーのよさへの定位
④ クライエントに対する責任の自覚

学会等から認定されたスーパーバイザーであり，経験豊富なカウンセラーであるという自覚は大いに結構なことですが，ともすると，権威的になって一方的な助言をして自己満足に陥りそうな面が案じられます。スーパーバイザーは初心者に助言することの自己満足の部分について自覚と自戒が必要でしょう。

資格のあるスーパーバイザーがまだ少ない日本では，地域的便宜や個人的関係からスーパービジョンを申し込まれることがありますが，カウンセリングをするよりも力量が必要ですから，自分の守備範囲と経験と強みによって適合する場合にのみ受け入れること，また現実のカウンセリングの流れに着実に沿っていくための根気と気力が必要になりますから，無理をして担当することも避けるべきだと思います。要は，可能な領域や対象の限定に留意することが大切です。

ところで「スーパービジョンを受けるとスーパーバイザーからぼろぼろにされて立ち直れない」という言葉を聞いたことがあります。そのようなスーパービジョンがあるとすれば，それはスーパーバイザー個人への治療的働きかけや教育分析に近いものになったためかと思われます。スーパービジョンはそれらとは異なります。

また，「私のようなかけだしのカウンセラーはスーパービジョンを受ける資格がない」というようなためらいの言葉を耳にすることがあります。自分の担当ケースがない場合は受けられませんが，ケースを担当していれば，むしろ受けなければならないと考えてほしいと思います。

このような不安と恐れが多くのカウンセラーにあるとすれば，それは払拭されなければなりません。他人の非を責め，あるいは個人の内面への安易な介入は，まさにカウンセリングの基本精神に反することです。スーパーバイジーの

よさをさがし，認め，活かす道筋を考え，元気づけ，率直にかつ温かく指摘し具体的な対策をともに考える姿勢こそ，スーパーバイザーのもっとも大切にしたいことです。

しかし，クライエントへの責任を考えれば，いいかげんなカウンセリングを放置することは許されません。アメリカではスーパーバイザーがスーパーバイジーに担当を停止させる例があると聞きますが，日本ではまだまだ妥協的なスーパービジョンになっていることが多いように思えます。

2.5 カウンセリングの実践的学習の諸形態

日本のカウンセリングもようやくスーパービジョンについて本格的に取り組みはじめました。日本カウンセリング学会では学会認定スーパーバイザー制度を充実させるために，名簿が会員に示されて，活用を広く勧める努力をしています。また，スーパービジョン研修会も重ねて開かれています。多くの学会がそうした努力によって会員の資質向上に取り組んでいます。また日本臨床心理士認定協会や日本行動療法学会や日本EMDR学会など多くの学会も同様な取り組みを展開しています。

カウンセリングの実践を通して学習するための援助の機会が研究され展開されるようになりました。大きく区分すると次のようになります。

① 個別スーパービジョン

カウンセリングの経過中の事例について，一対一で継続的に行う方法で，もっとも基本的なスーパービジョンといえます。

② グループ・スーパービジョン

これにはいくつかのパターンがあります。第一は，1事例・複数スーパーバイザー方式で，一人が直に，もう一人が別角度で助言する場合や，発達障害の診断に明るいスーパーバイザーが主にアセスメント面について，カウンセリング技法と過程に詳しいスーパーバイザーがカウンセリングの進め方について指導助言する方式などがこれです。第二は複数スーパーバイジー・1スーパーバイザー方式で，第三は複数スーパーバイジー・複数スーパーバイザー方式で，参加者は各自の事例を提示し，複数のスーパーバイザーから助言指導を受ける方式です。このほかにもいろいろな形態が工夫されています。

③　公開スーパービジョン

これは，個別スーパービジョンを多数の観衆（専門家）の前で実施する方式で，スーパービジョンのモデリングといえます。

④　ケース会議（ケース・カンファレンス）

原則としてカウンセリングセンターなどの職場でメンバーが担当している事例のうち，1～2ケースを取り上げて，多数のメンバーの参加の下で，発表と質疑，協議を行うもので，病院の心理相談室や大学の心理臨床センター，地方自治体の教育相談所などで，メンバーの相互理解を重視することと相談業務の活性化に向けて実施されるようになりました。

2.6　心がけたいスーパービジョンの進め方

日本においてもスーパービジョンが重要な関心を呼ぶようになったことはカウンセリングの実践化の大きな前進ですが，まだまだスーパービジョンが敬遠される面もあります。そのためにも，スーパーバイザーとしてスーパーバイジーとの適切な関係づくりが重要になります。そこでスーパービジョンの実施のさいに心がけたい手続きを拾いあげてみたいと思います。

①　エールの交換からスーパービジョンの期待と目標へ

スーパーバイジーの緊張と不安をほぐし，困難なケースに取り組んでいることに対して，エールを送り，スーパービジョンへの期待について尋ね，目標の共有を図ります。

②　最初の出会いの印象から見立てへ

最初にクライエントと出会ったさいの印象から話してもらって関係性と見立てのテーマにいろいろな角度から焦点を当て，これからの改善の必要性と可能性について考える手がかりを探すことに努めます。

③　カウンセラー（スーパーバイジー）のよさと課題をみていく

スーパーバイザーは，スーパーバイジーの適切でないところや課題面が目につくものですが，それゆえにこそこのスーパーバイジーにあるよさにも目を向けて，よさと課題のバランスをとりつつ指導と助言を進めます。

④　クライエントの全体像を把握する

クライエントの問題面にだけカウンセラーの目が向かいがちな場合，一人の

かけがえのない個性の全体像を考えるように話し合い，肯定的視点から問題解決への手がかりをみつけるように働きかけます。

⑤　問題の経過における要因相互作用を吟味する

問題の経過を聞きながら，クライエントと周囲の関係者とのかかわりの特徴とその経過に視点を向け，問題の理解と援助の手がかりを探します。

⑥　カウンセリングの目標の明確化

カウンセラーはクライエントとともに森に迷い込み，出口が見えなくなり，あるいは迷いを感じることがありますから，目標をどう考えて，どういう筋道がよいかを考えるようガイドすることが重要になります。

⑦　ライブモデルとしての自覚

カウンセラーにとってスーパーバイザーは生のモデルです。スーパーバイザーがスーパーバイジーにどのように関係を結び，またクライエントとカウンセラーの個性をどう理解しようとし，どう助言するかということはスーパーバイジーにとって重要なモデルとなります。

⑧　方法の吟味と改善点を探る

このカウンセリングにおける有効な方法と手続きはどのようなもので，これまでの方法をどう変更・修正・微調整したらよいかということについて，クライエントの問題の経過と現状をふまえ，また同時にカウンセラーの資質と特徴を考慮しつつ，助言し，それに対するスーパーバイジーの受け止めに注目し，できるかぎり柔軟に対応していくことがよいでしょう。

⑨　今後の方向性の調整

このクライエントとのカウンセリングにおいて，今後起こりそうなこと，考えておきたいこと，そしてこれからのカウンセリングの方向性についても予見して，カウンセラー（スーパーバイジー）と話し合っておくとよいでしょう。ただし硬い性格のカウンセラーには暗示のように受け取られ，自由性を失う心配もありますから人により状況により柔軟に。

⑩　評価とねぎらい

スーパーバイザーの主要な役割は指導と評価ですが，評価をあいまいにとどめる傾向が日本では強いように思えます。この点はよいがこの点はよくない，こうしてほしいという明確な指導と評価が大切です。評価がスーパーバイジー

に受け止められるためにも，努力と苦労をねぎらいつつ。

　要は，スーパービジョンにおけるスーパーバイザーとスーパーバイジーの関係は，クライエントとカウンセラーとの関係の基本的写しであると考えてよいかと思います。

2.7　専門家としての倫理

　個人情報の厳密な管理と人間的尊厳の尊重が当然ながら倫理の基本になります。スーパービジョンの倫理規準はスーパーバイザーとスーパーバイジーのそれぞれに向けられます。とくにスーパーバイザー側は，評価権があって，勢力的に優位であることから無理難題を押し付ける場合もあり，アメリカではスーパーバイザーからスーパーバイジーへのセクシュアル・ハラスメントがしばしば問題になります（Ledley et al., 2005）。スーパーバイザーとしての影響力に厳格に自己規制をする必要があります。

　また，スーパーバイザーとして，スーパーバイジーとクライエントへの責任が重視されます。さらに専門職としての責任の自覚も重要です。

　最後に事例管理（ケース・マネジメント）に触れるなら，所長や主任だけでなく担当者もそれぞれに管理を行っていることを自覚することが大切です。

　この章で参考にした野島一彦と遊佐安一郎の論文（平木・袰岩編，2001収録）を文献欄にあげておきますので，今後の学びの参考にしてください。

3.　事例検討・事例研究

3.1　事例検討・事例研究の意義

　カウンセリングは，一人のクライエントが自己の問題を理解し解決へと向かう歩みに，原則として一人のカウンセラーが側面から援助の手を差し伸べる，個別的相互作用の過程です。それは現に生きている人と人との直のかかわりですが，一歩離れてその過程を見直すことも必要になります。そのような見直しの作業によって，クライエント理解，カウンセラー理解，関係性の理解，カウンセリング技能の点検などをすることが事例検討とか事例研究と呼ばれます。

　事例検討と事例研究はほぼ同じ意味で使われることもありますが，本書では事例検討は職場のスタッフが集まって担当者からの報告をもとにいろいろな角

度から意見交換をして，その後の対応の改善と調整に資するもの，あるいは当該の事例について外部からの参加者も交えて対策を練るものを指して用いたいと思います。たとえば学校で，ある不登校生徒の理解と対応について協議する場合などです。医療機関では症例検討という表現になりますが，ある患者の処遇について医師とコメディカル・スタッフが検討会を行う場合に相当します。そして事例研究は事例検討を経て終結した独自性の高いクライエントの特徴や対処の独自な工夫について，他の類似の研究との比較を含めて発表する場合に用いることが基本であると思います。

　カウンセリングは毎回の面接と呼ばれるその場そのときの相互作用の蓄積ですから，そのときその瞬間の出来事であって反復することはできません。1回きりの言語的・非言語的相互作用の継続的展開がカウンセリング過程を構成します。また1つの事例を他の事例と足して2で割って平均することは，それぞれに個性も背景も経過も担当者も異なるのですから，それぞれのもっている大切な個性的情報を捨てることになります。一人のクライエントがもしも別のカウンセラーとの相互作用をもったなら，異なる経過を辿ることでしょう。また同じカウンセラーが異なるクライエントとかかわれば，それぞれに異なるカウンセリング経過を辿ることでしょう。クライエントとカウンセラーとの関係性によって異なるカウンセリングの経過を辿るものと考えるのが理にかなっているといえます。

　したがって，カウンセリングの事例（ケース）は個別性，特殊性，関係依存性という特徴を備えているといえます。ところで学問は共通性，普遍性，関係独立性によって支えられています。ではカウンセリングは学問にならないのでしょうか。決してそうではありません。カウンセリング心理学は百年余の歴史をもつ心理学という社会科学の1領域としての独自の長い蓄積をもっています。心理学には，医学や生理学のような自然科学としての領域もありますが，人間関係や集団の営みを取り扱う社会科学としての領域もあります。そして臨床心理学やカウンセリング心理学においては，外から観察可能な行動を対象とする行動療法のような立場や，内面的な気づきが浮かび上がるきわめて個別的内潜的過程を重視する立場もあって，幅の大きい領域です。その中にあってカウンセリング心理学としての共通した基本原則は事例こそ研究のベースであるとい

うことです。カウンセリングは事例としての実践ですから，その実践から学ぶことが研究と教育の基本となります。

では，1つの事例で得られた知見は他の事例に参考にならないのでしょうか？　事例研究という研究法がそれを可能にしてくれます。事例研究は，特定のクライエントと特定のカウンセラーとの独自的な相互作用の経過をその全体の文脈の中で取り扱うことによって共通性，普遍性，関係独立性を基本的に可能にする方法であるといえるものです。1つの事例から，ある一部を抜き取るのではなく，1つの全体の中で総合的に理解することによって，他の事例の理解にも役立つ情報を引き出すことができるのです。たとえばある不安障害の女性が辿った不安克服の事例は，不安発作の起こり方の特徴と不安の消長の経過とそれへの取り組みのいろいろな可能性を示唆してくれます。そしてそうした事例を多数集め，できればカウンセラーとして直に経験することによって，自分の担当する事例に活用することができ，他の人の事例と照合して，知識を確かな共通性のあるものにしていくことができるのです。こうしてカウンセリングの事例は以前の事例に新たな事例が加えられ，大木になって，似た事例について視点と仮説を提供することができるのです。

このような事例研究には，誰でもすぐにわかって使えるというような明快性と利便性において問題があるという見方もあるかもしれません。カウンセリング経験者でないと事例から豊富な知見を得られないということになります。しかし，学問というものは本来そういうものであろうと思いますが，いかがでしょうか？　素人受けよりも玄人受けが事例研究の特徴ともいえるでしょう。

3.2　事例検討・事例研究の提案における留意点

カウンセリング心理学は，カウンセリング実践という生きている人の心のありようへのかかわりを土台として，人間理解と援助にかかわる知見と方法を蓄積してきました。それゆえに留意したいことがあります。

1つは，人とその環境への敬意と支援です。敬意と支援のない事例研究はカウンセリングとして適切でないと思います。

2つは，守秘義務と個人情報の保護についてです。クライエントの所属先や年齢などの詳細な記述は，そのことがとくに必要な事例の場合を例外として，

避けて一般化することがよいでしょう。事例の資料についても一連番号を付して検討会参加者から回収する，記録をさせないなどの注意が必要です。電子情報としての通信は禁止が基本です。

　3つは，主観を支える客観的データの収集について工夫と努力が望まれることです。少し工夫すればいろいろなデータが集められるものです。たとえば「クライエントが相談に積極的になった」という記述だけでは，具体的な情報がないので，他の人にクライエントの様子が伝わりにくいものです。そこに受付に着いた時間の記録が当初は開始時刻ぎりぎりか遅れぎみであったが，ある時期から10分前には着いて待つようになったというデータが付加されると，なるほどと伝わりますし，そうした具体的データを探すことによってカウンセリングの手がかりがみつかることもあります。このように見解や判断の裏づけがあるとわかりやすい説明となり，説得力も高まります。また面接の様子を映像や音声に記録して点検することもよいのですが，その扱いについては守秘義務と個人情報にかかわりますから厳格な取り決めを定めそれに従う必要があります。

　4つは，理解の視点として広がりと柔軟性の視点が大切です。複眼の視点といってもよいでしょう。人間の心理はいろいろな面をもっていますから，一面的にとらえることのないように留意することが必要です。事例検討は担当者が独りよがりに陥らないように，他の視点も取り入れる機会として重視されます。

　5つは，事例の吟味には次のような段階がありますから，状況に応じた手順と段階を踏むことが大切です。

① 受理会議（インテーク・カンファレンス）
② スーパービジョン
③ 事例検討（ケース・カンファレンス）
④ フォローアップ
⑤ 事例研究

　まず，カウンセリングの申し込みを受けて受理面接が行われますが，その結果をもとに，①受理会議を開き，その事例を引き受けるかどうか，誰がどう担当するかについて決定します。担当者は受理面接の記録と会議の方針を受けて第1回の面接に入ることになります。

14章　専門家として学ぶということ

担当者は必要に応じて，②スーパービジョンを受け，カウンセリングを継続し，方針とその後の経過などをふまえて，③事例検討会に事例を提示して参加者から意見を求め，必要な修正を行うことによって，いっそう的確なカウンセリングを行うことになります。

こうして事例が終結の段階に入ると，その事例を事例研究にまとめるかどうか検討します。その事例自体に特異性がある，あるいはそのカウンセリングに独自な工夫があると判断される場合は，事例研究として学会などに発表することに意義があります。多くのカウンセラーにとってその事例研究が参考になるはずですから。ただし，事例研究にまとめるためには不可避的な関門があります。それはクライエントの許諾を得てよろしいという承諾書をもらうことです。雑談の中では「構いませんよ」といってくれているクライエントでも，了解しますと書いてサインすることには戸惑いがあり，発表できなくなることが少なくありません。

3.3　事例検討会参加者の留意事項

事例検討会に参加する人にも留意しなければならないことがあります。とくに次の点が大切です。

① クライエントとその関係者への温かい眼差し
② 守秘義務と個人情報保護
③ 事例提供者にヒントとして役立つように
④ クライエントの利益になるように
⑤ 安易な決めつけを避け，柔軟な態度で
⑥ 深い，幅広い理解を心がける
⑦ よりどころとする理論の立場と現実的対応への理解
⑧ 学ぶ姿勢（クライエントから，カウンセラーから，メンバーから）

事例検討に参加する者の誰もが以上の点を十分に心がけるならば，事例検討会は有意義なものになるでしょう。もしも一人の参加者でも心がけが足りない場合には座長からあるいは事例提案者から明確に指摘して留意事項を遵守するように求め，聞き入れられない場合には退席してもらうべきです。

3.4 一事例研究法

普通，研究は特定の要因（独立変数）を操作し，他の条件を一定に保って，その効果を一定の観点（従属変数）によって吟味するという条件比較によって行われます。たとえばカウンセリングの効果を研究するには，カウンセリングが独立変数で，受ける条件（処置群）と受けない条件（無処置の統制群）を設け，どちらも他の面では一定に保つ（同じように生活してもらう）ことができれば，カウンセリングの効果を比較するのには好都合です。

しかし人間の日常生活にはいろいろな出来事が起こりますから，一方には不幸な出来事が起こり，他方にラッキーな出来事が起こることも大いにありえることです。もしも，同じような遺伝素因をもつラット200匹を同じような環境において，無作為に2群に分けて一方には薬を与え，他方には与えなかったとしたら，薬の効果を確かめることができるでしょう。実験室の中では偶然の出来事は少なく抑えられるでしょうし，あったとしても多数データの間にはその影響は相殺されると考えることができます。しかし人間は遺伝素因も環境も生育史も多様であり，社会生活の中では大きな影響のある出来事がさまざまに起こります。そのため，よほど多数の人のデータを集めない限り，偶然の出来事による影響は，どちらの条件群にも多かれ少なかれ起こることとして，相殺されることを期待するのは無理があるといえます。またラットに薬を与えて効果を比較するのと違い，人間もカウンセリングも複雑すぎます。

カウンセリングは一人のクライエントがカウンセラーとの相互作用によってどう変化したかによって成否を評価します。より適応的方向の変化であればそのカウンセリングは成功といえますが，変化がないなら失敗，より不適応の方向に変化したなら大失敗ということになります。つまり変化の過程とその際のカウンセリングがどのようになされたかとの関係をみることになります。

もしも同じ問題をもつA，Bの二人がいて，Aは一定期間のカウンセリングを受け，その間にBはカウンセリングを受けなかったとして，Aは問題がやや改善されたがBには変化がなかったなら，カウンセリングの効果は認められる可能性があります。ところが二人ともやや改善であったなら，カウンセリングの効果は証明されなかったということになります。つまり何もしなくても数か月の間には問題が改善されることはあるわけです。しかしこの論には疑問が残

りますか。まったく同じ二人ということがあるでしょうか。今現在のある特定の問題の程度は同じであってもAは長期にわたって不安傾向が強く，Bは基本的安定度が高いがたまたま不運に見舞われたということもあるでしょう。まったく同じということはありえないことです。この例では長期にわたって不安傾向の強いAがやや改善したのならカウンセリングは成功であったと考えてよいように思えます。

　カウンセリングの研究は一事例一事例について経過を追って丹念に吟味していくことがもっとも重要なことです。その上で，カウンセリングに入る前，カウンセリングのいろいろな時期と段階，カウンセリング終了後の様子などについて，いくつかの標準的テストも加えて多面的に観測します。

　そうした個々のカウンセリング努力の成果を積み重ねていくなら，そしてアセスメントが十分に行われているなら，似た事例を集めて多数データによる実証研究が可能になるでしょう。欧米ではそうした実証研究（メタ分析）が多数報告されるようになっています。

　カウンセリング研究法は他の分野の心理学研究法から多くのヒントを得ることができます。発達研究における縦断的方法と参加観察は，基本的に事例研究の積み重ねといえるでしょう。5歳児と7歳児を同時に集めて語彙を調べる方法，つまり年齢を横に断って異なるサンプルを比較する横断的方法と異なり，5歳児が7歳になるまで同じ個人を追跡するのが縦断的方法です。またピアジェ（Piaget, J.）など多くの発達心理学者の貢献は自分の子どもをともに生活するなかで観察し記録した参加観察法です。こうした研究法との共通点を活かしてカウンセリング過程とその効果を積極的に研究することが望まれます。

　学習心理学のスキナー（Skinner, B. F.）の方法は，ある環境下における人間や動物の自発行動をオペラント行動と呼び，その持続的観察記録によって法則性を見出す方法ですから，ピアジェと同様に，臨床的方法といってもよいかと思われます。それは多数の動物を飼いならして実験台にのせて短時間のデータをとる方法とは基本的に異なるもので，生活体をその生活環境において観察する生態学的方法とも共通するものです。

　心理学研究計画法（Solso & Johnson, 1984）には被験者内条件反復計画（within subject replication design）があります。これは条件ごとに被験者を割

り振るのではなく，同じ人に条件AとBを与えて，そのさいの行動の相違を比較するものです。

　カウンセリングと臨床心理学の領域でもこうした研究法を積極的に取り入れることがよいと思います。それには観察と記録の方法をよく吟味して，十分に信頼性の高いものにすることが必要です。

3.5　事例研究発表の準備
　カウンセラーとして最初に担当した事例が初回から紆余曲折の経て無事に終結したならば，継続できたことだけですばらしいことです。クライエントの許可を得て相談記録をまとめたいと思うことでしょう。それは個人的によい記念になることですから，ぜひまとめるとよいでしょう。しかし多くの人に参考になる事例かどうか，新しい知見を拓くものかどうか，つまり学会として論文集に載せるべき価値があるかどうかは別のことになります。

　事例研究として学会発表や機関誌に掲載するには，大きく2つの点についてよく吟味する必要があります。1つは事例の独自性です。稀少事例は事例発表の価値があります。2つは事例としては稀少ではなくてもそのカウンセリングの方法と手続きにおいて，あるいは経過において独自性があるなら，発表に値します。この2点をめぐって先行研究を調べて，自分のケースが何らかの独自性をもっていると考えられることを明らかにする必要があります。

　多くの研究は，はじめに先行研究の吟味があって，その上で独自な目的を定め方法を工夫し，その結果を先行研究の結果と比較考察することができます。しかし，カウンセリングの場合は，来談事例を引き受けてケースの概念化をするなかで，事例と方法の独自性を構想することになります。端的にいえば泥縄的なところがあってもやむをえない面があります。ある研究目的に適合したクライエントだけを選ぶなら話は別ですが。

　よくよく考えてみれば，すべての事例はそれなりに独自であるといえるかもしれません。この世に二人として同じ遺伝子と同じ環境によって同様な生育歴と個性をもった個人はいないでしょうから。しかし，それではすべての事例が研究論文に登場することになり，現実には代わりばえのない研究発表が数だけ集まることになるでしょう。研究にはそれなりの明確な独自性が求められます。

事例そのものの独自性はめったに得られるものではありませんから，大概の研究は方法と手続きの独自性で勝負することになっています。

研究には流行と呼ばれるような現象，特定の理論・技法が注目され掲載される傾向があります。ある優れた研究によって刺激された研究群が次々と発表され，やがて一区切りになります。その波に乗った事例研究はある期間までは注目されるでしょう。同様にして，ある特定の理論・技法に関する学会や研究会がありますから，その学会の趣旨に即した発表も掲載されやすいでしょう。

一般に，事例研究は次のような内容を含むことが多いようです。それぞれのテーマや対象に応じて，これらをできるだけ取り入れることが求められます。

① この事例研究の目的と意義について述べる
② 主訴，経過，クライエントの特徴などを明示する
③ それによって類似事例群の中でのこの事例の位置や相違点を示す
④ このカウンセリングの方法・手続きの特徴を示す
⑤ カウンセリングのプロセスを示す
⑥ 結果としてのクライエントの変化をできるだけ具体的に示す
⑦ 事例検討会での論点やスーパービジョンでの意見を示す
⑧ クライエントの同意とプライバシー保護について述べる
⑨ 考察において他の事例研究との相違点と共通点を明示する
⑩ 事例あるいは方法の独自性について考察する
⑪ クライエントと関係者への謝辞

3.6 事例概要の一般的構成

取り上げる事例により，また事例報告の目的と機会によって事例概要の構成は異なりますが，一般的な構成は次のとおりです。

① クライエントの相談への道筋と受け入れの経緯
② クライエントと対象（target）の属性（年齢，学年，性別など）
③ クライエント像（身体特徴，衣服，表情，出会いの印象，相談への態度，性格面など）
④ クライエントの環境的特徴と生育歴など
　　原家族（生育家族）と現家族の構成（家族樹），社会環境（学校や職場

の特徴とクライエントの位置，その他，経済状況や地域的特徴など
⑤　主訴と関連事象，相談歴など
⑥　クライエントの資源（リソース）の収集
　　個人的リソース（趣味，特技，好き嫌い，得意技，苦手など），環境的リソース（活用できる資源として）
⑦　見立てと方針
　　・個人の傾向（個性要因）
　　・家庭環境や学校・職場環境（環境要因）
　　・準備的要因と結実的要因，影響要因と派生的要因などの吟味
　　・個性要因と環境要因の相互作用過程のとらえ方
　　・認知・感情・行動の相互影響の視点
　　・臨時的応急的対応（とりあえずの対応）
　　・援助の目標と方針とその調整
⑧　経過
　　・初回から初期の段階
　　・主な経過（1期，2期，などの整理）
⑨　振り返りのポイント
　　・特徴的応答パターンの抜き出し
　　・クライエントの特徴的な言動
　　・カウンセラーの理解の表現
　　・関係性について
⑩　カウンセリング過程の吟味
　　・関係調整（親和と好感，信頼と尊敬，依存と自立など，クライエント―カウンセラー関係）
　　・自己定位と自己開示（自己志向と他者志向，外的―内的など）への支援
　　・自己探索（あの日あの時と今ここでの感覚，感情，自己認知，他者認知など）支援
　　・自己理解（新しい視点による経験の見直し）支援
　　・決心と行動調整（関係改善）への支援
⑪　データの収集とその吟味

- クライエント―カウンセラー関係のあり方と経過
- 相談への取り組み：来室時間，発言の様式（主導性など）
- 主訴の変化と問題の改善経過
- 自己に関する表現，周囲の人に関する表現
- 家族関係や職場の状況の変化
- 生活全般の変化

⑫　討議希望事項
⑬　考察の観点

このリストがすべてのケースにあてはまるとは限りません。各事例の特色に応じて，柔軟にリストの項目を取捨選択して，事例報告書にまとめ，さらなる学びによってカウンセラーとしての力を伸ばすことを期待します。

【引用・参考文献】

American Association for Marriage and Family Therapy (Ed.) 2002 *Approved supervisor designation standards and responsibilities handbook.*
福島脩美　1997　カウンセリング演習．金子書房．
福島脩美　2005　自己理解ワークブック．金子書房．
福島脩美・田上不二夫・沢崎達夫・諸富祥彦編　2004　カウンセリングプロセスハンドブック．金子書房．
下司昌一編集代表　2005　カウンセリングの展望――今，カウンセリングの専門性を問う．ブレーン出版．
小早川久美子　2008　臨床心理士養成指定大学院におけるスーパービジョンシステム――その教育効果と課題．広島文教女子大学心理教育相談センター年報，第14，15号，3-14．
Ledley, D. R., Marx, B. P. & Heimberg, R. G.　2005　*Making cognitive-behavioral therapy work.* New York & London : The Guilford Press.
Nelson, M., Lee, B. K., Evans, L., Amelia, L. & Triggiano, P. J.　2008　Working with conflict in clinical supervision : Wise supervisor's perspectives. *Jounal of Counseling Psycology,* 55, 172-184.
Neufeldt, S. A.　1999　*Supervision strategies for the first practicum.* 2nd ed. American Counseling Association.（中澤次郎監訳　2003　スーパービジョンの技法．培風館．）
日本カウンセリング学会編　2006　認定カウンセラーの資格と仕事．金子書房．
野島一彦　2001　スーパーヴィジョン．平木典子・袰岩秀章編　カウンセリングの技法．北樹出版．
Solso, R. L. & Johnson, H. H.　1984　*An introduction to experimental design in psychology : A case approach.* 3rd ed. NY Haper & Row, Publishers.（浅井邦二監訳　落合　薫・河合美子・安藤孝敏共訳　1988　心理学実験計画法入門．学芸社．）
遊佐安一郎　2001　事例研究．平木典子・袰岩秀章編　カウンセリングの技法．北樹出版．

あとがき

　光陰矢のごとしとはよくぞ言ったものです。私が心理学の専門書をはじめて手にしたのは大学の2年のときでした。大学に入るまで勉強らしい勉強などしたことがなくて知識に飢えていた時代でしたから，藤原喜悦先生の研究室に河井芳文君と一緒に行って勉強会をお願いし，Hilgard & Marquis の"Conditioning and learning"を読むことになり，せっかく買った高価な本ですから途中でやめるのが癪で，結局3分の2くらいを読み進みました。次にEysenck の"Use and abuse"を勧められ，当時は学習心理学へと振り子が動いていた頃でしたから，どちらも新鮮な経験で，それからずっと後，ロンドンにアイゼンクを訪ねることになりました。

　ところで藤原先生はパーソナリティ心理学の専門家で因子分析のQ技法に精通しておられることを知って，大学の3年の夏に，Hall & Lindzey の"Theories of personality"を学生仲間と信州菅平高原に泊まって先生を囲む読書会をしました。そして，あれはお正月の3日だったと思います。先生の三鷹のお宅に河井君と突然にお邪魔して，なんと無遠慮なことに，お言葉に甘えてお酒と御節をご馳走になって，そこで西平直喜先生に遭い，二人の若き研究者の論議を目撃し，研究についてよくわからないながら熱い心が伝わってきました。その後河井君は東京教育大学大学院に進み東京学芸大学に教員として迎えられ，私もそのあとをぶら下がるように歩いてきました。そして藤原先生と同窓で同期の真仁田昭教授にお声をかけていただいて，東京学芸大学から目白大学に移りました。

　本書の構想について金子書房の真下清出版企画部長に相談して執筆を勧めていただいたのは2003年の春でした。それから5年，大学の管理運営と学会の役割から身軽になって，ようやく全体をまとめることができました。ここにいたるまでの温かい励ましと忍耐に，そして草稿が出揃ってからの熱心な対応と協力に対して心から感謝申し上げるしだいです。

　　　　　　　　　　　　　　　　　　　あ と が き

　本書はカウンセリングの全貌と心理療法の広い範囲の理論・技法を紹介していますから，著者の誤解や表記の間違いがないか心配です。読者の皆様のご指摘とご高見をお寄せくださいますようお願いいたします。

　　2008年6月

　　　　　　　　　　　　　　　　　　　　　　　　　　　福 島 脩 美

人名索引

あ行

アイゼンク (Eysenck, H. J.) 118, 206
アイビー (Ivey, A. E.) 81-88
アイビー (Ivey, M. B.) 82, 84
アクスライン (Axline, V. M.) 140
アドラー (Adler, A.) 136, 137, 160-163, 165
阿部吉身 133
飯田 栄 82, 91, 92
飯長喜一郎 78
イーガン (Egan, G.) 66, 82, 91-93, 95, 96, 98, 99, 105, 106
池見酉次郎 196
石隈利紀 36
石山一舟 187
市井雅哉 213
井上孝代 43
入江建次 201
岩井 寛 186
岩本隆茂 213
ウィークランド (Weakland, J. H.) 147
ウイリアムソン (Williamson, E. G.) 30
上地安昭 56
ウォルピ (Wolpe, J.) 41, 207, 224
牛久真理 134
ウッディ (Woodyet, R. H.) 31
ウッドワース (Woodworth, R. S.) 30
台 利夫 132
ヴント (Wundt, W.) 187
エプストン (Epston, D.) 133, 143
エリクソン (Erikson, E. H.) 126
エリス (Ellis, A.) 120, 187, 210, 216
大野 裕 213
岡野嘉宏 146, 181
小川捷之 160, 166
小澤康司 42

か行

カウリー (Cowley, W. H.) 30
カーカフ (Carkhuff, R. R.) 83, 100, 103-106, 131, 148
ガーゲン (Gergen, K. J.) 135, 192
桂 戴作 168
加藤隆吉 196
金沢吉展 58
カバットジン (Kabat-Zinn, J.) 204
ガーフィールド (Garfield, S. L.) 222
カプラン (Caplan, G.) 35
河合隼雄 166
岸見一郎 160
キャッテル (Cattell, J. M.) 30
キューブラ＝ロス (Kübler-Ross, E.) 86
グッドマン (Goodman, J.) 210
国谷誠朗 168
久野 徹 49
窪田文子 201
熊野宏昭 213
倉戸ヨシヤ 181
倉光 修 55
クリクトン (Crichton, E.) 167
グールディング (Goulding, M. M.) 168
グールディング (Goulding, R. L.) 168
黒田由紀子 192
黒澤幸子 143
小池眞規子 66
國分康孝 149
小谷英文 14, 38
小林 茂 201
小早川久美子 251
コール (Cole, T.) 36
今野義孝 201

さ行

斉藤正彦 192
坂野雄二 213
坂本昇一 37
坂本真佐哉 143
佐治守夫 78
サリヴァン (Sullivan, H. S.) 138
沢崎達夫 110

人名索引

ジェームズ(James, W.) 30
ジェンドリン(Gendlin, E. T.) 178, 179, 219
繁田千恵 168
清水幹夫 76
シモン(Simon, T.) 29
シャピロ(Shapiro, F.) 213
シュルツ(Schultz, J. H.) 199
ジョーンズ(Jones, E. E.) 131
ジョーンズ(Jones, M. C.) 206
ジョンソン(Johnson, H. H.) 265
新里里春 168
末武康弘 49
杉田峰康 168
スキナー(Skinner, B. F.) 178, 208, 216, 217, 265
スーパー(Super, D. E.) 34
住沢佳子 116
ソルソ(Solso, R. L.) 265
ソーンダイク(Thorndike, E. L.) 30

た行

高木重朗 196
高橋 稔 217
高橋由利子 134
田上不二夫 11, 20, 43, 148
武田 建 18, 147
多湖 輝 196
辰野千壽 110
田中勝博 20, 140
ツァイグ(Zeig, J. K.) 222
ティアズデール(Teasdale, J. D.) 204
デュセイ(Dusay, J. M.) 167
ド・シェイザー(de Shazer, S.) 144, 219
友田不二男 78
ドライデン(Dryden, W.) 222, 231

な行

中井久夫 140
中野良顕 32
鳴澤 實 82, 91, 92
成瀬悟策 196, 201
西岡加名恵 110
西平直喜 128

ニスベット(Nisbett, R. E.) 131
新田 茂 133, 134
ニューフェルツ(Neufeldt, S. A.) 252
ネルソン(Nelson, M.) 251
野島一彦 259

は行

長谷川啓三 147
パーソンズ(Parsons, F.) 29
羽地朝和 146
ハーパー(Harper, R. A.) 211
パブロフ(Pavlov, I. P.) 216
パーマー(Palmer, S.) 229
林 茂男 196
春口徳雄 133, 134
パールズ(Perls, F. S.) 179, 219, 231
バーン(Berne, E.) 166
ハンセン(Hansen, L. S.) 32
バンデューラ(Bandura, A.) 80, 100, 144, 209, 210, 216, 224
ピアジェ(Piaget, J.) 121-124
ビアーズ(Beers, C. W.) 30
日笠摩子 179
ビセット(Bissett, R. T.) 217
ビネー(Binet, A.) 29
平木典子 12, 48, 259
フェイスト(Feist, J.) 79, 136, 160, 163
フォックス(Fox, J.) 146
深谷和子 140
福井康之 91
福島脩美 8, 12, 20, 25-27, 31, 74, 76, 79, 80, 116, 118, 130, 132-134, 136, 148, 190, 208
福原真知子 82, 84
藤岡孝志 201
藤原喜悦 112
ブーバー(Buber, M.) 178
ブレイド(Braid, J.) 196
フロイト(アンナ)(Freud, A.) 140, 156
フロイト(ジクムント)(Freud, S.) 30, 56, 126, 133, 136, 137, 154-160, 163, 165, 196, 199, 203, 231
ヘイズ(Hayes, S. C.) 135, 204, 217
ベック(Beck, A. T.) 210, 216
ホイト(Hoyt, M. F.) 135

273

保坂　亨　　49
ポルスター（Polster, E.）　　134
袰岩秀章　　148, 259
ホワイト（White, M.）　　133, 143

ま行

マイケンバウム（Meichenbaum, D. H.）
　210
マイヤー（Meyer, A.）　　30
前田憲一　　160
増野　肇　　132
マズロー（Maslow, A. H.）　　124, 126
松田　修　　192
松永雅博　　132
松村茂治　　31, 136, 207
松本　剛　　56
マレー（Murray, H. A.）　　138
三隅二不二　　75
ミットン（Mitton, J.）　　222, 231
宮城音弥　　196
武藤　崇　　217
宗像佳代　　146
メイ（May, R. R.）　　222
メスメル（Mesmel, A.）　　196
最上貴子　　201
森　俊夫　　144
森美保子　　27, 134
森田正馬　　183-186
モレノ（Moreno, J. L.）　　145
諸富祥彦　　49, 179

や行

山口正二　　116
遊佐安一郎　　259
ユング（Jung, C. G.）　　136, 137, 160, 163-166
吉川　悟　　147
吉田圭吾　　12
吉本伊信　　187
依田　明　　163

ら行

ラザルス（Lasarus, A. A.）　　223-227, 232, 233, 241
ランディン（Lundin, R. W.）　　160
レイナー（Rayner, R.）　　206
レイノルズ（Reynolds, D. K.）　　192
レヴィン（Lewin, K.）　　144
レドリー（Ledley, D. R.）　　250, 259
ロイド（Lloyd, W. P.）　　33
ロジャーズ（Rogers, C. R.）　　31, 49, 52, 65, 76, 79, 140, 170-174, 176-179, 186, 199, 231

わ行

ワイナー（Weiner, I. B.）　　110
若島孔文　　147
渡邉　勉　　186
渡辺三枝子　　29, 38, 149
ワトソン（Watson, J. B.）　　206

事項索引

あ行

愛情の制限　52
愛と所属の要求　125
空き椅子　133
アクション　145
アクター　146
ACT　216
アサーション・トレーニング　239
アセスメント　35, 228
遊び　148
温かい視線　130
あたかも　161
新しい関係　69
新しいシナリオ　94
圧縮　158
アドラー心理学　160
アニマ　164
アニムス　164
あるがまま　185
REBT（論理療法，合理情動療法，論理情動行動療法）　211
安心・弛緩反応　142
安全要求　125
案内と入室通路　53
言い換え　84
　──技法　130
EMDR　213, 234
　──の手続き　214
医学モデル　31
生き方の再構成　86
閾下知覚　171
育成相談　39
意見　89
意識　154, 160, 163, 166, 203
意識化　171, 180, 203
　──技法　102, 104
意識下化　203
意思決定　28
　──の援助　5
依存　157

一事例研究法　264
一致　173, 174
一般化　85
一般的シンボル　158
逸話記録法　112
意図　201
イド　155
井戸端会議方式　11, 20
意味の吟味　236
意味の反映　87
意味への応答　103
イメージ（映像）　214
　──トリップ　235
　──の旅　181
　──への対面　213
　──練習　235
　肯定──　235
　時間移行──　235
　情動──　223
イメージを活用する技法　235
イメージによるコミュニケーション　134
イメージの対話　137
今ここで　180, 217, 219
今この瞬間との接触　218
医療　41
因果論と目的論のバランス　165
インテーク・カンファレンス　262
インフォームド・コンセント　57
植え付け　215
ウォーミングアップ　145
受付　53
うつ病　210
占い　10
エゴ　155
エゴグラム　167
エディプス・コンプレックス　157
ABCシェマ　212
エレクトラ・コンプレックス　157
エンカウンターグループ　20

275

円環的影響過程　144
HTP　140
援助過程の3段階×3ステップモデル　92
援助技法　102
援助的相互作用の段階図　105
援助的人間関係技法　101
援助プランづくり　254
エンプティ・チェア　181
応答技法　102,103
置き換え　158
OK　168
大人的心　166
オペラント　208
　──強化　208
　──行動　265
親的な心　166
温感練習　200

か行

絵画療法　139
解決志向アプローチ　144
解決志向的な立場　143
解決焦点化アプローチ　144
外在化の視点　143
解釈　90,159
外傷体験　42,158,226
回数限定法　56
回想アプローチ　192
ガイダンス　37
　──運動　28,30
概念としての過去・未来　218
回避の蟻地獄　5
快楽原則　155
カイン・コンプレックス　157
カウンセラー　23,49
　──機能　14
　──の基本的資質　223
　──の資格　58
　専門的──　26
カウンセラーのかかわりの2次元4象限　75
カウンセリング　23
　──と心理療法の統合　204
　──の過程　175

──の関連領域と社会的展開　37,42
──の構造　47
──の定義　25
──の到達点　65
──の役割　66
──の歴史　28,33
枠のない──　25
カウンセリング心理学　16
カウンセリング研究法　265
カウンセリング実践　16
科学的な職業選択モデル　28
科学的文脈主義　135
かかわり　84
　──行動　84
かかわり技法　95,102
学習過剰　206
学習心理学　265
学習不足　206
学生厚生指導　33
学生相談室　33
覚醒化技法　198
覚醒法　198
額部冷感　200
過剰な一般化　211
家族画　140
過大視と過小視　211
硬いパーソナリティ　226
カタルシス効果　140
価値の発見と再確認　219
価値の明確化不足　219
活動室　54
葛藤の感情　115
葛藤的態度　61
構えの揺れ　62
感覚　224
感覚─運動的知能　122
感覚焦点の訓練　234
感覚的技法　234
観客　145
環境の特徴　120
環境理解　28
関係改善　21
関係構築　71,72
関係調整　105
関係と場の制約　50

事項索引

関係の純粋性　24
関係の振り返り　20
間歇面接　56
観察法　111
感情　224
　——安定　20
　——次元　130
　——の安定化　233
　——の肯定化　233
　——の反映　84
　——への応答　103
感情と認知　138
感情の開放と共感の交流　146
感情の抑制と逆転　158
感情面の技法　233
監督　145,250
顔面表情　115
記憶のネットワーク　214
危機　42
危機対応支援　42
聞き屋　10
危険な行為の制限　141
擬人化　139
傷つきやすい状態　172
期待と信頼　20
気づき　104,171,180
　——のトレーニング　179
拮抗制止原理　141,206,207,234
拮抗制止成分　141,207
機能　217
機能的でない習慣　226
気分・感情　115
技法の階層　83
技法の統合　90
基本的仮定　170
基本的傾聴技法　95,97
基本的不安　7
疑問の提示　58
逆転移　159
脚本分析　168
客観　27
客観的データの収集　262
キャンセル　57
「究極のカメレオン」　231
9ステップ援助モデル　82

脅威　172
教育相談カウンセラー　14
強化随伴性　208
　——操作　208
強化制御　233
共感　97,143,174
教師機能　14
凝視法　198
共同的経験主義　211
強迫神経症　201
虚構主義　161
去勢コンプレックス　157
記録　233
均衡化（バランス）　122
筋弛緩　207
緊張　141,172
空間的構造　53
苦情　58
薬・生理的技法　240
薬と身体生理　224,229
具体的操作　123
苦痛回避　5
クライエント　23,48
　——観察技法　84
　——の主導性　247
　——の変化の過程　175
　——の役割　66
倉田百三研究　186
グループ・カウンセリング　20
敬愛（尊敬と愛情）　76,79
敬愛・受容・促進の3層構造　77
敬意と支援　261
経緯の語り　92
計画の履行　95
経験の照合　68
形式的操作　123
継時近接法　208
芸術療法　139
形成化の傾向　170
傾聴　105
傾聴技法　95
系統的脱感作　207
ゲシュタルト　180
　——心理学　180
ゲシュタルト療法　180

277

ケース会議（ケース・カンファレンス）　257
ケースの概念化　254
ケース・ファイルの管理　55
結果論　124
ゲーム分析　167
原因帰属　69, 131
検閲（センサー）　154, 155
　　第一次――　155
　　最終――　155
原家族　137
原型　135, 136
元型　164
健康度　120
言語行動　217, 218
言語的・非言語的相互作用　26
現在化　181
現在性　180
検査室　54
現実原則　155
現実検討　99
現状分析　82
建設的生き方　192
効果とリスク　58
攻撃　157
攻撃行動の制限　52
攻撃と敵意の要求　126
口唇期　157
構成主義　27
構造　47
　　――の明確化　25
構造化面接　111
肯定的感情　8, 115, 236
肯定的認知　214, 215
行動　224
　　――改善　21
　　――欠如　219
　　――調整　106
　　――の自己コントロール　28
行動的技法　232
行動変容法　206
行動リハーサル　232
行動療法　206, 223
　　――のブロードスペクトラム化　224
行動論　100

肛門期　157
合理情動行動療法　120, 210, 237
合理的モノローグ　236, 237
交流パターン分析　167
交流分析　166
高齢期　7
高齢者カウンセリング　40
誤解の修正　237
呼吸調整　200
心が傷ついたとき　3
心が弱くなったとき　3
心残りの経験　181
心の3水準　154
心の3領域　155
心の場の探索　106
心の力動　164
個人化　131, 170, 211
　　――技法　104
個人情報　246
　　――の保護　261
個人心理学　160
個人的スタイル　91
　　――と理論　91
個人的無意識　164
個性化の過程　137
個性の実現　26, 73
個性（の）理解　29, 109
個性を生きる　26
固着　156
コーディネーション（調整）　36
事柄への応答　103
孤独型　118
子どもの心　166
　　自由な――　166
　　順応した――　166
個別的助言者の必要性　244
個別面接室　54
コミットメント　219
コミュニケーション・トレーニング　239
コミュニケーション派　147
コラージュ　140
コラボレーション　211
コンサルタント　35
コンサルティ（相談者）　35

コンサルテーション　35
　協働的――　35
　専門――　35
コンタクト　180
困難回避　5

さ行

再決断療法　168
サイコドラマ　132,145
最終ゴール　161
催眠　196
　――深化法　198
　――深度表　198
　――トランス　198
　――誘導　196,197,199
　――誘導の方法　197
　――誘導法　198,234
　教育――　196
挫折　137
参加観察法　112
3項相互作用モデル　144
3段階相互作用モデル　83,100
慈愛と尊敬の心　53
シェアリング　145
シェーピング法　208
自我　155,163
　――状態　166
　理想――　156
自我防衛機制　156
時間制限法　56
時間的構造　55
時間的連接　68
時間と空間の制限　141
時間見本法　112
刺激制御　233
自己　163
　――イメージ　214
　――関連づけ　211
　――再構成　192
　――対象化　131
　概念としての――　218
　文脈としての――　218
　有機体的――　170
　理想――　170
施行　254

思考と感情の関係　142
自己開示　89,228
自己概念　170,172,209
自己観察法　112
自己教示訓練　210
自己教示法　236
自己効力感　80,213
自己コントロール　28
自己実現化傾向　170
自己実現の要求　124,125
自己受容　21
　――の不足　226
自己制御　209
自己成長　21
自己中心性　123
自己調整　209,210
　――過程　210
自己定位　20
仕事　162
自己同一性　127
自己洞察　140
自己とのかかわりの2次元4象限　75
自己評価　209
自己分析　29
自己モニタリング　233
自己物語　134
自己理解　21,26,28,73,129,190
示唆　89
指示　88
指示的カウンセリング　31
システムズアプローチ　147
自然災害　41
自然な観察　114
思想の矛盾　184,185
自体感　203
実現化傾向　170
実行　94,95
　――のための手段の吟味　95
　――への援助　82
失錯行為　159
実践の学　244
質問紙法　113
私的事象　218
指導　250
　――性　118

279

児童期　7
児童自立支援施設　39
児童相談所　39
児童中心療法　141
児童福祉センター　40
児童福祉法　39
児童分析法　140
死の不安や恐怖　185
自分づくり　70
自分らしさ　8,21
自分を振り返る　8
自閉　201
司法・矯正の職域　40
事務室　55
社会構成主義　135,192
社会参加　36
社会的関心　161,162
社会不信　162
社会への提言　36
シャドウ　164
自由画　140
重感練習　200
集合的無意識　137,163,164
集団精神療法　145
集中継続（マラソン）方式　56
自由連想法　159
主観　27
　　──的障害単位　215
主観的知覚（フィクション）　161
主体化技法　104
出生順による性格　163
受動的参加　141
守秘義務　261
主役（演者）　132
主役（クライエント）　145
受容　76,143
　　──と理解　86
　　部分的──　86
受理会議　262
準カウンセラー　19
純粋な温かい関心　53
昇華　156
承諾書　263
情緒安定　118
　　──性　118

象徴化　171
象徴モデリング　236
情緒障害児短期治療施設　40
情緒不安定　118
焦点化　92
焦点の当て方　87
衝動型　118
情報提供　89,232
情報の欠落　226
書記的方法　133
職業理解　29
食事　240
助言　89,250
自律訓練　234
自律訓練法　199
事例概要の一般的構成　267
事例研究　259,262
　　──発表の価値　266
　　──発表の準備　266
事例検討　259,262
　　──会参加者の留意事項　263
事例の独自性　266
事例報告　249
人格化　139
神経質性格　184,185
神経症傾向　118
親交トレーニング　239
心身障害児者施設　39,40
心身障害相談　39
人生相談　10
心臓調整　200
身体運動　240
　　──遊び　20
身体感覚　215
身体表現　115
診断　110
心的エネルギー　165
人的災害　42
信念　211
　　合理的──　211
　　非合理的な──　211
人物画　140
新フロイト派　166
親密な友人との関係の話題　138
信頼性　114

事項索引

心理アセスメント（心理査定）　34, 109, 111
　——の機会と場　114
　——の留意点　117
心理学研究計画法　265
心理学モデル　31
心理劇　145
心理検査法　113
心理書簡法　133
心理測定運動　28, 29, 30
心理治療　38
心理的援助　2
心理的構成主義　122
心理的不適応　172
心理療法　159
神話　164
親和性　118
図（意識）　180
睡眠　240
スクウイグル　140
スクールソーシャルワーカー　40
図式（シェマ）　122
スタート点　61
図地反転　180, 231
ステップアップ技法　235
ストーリーテラー　146
ストレス低減リラクセーションプログラム　204
ストローク　168
スーパーエゴ　155, 156
スーパーバイザー　19, 245
　——の機能　250
スーパーバイジー　245
　——の役割　254
スーパービジョン　245, 250, 262
　——制度　19
　——の進め方　257
　——の6つの観点　251
　——の4つの必須要件　253
　グループ——　256
　公開——　257
　個別——　256
性愛　162
性格検査　113
性格の基本的次元　118

生活スタイル　162
生活の3つの問題　162
生活福祉相談　15
性器期　157
成功への渇望　161
精神衛生運動　28, 30
精神衛生相談　14
成人期　7
精神交互作用　184
精神疾患と診断の手引き　120
精神分析　154, 196
精神分析療法　206
精神力動モデル　216
青年期　7
生の欲望　185
生理的要求　124
責任の制限　50
積極型　118
積極技法　88
接触　180
折衷的アプローチ　222
折衷と統合への歩み　222
説明と同意　57, 246
前意識　154, 203
全国学生相談研究会　33
前操作　122
　——期　123
選択肢の模索と決定　85
選択的情報抽出　211
選択と決意　94
潜伏期　157
専門家としての倫理　259
専門心理カウンセラー　13
相互の相互影響　144
想像的再体験　235
創造力　161
相談援助　35
疎外感　162
促進技法　99
ソーシャルスキルトレーニング　239
尊重と自尊の要求　125

た行

大学カウンセラー　13
大学カウンセリング　30

281

大学保健センター　14
対決　86
体験の回避　218
体験の受容　218
退行　156
対人関係　224
　　──技法　238
　　──ゲーム　147
　　──ゲーム・プログラム　43
対人恐怖　201
退室通路　55
高い理想(比較水準)　64
ターゲット記憶　216
他者との関係　226
脱感作(法)　213,215
達成経験　138
脱中心化　123
タッピング　213
多動　201
妥当性　114
　　──尺度　215
ダブル(二重自我法)　132
多面的アプローチ　228
　　──の12項目の設問　228
多モード(多様式)アプローチ　224
段階的再体験　233
男根期　157
地(無意識，前意識)　180
地域社会　11
チェア・テクニック　181
知覚の主観性　160
違った介入　147
逐語録　246
　　──の作り方・読み方　247
遅刻　57
知識を開示する傾向　62
知的障害者更生相談所　39,40
知能検査　114
着実型　118
注意集中瞑想法　204
調節　122
貯蔵要求　126
通院面接　186
つなぎ手の機能　36
DSM-Ⅳ　120

抵抗　57
抵抗感　73
適応指導教室　14
テスト・リテスト法　114
手ほどき技法　104
転移　159
　　──状況　159
伝説　164
統一の崩れ　173
投影法　113
同化　122
動機づけ　250
動機づけ理論　124
動機の階層説　124
動機論　124
洞窟画　140
道具箱の道具　224
統合的ライフプランニング　32
動作訓練　201,203
動作体験　202
洞察　159
　　──論　100
　　自発的な──　213
動作にともなう体験　202,203
動作法　201,203
投射　69,156
道徳判断　124
動物家族画　140
遠い祖先の経験　164
独断的推論　211
閉じた質問　84
トラウマ反応　42
とらわれ　184
取り決め(契約)　57,59
取り消し　156

な行

内観　187
　　──の進め方　191
　　記録　187
　　集中──　187,188
　　短期──　187
　　日常──　187,190
内観法　187
内観療法　187

内向—外向　113, 118
内的モデル　106
内的要求の満足　165
なすべきこと　185
7つのモダリティ　225
7本のより糸　176
ナルキッソス(ナーシサス)　133
二重焦点化　213
二重注意刺激　213
日常の動作図式　202
日本カウンセリング学会　18, 27
日本学生相談研究会　33
日本産業カウンセラー協会　33, 83
日本産業カウンセリング学会　33
日本ピア・サポート学会　36
日本臨床心理士認定協会　15
入院療法　186
乳幼児期　7
人間性解放運動　179
人間中心理論　170
認知　224
　　——次元　130
認知・感情二次元モデル　80
認知行動療法　210, 217
認知的技法　236, 238
認知的再構成　67, 106
　記憶の——　213
認知的デフュージョン　218
認知的フュージョン　218
認知発達理論　121
認知療法　210
値引き(ディスカウント)　48
望ましいシナリオ　93

は行

バイオフィードバック法　234
背景公式　200
排泄訓練　157
配慮　76
はからい　185
励まし　84, 105
発達障害者支援センター　40
発達上の課題　7
発達相談　14
場と時間の制限　51

場面見本法　112
パラカウンセラー　12, 19
ハリネズミの寓話　34
半構造化面接　111
反動形成　156
反応コスト(ペナルティ)　233
ピア・サポート　36
非暗示性テスト　197
非意識　226
$B = f(P・E)$　144
非言語的表現　115
被験者内条件反復計画　265
非行相談　39
非所有の愛　52, 76, 79
ヒステリー患者の症例　154
否定　69, 86, 173
　——的感情　8, 62, 115, 159, 210
　——的自動思考　210
　——的認知　214
　——的評価　214
否認　69, 171, 173
批判的な態度　166
ヒポコンドリー性基調　183
評価　110, 250
描写　20
表現すること　139
標準化　114
病態水準　120
開かれた質問　84
不安　141, 172
　潜在的な——　125
不安神経症　201
ファンタジー・トリップ　181
風景構成法　140
不一致　171, 172, 174
フィードバック　90
　——・メッセージ　204
フィーリング　174
フィンガーペインティング　140
フェルトセンス　178, 179
フォーカシング　178, 179
　——指向カウンセリング　179
フォローアップ　262
福祉　39
腹部温感　200

２つの椅子の対話　133
不適応の形成と改善　162
不登校　201
不平不満　4
フラッシュバック　213
フラッディング法　234
ブリッジング　231
ブリーフ・セラピー　222
プレイセラピー　140,141
　　──の８原則　141
プレイバックシアター　146
プレイルーム　53
プログラム開発　35
プローブ　98,110
分散方式　56
分析心理学　163
文脈　217
BAISIC-ID　225
ペルソナ　164
ヘルパー　49,100
　　──の役割　101
ヘルピー　100
　　──の内面的成長　101
　　──の役割　101
変装　158
防衛機制　156
防衛性　173
防衛的構え　65
防衛的反応　226
包括的アプローチ　225
保護傾向　162
補助自我　132,145
保存　122
ホットシート　181
ボディスキャン　216
ボディワーク　181
ボランティア相談　11
ボランティア相談員　13

ま行

マイクロカウンセリング　81
マインドフルネス　204
　　──瞑想法　204
マクロ・カウンセリング　43
マジックサークル　164

待合室　53
間違い情報　226
迷い，悩むとき　4
回りの人のことを語る傾向　64
慢性疼痛　204
マンダラ　164
身調べ　187
見立て　228,254
身近な関係者　9
身近な他者　188
三山問題　123
無意識　154,160,163,166,203,226
無条件的敬愛　52
無条件的受容　52
無条件の積極的尊重　52,78
無条件の配慮あるいは顧慮　52
群れづくり　148
明確化　92
目を逸らす傾向　63
面接記録の取り方・まとめ方　245
面接者　188
面接の間隔　56
面接法　111
盲点　93
目的の純粋性　24
目標設定　85,93
目標達成　95
目標分析　82
文字・映像の活用　236
もっと介入　147
モデリング(示範)　232,234,250
モニタリング　254
物語の書き換え作業　85
森田神経質　183
森田療法　183
問題解決　236
　　──のイメージ　143
　　──への取り組み　86
　　──モデル　92
問題対処の方略　42
問題の外在化　133,143
問題のスクリーニング　92
問題の定義づけ　85
問題の発生と持続の７要因　226

や行

役割関係の理解の共有　71
やりとり　167
優越　161
有機体的経験　173
遊戯療法　139,140
猶予期間　127
夢の解釈　158
夢の加工　159
夢のワーク　181
夢分析　158,159
ユング心理学　163
よい母　138
よい私　138
養育的な態度　166
要求　119,171
　——阻止　119
養護相談　39
要約　84
予期的認知的動機づけ　70,71,80
抑圧　156
よりよく生きる　6
よろず相談　11

ら行

ラケット　168
ラポール　71,85
卵画　140
リエゾン(連携)　36

理想の人間像　177
リーダーの機能　75
離乳の時期　157
リハビリテーション・カウンセリング
　42
リビドー　156
療育センター　40
良心　156
リラクセーション法　207,234
臨床行動分析　217
臨床心理学　32,38
臨床相談室　15
レジャー　240
劣等感　137
連想法　159
老人総合センター　40
ロールレタリング　133
論駁　212,236
論理実証主義　27
論理的帰結　90

わ行

歪曲　171,173
枠付け法　140
忘れたい，整理したい過去　6
私ではない　138
悪い母　138
悪い私　138

欧文項目索引

A
above-I 156
acceptance 76,218
acceptance and commitment therapy (ACT) 216
acting 101
activating event 212
active listening 97
actuarizing tendency 170
adapted child 166
adult 166
affect 224
all or nothing 237
anxiety 172
archetypes 164
as if 161
assessment 35
attending 84
attending skill 102
autogenic training 199
autohypnosis 199
awareness 171

B
bad-me 138
bad-mother 138
basic anxiety 125
basic assumptions 170
becoming 178
behavior 224
behavior modification 206
behavior therapy 206
belief 211
biology 225
body scan 216
bridging 231

C
caring 76
case conceptualization 254
censorship 154
challenge 99
child 166
child analysis 140
child-centered therapy 141
client 23,48
cognition 224
collaborative empiricism 211
collective unconscious 137
committed action 219
confrontation 86
congruence 78,173,174
conscience 156
conscious 154
consciousness 171
consequence 212
constructive living 192
contact 180,218
coordination 36
counseling 23
counselor 23,49
crisis 42
critical parent 166

D
defense mechanism 156
defensiveness 173
de-fusion 218
denial 173
desensitization 215
diagnosis 110
differential diagnosis 254
disorganization 173
dispute 212
distortion 173
do different 147
do more 147
dream analysis 158
drugs 225

E
eclectic approach 222
ego 155
ego-gram 167
ego-ideal 156
emotive imagery 223
empathic understanding 78, 173
empathy 174
evaluation 110
exploring 101
exposure 217
externalization 133
eye movement desensitization and reprocessing (EMDR) 213

F
feedback 101
feeling 224
felt sense 179
final censor 155
flooding 234
focusing 179
formative tendency 170
free child 166
Freudian slip 159
fusion 218

G
genuineness 187
Gestalt 180
goal 95
good-me 138
good-mother 138

H・I
here and now 180
id 155
ideal self 170
identity 126
imagery 224
implementation 254
incongruence 172, 174
incongruent 171
in-divide 160
initiating skill 104

installation 215
interpersonal relation 224
irrational belief 187, 211

L
liaison 36
libido 156
life review 192

M
mindfulness 204
monitoring 95
monologue 237
moratorium 126

N
naikan 187
naikan method 187
naikan therapy 187
need 171
nonconscious 226
non-possessive love 52, 76, 79, 174
not-me 138
nurturing parent 166

O・P
organismic self 170
parapraxis 159
parent 166
per sonification 138
person of tomorrow 177
personalize 170
personalizing 131
personalizing skill 104
personification 139
person-centered therapy 170
playback theater 146
positive regard 76, 79, 171, 173
preconscious 154
presentness 180
primary censor 155
probe 98, 110
progression 165
prototype 136

R

racket 168
rapport 71
rational belief 211
rational psychotherapy 211
rational emotive behavior therapy 211
rational emotive therapy 211
reality testing 99
reciprocal inhibition 141
reciprocal interaction 144
regression 165
reminiscence 192
responding skill 103
reprocessing 213

S

safeguarding tendencies 162
schema 122
self as context 218
self concept 170
self-narrative 134
self-observation 187
self regard 66, 79, 172
sensation 224
social skill training (SST) 240
solution focused approach 144
squiggle 140
strategy 95
stroke 168
sub-goals 95
subjective unit of disturbance (SUD) 215
super-ego 156
supervisee 245
supervision 245
supervisor 245
symbolizasion 171
system's approach 147

T

thought 224
threat 172
time limited 56
transaction 167
transactional analysis (TA) 166
treatment planning 254

U

unconditional positive regard 52, 78, 79, 174
unconscious 154, 226
understanding 101

V・W

validity of cognition scale (VOC) 215
values 219
vulnerable 172
within subject replication design 266

福島脩美(ふくしま　おさみ)

博士(心理学)。東京学芸大学名誉教授，目白大学名誉教授。日本カウンセリング学会名誉会員，日本認知行動療法学会名誉会員。

主な著書:『子どもの臨床指導』(共著，金子書房，1982)，『教育相談による理解と対応』(編著，開隆堂，1991)，『カウンセリング演習』(金子書房，1997)，『カウンセリングプロセスハンドブック』(共編著，金子書房，2004)，『自己理解ワークブック』(金子書房，2005)，『マイ・カウンセラー』(金子書房，2010)，『相談の心理学』(金子書房，2011)，『保育のためのカウンセリング入門』(一藝社，2015) 他。

総説カウンセリング心理学

2008年10月20日　初版第1刷発行　　　［検印省略］
2025年4月30日　初版第9刷発行

著　者　　福　島　脩　美
発行者　　金　子　紀　子
発行所　　株式会社　金　子　書　房

〒112-0012　東京都文京区大塚3-3-7
　　　　　　TEL　03(3941)0111〔代〕
　　　　　　FAX　03(3941)0163
　　　　　　振替　00180-9-103376
　　　　　　https://www.kanekoshobo.co.jp

印　刷　藤原印刷株式会社
製　本　有限会社井上製本所

Ⓒ Osami Fukushima 2008
Printed in Japan
ISBN978-4-7608-2621-6　C3011

───── 金子書房の関連図書 ─────

心理カウンセリング実践ガイドブック

A5判・272頁

カウンセリングの知識や心構えを実践で十分に発揮するために

カウンセラーとクライエントの出会いから別れまでのかかわりを有効なカウンセリング関係へと結実させる技量とは。面接のプロセスごとにふまえておきたいことがらを総点検できる，実践のための基本書。

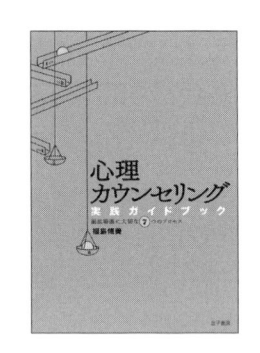

自己理解ワークブック

B5判・148頁

自己理解と自分づくりのためのワークブック

カウンセリング心理学の視点から，自己の理解と成長の方法をレクチャーする。ワークブック形式で，書き込むほどに自己理解が深まり，心理学の基礎も学ぶことができる上質なテキスト。

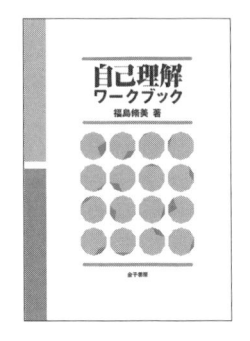

カウンセリング演習

A5判・180頁

演習をとおしてわかりやすく解説

実際に自らカウンセリングを体験することで，カウンセリングの考え方・態度・技法を身につけることができ，すぐに役に立つ実践本位のテキストです。

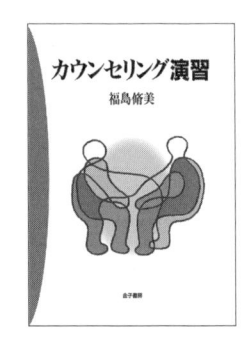